Geistig mehr leisten

Dr. Fritz Wiedemann

Geistig mehr leisten

Wege erfolgreicher Denkarbeit für Vielbeschäftigte

Fünfzehnte Auflage

CIP-Kurztitelaufnahme der Deutschen Bibliothek

Wiedemann, Fritz:
Geistig mehr leisten : Wege erfolgreicher
Denkarbeit für Vielbeschäftigte / Fritz Wiedemann.
— 15. Aufl. — Wiesbaden : Forkel, 1982.
ISBN 3-7719-6251-X

ISBN 3 - 7719 - 6251 - X

Alle Rechte vorbehalten, auch die des Nachdrucks im Auszug,
der photomechanischen Wiedergabe und der Übersetzung

© 1982 Forkel-Verlag, Wiesbaden – Stuttgart. Printed in Germany

15. Auflage 1982

Einband und Schutzumschlag von Egon Kingerter, Stuttgart

Buchdruckerei Schäuble, Stuttgart-Botnang

Inhalts-Übersicht

Ein Gespräch mit unseren Lesern als Vorwort 11

I. Kapitel Der Mensch als Ausgangspunkt 13
1. Wie komme ich zu mehr Erfolg? 13
2. Stellen Sie Ihr Denken mehr auf den Menschen ab 14
3. Beginnen Sie mit der Arbeit am eigenen Ich 17
4. Heben Sie Ihr Denken auf eine höhere Ebene 19
5. Überprüfen Sie Ihre Grundeinstellung zum Leben 21
6. Sie brauchen eine gesunde Lebensauffassung 23

Merksätze — Wegweiser 24

II. Kapitel Die geistige Leistung und der Erfolg . . . 25
1. Entfalten Sie Ihre geistigen Kräfte 25
2. Der Geist produziert Gedanken 26
3. 48 Ansatzpunkte zur Steigerung der geistigen Leistung . . 28
4. Wie könnte man sich die Produktionsstätte des Geistes vorstellen? 29

Merksätze — Wegweiser 31

III. Kapitel Wissen, Lernen, Gedächtnis 33
1. Der geistige Rohstoff 33
2. Wissen und Gedächtnis 35
3. Lernen Sie zuerst, richtig zu lernen 37
4. Die drei Faktoren Begabung, Lernzeit, Lernmethode . . 38
5. Hören Sie zu, sprechen Sie, schreiben Sie 40
6. Lesen Sie richtig und — schneller 42
7. Rationelles Lesen 46
8. Kritisches Lesen, produktives Lesen 54
9. Die Merkfähigkeit 56
10. Treiben Sie Gedächtnissport, auch im Alter 58

11. Das Lernen mit mehreren Sinnen 60
12. Das Behalten 63
13. Die beste Regel für das Behalten 64
14. Logisches und mechanisches Gedächtnis 65
15. Aufmerksamkeit und Gedächtnis 66
16. Lernen Sie wahrzunehmen 67
17. Die aufschlußreiche Gedächtnisformel 68
18. Das Gedächtnis ist an sich unbegrenzt 70
19. Vieles von dem, was wir wahrnehmen, geht nur scheinbar verloren 70
Merksätze — Wegweiser 72

IV. Kapitel   Die zweckmäßige Vermehrung des Wissens . 73

1. Das zusätzliche Papier-Gedächtnis 73
2. Ein sehr praktisches Karteisystem 74
3. Eine Methode zweckmäßigen Studierens 76
4. Wie lernt man Vokabeln? 78
5. Und wie lernt man eine fremde Sprache sprechen? 80
6. 40 000 Bücher erscheinen jährlich neu 82
7. Praktische Erfahrungen und Informationen 83
Merksätze — Wegweiser 84

V. Kapitel   Die Reproduktion der Gedanken 85

1. Der Gedankenzufluß und die unterbewußten Kräfte . . . 85
2. Unser bewußter Beitrag zum Denken 86
3. Einblick in die Arbeit der Tiefenschichten des Geistes durch den AR-Versuch 87
4. Die Schnelligkeit des Gedankenzuflusses entscheidet über die Menge der Geistesprodukte 88
5. Ist die Geschwindigkeit des Denkens regulierbar? 89
6. Tiefe oder oberflächliche Reproduktion 91
Merksätze — Wegweiser 92

VI. Kapitel   Steigerung der Konzentration 93

1. Das Licht des Bewußtseins 93
2. Aktive und passive Konzentration 94

3. Interesse erleichtert die Arbeit 95
4. Machen Sie das Beste aus Ihrer Arbeit 96
5. Schaffen Sie sich einen Anreiz 97
6. Die störende Ablenkung 99
7. Lernen Sie, mit arbeitsfremden Gedanken umzugehen . . 101
8. Werden Sie aktiv, wenn Sie Sorgen haben 102
9. Überwinden Sie den Ärger 104
10. Training der Konzentrationsfähigkeit 105
11. Eine gute Konzentrationsübung 106
12. Die innere Konzentration 107
13. Bewußtseinskonzentrations-Gymnastik 108
Merksätze — Wegweiser 110

VII. Kapitel Wie wir denken 111

1. Die Gesetze des Denkens 111
2. Die Ordnung in unserem Gedächtnis 112
3. Der schöpferische Geist 114
4. Das Beispiel einer Erfindung 115
5. Die Kombinationsfähigkeit 117
6. Raten und Forschen 118
7. Wie schulen und prüfen wir unser forschendes und unser erfinderisches Denken? 120
8. Die Beherrschung der unterbewußten Kräfte des Geistes . . 121
9. Die Urteilsfähigkeit und das Gesetz des Widerspruchs . . 123
10. Wovon hängt die Güte der Urteilsfähigkeit ab? 124
11. Machen Sie die Bahn frei für Ihre Gedanken 126
12. Lernen Sie, mit Ihren Gedanken umzugehen 128
13. Mehren Sie Ihr Vorstellungsvermögen 130
14. Verbessern Sie die Qualität Ihrer Gedanken 133
15. Zweifeln Sie! 135
Merksätze — Wegweiser 136

VIII. Kapitel Die schöpferische Arbeit 137

1. Die schöpferische Leistung 137
2. Der schöpferische Mensch 139
3. Die schöpferische Kraft 140

4. Spotten Sie nicht über die Phantasie 142
5. Zweckmäßiges Kombinieren 144
6. Was ist Ihr Gedanke wert? 146
7. Kein wertvoller Gedanke darf verlorengehen 147
8. Die Realisierung der Gedanken 148
9. Der Einsatz der Gedanken 152
10. Ausgezeichnete Übungen sind: die Stegreif-Rede, das geschriebene Wort und das tägliche Gespräch 153
11. Glauben Sie nicht an den Zufall! 157
Merksätze — Wegweiser 159

IX. Kapitel Methoden zur Anregung der Leistung . . 161

1. Das Leistungstemperament 161
2. Die Nerven-Energie und der Gehirn-Akkumulator 164
3. Die richtige Zeiteinteilung 166
4. Der richtige Schlaf 167
5. Es gibt keine geistige Überarbeitung 170
6. Temperament, Biotonus, Tageskurven 171
7. Ernährung und geistige Leistung 173
8. Welches Temperament brauchen Sie? 174
9. Das Richtige zur rechten Zeit 177
10. Schaffen Sie sich die Zeit, die Sie brauchen 178
11. Weitere Mittel zur Anregung der Leistung 181
12. Das inspirierte Denken 183
13. Positives Denken und Leerlauf des Geistes 185
14. Wille und Ziel 186
15. Setzen Sie sich unter Druck 188
16. Organisieren Sie Ihre geistige Arbeit 189
17. Fördern Sie die Leistungen Ihrer Mitarbeiter 191
Merksätze — Wegweiser 192

X. Kapitel Heilung von Müdigkeit und Unlust 193

1. „Ich kann nicht mehr" 193
2. Ursachen der Müdigkeit 194
3. Die Asthenie 195
4. Die reizbare Schwäche 196

5. Versager und Verzager 196
6. Das männliche Klimakterium 197
7. Wer doppelt schafft 198
8. Die nervöse Erschöpfung 199
9. Die gefährliche Aufputschung 200
10. Aufputschung, Schlafmittel, Suchtgefahr 201
11. Kräftigungsmittel 203
12. Hormonpräparate 204
13. Managerkrankheit und vegetative Dystonie 205
14. Richtige und falsche Erholung 206
15. Auffrischung durch Verjüngung und Regeneration . . . 207
16. Bogomoletz-Kuren 208
17. Frischzellen- und Zelltherapie 210
18. Die „rumänische Verjüngung" mit H 3 210
Merksätze — Wegweiser 213

XI. Kapitel   Gewohnheit und Leistung 209

1. Von der Macht der Gewohnheit 209
2. Meditieren Sie 209
3. Suchen Sie nach Anregungen auch im Alltag 210
4. Nehmen Sie sich Zeit 211
5. Machen Sie sich fremde Ideen zu eigen 212
6. Lassen Sie in Gruppen denken 214
7. Trennen Sie sich nicht voreilig von Ihren Gedanken . . . 215
8. Vervollkommnen Sie Ihre Sprache 216
Merksätze — Wegweiser 218

XII. Kapitel   Meistern Sie Ihr ganzes Leben 219

1. Schätzen Sie das Leben richtig ein 219
2. Lernen Sie sich besser kennen 219
3. Überwinden Sie Ihre Schwächen 221
4. Hüten Sie sich vor „inneren" Feinden 222
5. Seien Sie selbstsicher 224
6. Leben Sie mutig! 225
7. Seien Sie selbstbeherrscht 226
8. Pflegen Sie den Geist der Gemeinschaft 228

9. Werten Sie Ihren Einfluß positiv aus 230
10. Gebrauchen Sie Ihren freien Willen 231
11. Werden Sie reich an Gedanken 232
12. Leben Sie so, daß Sie gesund und leistungsfähig bleiben . . 233
Merksätze — Wegweiser 234

XIII. Kapitel   Der Mensch und die Idee 235
Drei Stimmen ohne Kommentar
Eine Anzeige
1. „Wenn wir mit anderen zusammentreffen" 235
2. „Wenn wir andere zu führen haben" 235
3. „Ausblick nach neuen Horizonten" 236
4. „Wir suchen einen Mitarbeiter" 238

XIV. Kapitel   Wie man gesund werden und gesund bleiben kann 239
1. „Ich kann nicht mehr" 239
2. Mehr Gesundheit durch richtige Ernährung 241
3. Die neue, revolutionäre Vitalstoff-Therapie 243
4. Ein Rezept gegen Müdigkeit und Unlust 245
5. Ein Rezept gegen Erkältungskrankheiten 245
6. Ein einfaches Rezept für ein gesundes langes Leben . . 245
7. Die Nahrung muß noch etwas lebendig sein 246
8. Ein neuer Mensch durch Regeneration 246
9. Die heilende Serum-Therapie 248
10. Thymus gegen Infektionen und Krebs 250
11. Sauerstoff und Training 251
Merksätze — Wegweiser 253

Ein Gespräch mit unseren Lesern als Vorwort

Lieber Leser,

Sie durchblättern das Buch und wissen noch nicht, ob Sie es studieren sollten. Es gibt so viele gute Bücher. Da müssen Sie wählerisch sein.

Wir kennen Sie nicht persönlich. Und doch glauben wir, daß es uns gelungen ist, uns in die Welt Ihrer Wünsche, Interessen und Bedürfnisse hineinzuversetzen.

Sie interessieren sich für dieses Buch, weil Sie produktiver denken und geistig mehr leisten wollen. Sie haben von sich aus schon manches getan, was Ihnen weitergeholfen hat. Sie wollen aber mehr tun und erwarten von uns, daß wir Ihnen helfen.

Wir haben in dieser neuen, erweiterten Auflage alle für Sie wesentlichen Fragen aufgegriffen und so erörtert, daß Ihnen unsere Gedanken zu weiteren Anregungen verhelfen werden:

- Wir gehen aus von der Arbeit am eigenen Ich und nehmen zu dem Kontakt Stellung, den Sie als Glied Ihrer Gemeinschaft brauchen.

- Wir stellen einige der Grundfertigkeiten heraus, die Ihnen auf der Schule beigebracht wurden — Lesen, Sprechen, Schreiben, Zuhören — und weisen nach, daß auch diese „primitiven Fähigkeiten" geübt und dem heutigen Leben angepaßt werden müssen.

- Wir zeigen die Wege auf, die Sie einschlagen müssen, um mehr und wirksamer wahrzunehmen, zu behalten und auszuwerten.

- Wir führen Sie in die Welt der Gedanken und machen Sie mit dem vertraut, was Sie wissen müssen, um erfolgreicher zu denken.
- Wir vermitteln Ihnen die Erkenntnisse, die es Ihnen ermöglichen, aus Ihrem Wissen und Können das Beste zu machen.
- Wir befassen uns mit den Möglichkeiten, die Sie haben, um auch körperlich in der Lage zu sein, hohe geistige Leistungen zu vollbringen.

Zwei Aufgaben können wir Ihnen allerdings nicht abnehmen:

- sich unsere Gedanken zu eigen zu machen und sie Ihrem Leben anzupassen,
- unsere Gedanken zu Einsichten zu entwickeln, die für Sie vielleicht noch vorteilhafter sind.

Wer im Höhenreich des Geistes Bürgerrecht gewonnen, wer an den Offenbarungen der Kunst, den Erleuchtungen des Wissens, den Eingebungen des Glaubens ein Anrecht erworben hat, der erfährt dies Teilhaben als ein erlösendes Heraustreten aus der Enge und Bedrängnis des zeitgebundenen und zweckbefangenen Daseins ...
Der Mensch als Person, dieser unersetzliche Quellpunkt aller Aktivität und Produktivität, bleibt nur dann vor dem Schicksal der Verschüttung bewahrt, wenn er ebenso gewissenhaft darauf bedacht ist, der Sache, die ihm anvertraut ist, in hingebungsvoller Bemühung gerecht zu werden, wie er sich hütet, sich durch sie aufsaugen zu lassen. Nur wenn er das eine mit dem anderen zu verbinden weiß, wird er seinem Fache nichts schuldig bleiben und doch nicht aufhören, Mensch zu sein.

Theodor Litt
(1880—1962)

I. Kapitel

Der Mensch als Ausgangspunkt

1. Wie komme ich zu mehr Erfolg?

Wie kann ich mehr leisten? Wie kann ich mich mit dem, was ich leiste, vor anderen auszeichnen? Wie muß ich mein Leben gestalten, um das zu erreichen, was ich erreichen möchte? Wie kann ich es dazu bringen, daß ich eines Tages behaupten kann: „Mein Leben war es wirklich wert, gelebt zu werden"?

Diese und andere Fragen sollten uns, ob wir jünger oder älter sind, immer wieder beschäftigen. Und wenn wir mit ihnen nicht selber fertig werden, dann sollten wir uns nicht scheuen, uns an einen Dritten zu wenden, der unser Vertrauen genießt. Dieser Dritte kann jemand sein, der uns nahesteht und uns gut kennt. Es kann aber auch einer sein, der mehr vom Menschen weiß, jenem „unbekannten Wesen".

Sie gehören dem Kreis unserer Leser an und erwarten von uns, daß wir Ihnen Gedanken und Wege aufzeigen, die es Ihnen erleichtern, das zu erreichen, was Sie sich in den Kopf gesetzt haben. Auch für Sie dürfte das Wort „Erfolg" viel, wenn nicht alles bedeuten.

Wir sind sicher, daß wir Sie nicht enttäuschen werden. Wir setzen aber voraus, daß Sie jeden Gedanken und jeden Weg, den wir andeuten, zunächst daraufhin prüfen werden, ob er für Sie geeignet ist. Diese letzte und entscheidende Aufgabe können wir Ihnen nicht abnehmen. Nur das hat Wert für Sie, was Sie Ihrer Wesensart anpassen.

Erfolg haben heißt, etwas erreichen. Ein jeder von uns will etwas erreichen. Nur das, was die einzelnen Menschen erreichen wollen, ist voneinander verschieden. Der eine strebt nach Reichtum, der andere nach Ansehen. Einige wollen ihr Leben so führen, wie es ihnen gefällt. Andere wollen etwas leisten, was allen Menschen zugute kommt.

Der Erfolg auf allen Gebieten des Lebens muß vorbereitet und erworben werden. Von selbst kommt er nicht. Wer einfach auf das große Los oder einen anderen Glückszufall wartet, darf mit einem Erfolg nicht rechnen.

2. Stellen Sie Ihr Denken mehr auf den Menschen ab

Seid nett zueinander, ist ein weiser Rat. Befolgen wir ihn, machen wir uns das Leben angenehmer. Wir sollten aber mehr für uns tun.

Zunächst müssen wir uns über zwei Tatsachen klarwerden:

1. Um erfolgreich zu sein, genügt es nicht, fachlich viel zu wissen, fleißig und ausdauernd zu sein. Wir müssen es auch verstehen, so zu leben, daß sich unsere Mitmenschen jederzeit für uns einsetzen.
2. Keineswegs nur Vorgesetzte müssen imstande sein, mit anderen umzugehen. Wir alle müssen diese Aufgabe meistern.

Wir leben in einer Gemeinschaft, in der ein jeder auf den anderen angewiesen ist. Selbst jene, die stolz erklären, sie hätten es ohne fremde Unterstützung zu etwas gebracht, verdanken ihren Aufstieg nicht nur sich selber, sondern auch anderen. Es gibt in keiner Gesellschaft einen „selfmademan".

Wer sich in jeder Situation auf seine Mitmenschen verläßt und das Risiko scheut, von sich aus zu handeln, wird es in seinem Leben nie zu etwas bringen. Genauso ergeht es denen, die meinen, auf ihre Mitmenschen nicht angewiesen zu sein.

Nehmen wir an, Sie sind heute Angestellter und haben vor, sich selbständig zu machen. Sie haben keine Protektion. Sie sind auch nicht wohlhabend. Das, was Sie schaffen, muß Sie und Ihre Familie ernähren.

Eines Tages wagen Sie den Schritt in das selbständige Leben. Sie fangen klein an. Sie sind zunächst Ihr einziger Mitarbeiter. Dann gelingt es Ihnen, Ihren Betrieb ganz allmählich auszubauen. Sie stellen zuerst zwei, dann fünf und mehr Mitarbeiter ein. Eines Tages sind Sie der Leiter einer angesehenen, gut gehenden Firma.

Wir wissen von vielen, die so angefangen haben. Keiner von ihnen hätte aber je ein solches Ziel ohne fremde Hilfe erreicht. Doch denken wir nicht nur an den Betrieb, den diese Menschen dank eigener Tatkraft und fremder Unterstützung aufgebaut haben. Vergegenwärtigen wir uns auch all die Menschen, die für die persönlichen Bedürfnisse der „selfmademen" gesorgt haben. Auch ihr Beistand war unerläßlich.

Ganz gleich, ob Sie Mitarbeiter in einer Firma oder selbständig sind: Sie brauchen immer andere, die Ihnen zur Seite stehen, im privaten und im beruflichen Leben. Sie mögen noch so starke Ellbogen haben, Sie werden früher oder später straucheln, wenn die anderen gegen Sie sind. Sie können, wenn die Situation es erfordert, gegen den Strom schwimmen, aber nur dann, wenn Sie sich vorher die Achtung der anderen erworben haben. Ihre Mitmenschen werden Sie vielleicht nicht verstehen, sie werden aber nicht gegen Sie sein. Unter Umständen werden sie Ihnen sogar folgen. Sie wissen, daß Sie nichts tun, was unrecht ist.

Das ist die Lage in der Welt der Arbeit. Und doch denken allzuviele nur an sich selber und nur an ihre Arbeit.

Wir pflegen zu sagen, dieser oder jener geht ganz in seiner Arbeit auf. Gut, wenn unsere Arbeit nicht nur Broterwerb für uns bedeutet. Gut, wenn wir uns jeden Tag freudig zu unserer Arbeit begeben, wenn unsere Arbeit unsere Lieblingsbeschäftigung ist. Das darf aber niemals so weit führen, daß wir für die Menschen in unserer Arbeitsumgebung nicht da sind, wenn es notwendig ist.

Versetzen Sie sich in die Situation eines Personalleiters: Sie haben die Stelle eines Vorgesetzten zu vergeben. Zwei Bewerber stehen zur engeren Wahl. Beide gehören der Firma seit einigen Jahren an. Beide leisten mehr, als von ihnen erwartet wird. In einem nur unterscheiden sie sich: der eine ist nur für seine Arbeit da und leistet daher noch mehr. Dafür ist der andere jederzeit auch für seine Kollegen zu haben und hilft ihnen, wo und wann er kann. Für diesen würden seine Kollegen durchs Feuer gehen, während sie für unseren Bewerber Nummer eins nicht allzuviel übrig haben. Sie erkennen seine berufliche Tüchtigkeit an, aber es fehlt der menschliche Kontakt.

Unsere Frage ist: Welchen von den beiden würden Sie zum Vorgesetzten bestellen? Sicherlich Nummer zwei. Nur von einem solchen Menschen können wir erwarten, daß ihm seine Mitarbeiter gern folgen werden.

Sie wollen nach „oben", dorthin, wo Menschen mit Spitzenleistungen immer einen Platz und einen Weg finden, der noch höher hinauf führt. Um dieses Ziel zu erreichen, müssen Sie vor allem Ihren Mitmenschen gegenüber positiv eingestellt sein. Lassen Sie sich dabei nicht nur von Ihrem Verstand, sondern auch von Ihrem Herzen leiten. Befolgen Sie eine Regel: nie etwas unbedacht oder unnötig zu sagen, was einem anderen wehtun kann. Lassen Sie keine Ausnahme zu.

Sie brauchen nicht Psychologie studiert zu haben. Sie müssen sich lediglich von zwei wesentlichen Erkenntnissen leiten lassen:

1. Wir alle haben das gemeinsam: wir brauchen Liebe, wir wollen anerkannt werden, und wir alle wollen etwas zu sagen haben.

2. Wir alle sind in jeder Situation Menschen und reagieren zunächst einmal als Menschen.

Ganz gleich, wer Ihr Partner ist, welche Stellung er einnimmt, welcher Gruppe er angehört und welche Interessen er vertritt: treten Sie ihm stets als Mensch gegenüber, reden Sie als Mensch zum Menschen. Bemühen Sie sich in jeder Situation, Mensch zu sein und Mensch zu bleiben. Es ist nicht leicht. Sie werden immer wieder einmal versagen. Lassen Sie sich nicht entmutigen. Beherzigen Sie: Mensch zu sein, ist ein Ideal, dem wir uns jeden Tag mehr nähern sollten.

3. Beginnen Sie mit der Arbeit am eigenen Ich

Wir alle erleben Zeiten, in denen uns jede Fliege an der Wand ärgert, ja, wild machen kann. Wir alle fühlen uns zu Zeiten unlustig und mißmutig. Wir sehen alles grau in grau und wissen nicht, warum. Und doch neigen wir alle dazu, diese Launen, über die wir im Augenblick nicht Herr werden, an anderen auszulassen.

Auch Ihnen wird es nicht anders gehen. Sie müssen mit solchen Zeiten rechnen. Seien Sie also verdrießlich, seien Sie aber auch bereit, sich so schnell wie möglich wieder zu fangen. Raffen Sie sich zu einem Gedanken oder zu einer Tat auf, die das Leben wieder lebenswert erscheinen lassen. In der Zwischenzeit: schonen Sie Ihre Mitmenschen! Halten Sie sich im Zaum. Viel Unheil ist schon bei Begegnungen unter solchen Umständen angerichtet worden. Seien Sie ehrlich und haben Sie den Mut, zuzugeben, daß Sie schlecht gelaunt sind. Dabei kann Ihnen ein kleines Schild gute Dienste leisten, das sich ein phantasiereicher Mann der Wirtschaft ausgedacht hatte. Da war zu lesen: „Warnung, schlechte Laune!" Dieses Schild stellte er auf, wann immer es nötig war, daheim und im Büro. Meist fühlte er sich dann schon wohler. Und wenn die anderen die Worte lasen, war das Eis sehr oft schon gebrochen. — Versuchen Sie es.

Andere Fälle sind schwerwiegender, brauchen aber nicht hoffnungslos zu sein. Es sind die Menschen, die sich selber nicht lieben, die mit sich selber nichts anfangen können, die wie ein wandelnder Vorwurf auf die anderen wirken. Sie verneinen alles, sie befürchten alles und haben es längst vergessen, daß der Mensch auch lachen kann und soll. Der Vorwurf und die Klage sind ihre ständigen Begleiter.

Manche wissen, daß sie so sind, viele nicht. Solche Menschen meidet man am liebsten. Man fühlt sich nicht wohl in ihrer Gegenwart. Man befürchtet, nicht ohne Grund, angesteckt zu werden. Keiner ist geneigt, sich für diese Menschen einzusetzen.

Prüfen Sie, wie Sie auf Ihre Mitmenschen wirken. Sind Sie mit dem Ergebnis nicht zufrieden, so verzweifeln Sie nicht. Das macht Ihre Lage nur noch schlimmer und führt Sie immer weiter fort von denen, auf die Sie angewiesen sind. Fahnden Sie nach der

Ursache, die Ihr Verhalten bestimmt. Setzen Sie sich mit ihr auseinander. Sehr wahrscheinlich werden Sie herausfinden, daß diese Ursache nicht stichhaltig ist.

Wir bleiben unser Leben lang dieselben, nicht aber die gleichen. Mit 35 Jahren sind wir anders, als wir es mit 25 waren. Auch werden wir ständig von unserer Umgebung beeinflußt. Wer schlechte Erfahrungen macht, wird leicht ein Opfer dieser Erfahrungen. Wer in einer Atmosphäre aufgewachsen ist, in der alles hingenommen wurde, hat es schwer, sich zu einer positiven, aktiven Lebenseinstellung durchzuringen.

Machen Sie sich die alte Losung zu eigen: Trotzdem! Machen Sie nicht Ihre Erlebnisse zum Sündenbock. Werden Sie sich darüber klar:

1. E i n e n Menschen können Sie niemals abschütteln, er bleibt Ihr ständiger Begleiter Ihr ganzes Leben lang: Ihr Ich! Da lohnt es sich schon, dieses eigene Ich so zu entwickeln, daß Sie gern mit ihm zusammen sind und daß es Ihnen nützt.

2. Was immer Sie empfinden, denken, sagen oder tun: Ihr Ausgangspunkt ist immer Ihr Ich. Bauen Sie diesen Ausgangspunkt so aus, daß Sie von ihm aus nicht fehlgehen können.

Sie brauchen dazu in erster Linie Willen, Energie und Ausdauer. Sie sind aber auch auf Ihr Vorstellungsvermögen angewiesen. Stellen Sie sich zwei Menschen vor: Der eine wagt sich niemals hervor, der andere ist rechthaberisch und aggressiv. Lassen Sie diese beiden Menschen nach dem suchen, was ihr Verhalten bestimmt. Der eine stellt fest, daß es in seiner Jugend stets hieß: „Das kannst Du nicht." Schließlich glaubte er es selber und hielt sich für unfähig, sein Leben zu meistern. Der andere findet heraus, daß er sich in jungen Jahren stets zu wehren hatte. Der Selbsterhaltungstrieb hatte ihn rechthaberisch und aggressiv gemacht.

Weder wer scheu noch wer aggressiv ist, vermag diese Eigenschaft einfach abzustreifen. Er kann es aber mit dem nötigen Willen, der nötigen Energie und der nötigen Ausdauer fertigbringen, die Eigenschaft, die ihm schadet, zu unterdrücken. Der scheue Mensch kann sich überzeugen, daß er das ist, was jeder andere auch ist: ein Mensch. Und der Rechthaberische und Aggressive muß sich damit abfinden, daß auch andere recht haben können. Er muß es lernen, sich so auszudrücken und zu verhalten, daß er niemanden vor den Kopf stößt.

Sie brauchen ein Ich, das lernfreudig, selbstsicher und mutig auch im Alltag ist, dem Menschsein alles bedeutet.

4. Heben Sie Ihr Denken auf eine höhere Ebene

Wir mißbrauchen oft das Wort „denken". Redewendungen wie: „Ich denke, es wird regnen" — „Denk' mal, das ist mir passiert" — „Ich denke, Sie wären verreist" gehören zu unserer Alltagssprache. Sie haben mit „denken" sehr wenig zu tun.

Versuchen Sie einmal, all das, was Ihnen innerhalb einer Stunde durch den Kopf geht, mit Papier und Bleistift festzuhalten. Lassen Sie sich aber, soweit das möglich ist, durch den Versuch nicht beeinflussen. Fahnden Sie nicht nach Einfällen, die Ihnen gefallen. Bemühen Sie sich, Ihren Gedanken freien Lauf zu lassen.

Sie werden erstaunt sein, was Ihnen alles in dieser kurzen Zeitspanne durch den Kopf gegangen ist.

Und jetzt stellen Sie sich den Ablauf eines ganzen Tages vor. Wollten wir uns über einen ganzen Tag Notizen machen, kämen wir gar nicht mit.

Unser Kopf arbeitet pausenlos, auch wenn wir uns nicht mit einer bestimmten Frage abzugeben haben. Gut ist es, daß wir uns mit den meisten dieser flüchtigen Gedanken nicht belasten müssen. Das, was wir die Zeit nennen, verweht sie. Es überfallen uns aber auch Gedanken, mit denen wir nicht so leicht fertig werden. Sie können uns sehr belasten, wenn wir ihrer nicht Herr werden. Es sind die negativen Gedanken.

Denken Sie zurück:

- Sie hatten einen Brief zu befördern. Später konnten Sie sich nicht erinnern, ob Sie ihn wirklich in den Briefkasten geworfen hatten.
- Sie hatten einen wichtigen Brief oder Bericht zu schreiben. Hinterher fiel Ihnen ein Punkt ein, der Ihnen besonders wichtig erschien. Sie fragten sich jetzt, ob Sie diesen Punkt auch tatsächlich berücksichtigt hatten.
- Sie hatten experimentiert und konnten sich nachher nicht erinnern, ob Sie den Strom ausgeschaltet hatten.

- Sie hatten ein längeres, wichtiges Gespräch geführt, und nun haben Sie das Gefühl, irgendwie versagt zu haben. Sie bemühen sich, die einzelnen Fragen und Antworten zu rekonstruieren. Das gelingt Ihnen nur teilweise. Doch der Gedanke, einen Fehler gemacht zu haben, läßt Sie nicht los.

Kommen Ihnen solche und ähnliche Gedanken, so beherrschen sie Ihr Gedankenfeld und dulden, so lange sie da sind, keine Nebenbuhler.

Überlegen Sie sich: Was kann ich tun, um diese leidigen Gedanken loszuwerden? Läßt sich etwas machen, dann handeln Sie sofort. Im anderen Falle bringen Sie die Kraft auf, sich mit dem abzufinden, was nicht zu ändern ist, und stellen Sie sich eine Aufgabe, die Ihnen sehr wahrscheinlich etwas einbringen wird. Es sollte aber schon eine Aufgabe sein, die Ihre geistigen Kräfte stark in Anspruch nimmt.

Noch eine Gruppe von Gedanken müssen wir bloßstellen: die Gedanken, welche wir einfach übernehmen. Sie werden uns, verlockend aufgemacht, präsentiert und gehen reißend ab. Sie nehmen uns die Last, tiefer zu denken, ab, und deswegen sind sie so begehrt.

Die Arbeit, zu denken, kann uns überhaupt keiner abnehmen. Selbst wer darauf aus ist, so zu sprechen und zu handeln, wie „man" es tut, und es vorzieht, in einer vorfabrizierten Gedankenwelt zu leben, muß einfache Denkarbeit leisten.

Sie aber wollen Ihr Denken auf eine höhere Ebene heben. Ein weites Feld steht Ihnen offen. Hier können Sie üben, lernen und sich bewähren. Sie brauchen nicht auf ungewöhnliche Situationen zu warten. Der Alltag bietet Ihnen genügend Kraftproben. Sie müssen lediglich all das, was Sie erleben, erst durchdenken, dann sich zu eigen machen oder ablehnen. Sie dürfen sich nicht mit einem „Ja" oder „Nein" begnügen. Sie müssen das „Warum" ergründen und sich von der Erkenntnis leiten lassen, daß alles, was richtig oder wahr ist, sich nur stückweise auffinden läßt.

Da sind zwei altbewährte Mitarbeiterinnen, beide hochgeschätzt. Die eine behauptet, von der anderen schwer beleidigt worden zu sein. Mit Nachdruck wird das abgestritten. Beide erklären: „Wenn die andere bleibt, gehe ich." Beide sind unersetzlich.

Nehmen wir an, Sie sollen den Fall aus der Welt schaffen und eine Entscheidung treffen, die beiden gerecht wird. Wie würden Sie handeln?

Das ist eine von vielen Aufgaben, die Ihnen dazu verhilft, Ihr Denken auf höherer Ebene zu trainieren.

Lesen Sie einen politischen Kommentar in einer Tageszeitung. Vielleicht stoßen Sie auf eine Schwarz-weiß-Schilderung. Versuchen Sie den Artikel so umzuschreiben, daß das Verhalten aller Beteiligten verständlich erscheint. Fällen Sie Ihr Urteil erst dann.

Begeben Sie sich auf das weite, gefährliche Feld der Vorurteile. Wohin Sie sich auch wenden werden, überall werden Sie auf Blöcke stoßen, welche die Wege zur Verständigung verbauen, wenn nicht unpassierbar machen.

Hier heißt es von einem Menschen, er sei lahm, ohne irgendwelche höheren Interessen. Dort wird eine Gruppe als kapitalistisch oder kommunistisch abgestempelt. Sie kennen den Menschen und die Gruppe. Schreiben Sie alles auf, was Ihnen für oder gegen diese Behauptungen einfällt. Scheuen Sie sich nicht, Abstecher zu machen.

Stellen Sie sich auch solche Fragen:
- Was heißt — lahm sein?
- Was heißt — keine höheren Interessen haben?
- Wer ist — Kapitalist?
- Wer ist — Kommunist?

Es lohnt sich, auf eine solche Entdeckungsreise zu gehen, allein oder zu zweien, und vorher nicht zu wissen, wo Sie landen werden. Sie können sicher sein, daß Sie sich mit Ihren Gedanken in einer Welt bewegen werden, die wenig bevölkert, aber hoch entwickelt ist.

5. Überprüfen Sie Ihre Grundeinstellung zum Leben

Wir sitzen in einem kleinen Kreis von Freunden. Alle möglichen Probleme sind schon angeschnitten worden. Dann kommt man auf die gute alte Zeit zu sprechen. Einer sagt: „Wir haben keine Ideale mehr, wir lassen uns nur von der einen Frage leiten: Was nützt uns?"

Zustimmung und Widerspruch sind die Antworten: „Was heißt ‚Wir', wer sind ‚Wir'? — Warum leben wir? Was ist der Sinn des Lebens?" Das sind einige der Stimmen, die laut werden. Jetzt sind wir in voller Fahrt.

Auf dem Heimweg überlegen wir uns: „Gibt es auf die Frage nach dem Sinn des Lebens nur e i n e Antwort? Ist es vielleicht so, daß diese Frage ein jeder für sich beantworten muß — für das Leben und die Eigenschaften, die ihm zu treuer Pflege aufgegeben wurden? Mißbrauchen wir nicht oft das Wort ‚Wir'? Machen wir es uns nicht zu einfach, indem wir verallgemeinern und nicht genug bedenken, daß ein jeder von uns eine Persönlichkeit mit eigenem Charakter, mit eigenen Eigenschaften ist?"

Sie haben Ihre Grundeinstellung zum Leben. Können Sie diese aber auch mit wenigen Worten treffend skizzieren? Was bedeuten für Sie Worte wie Glück, Zufriedenheit, Erfolg? Sind Sie selbstsüchtig oder mehr selbstlos, pessimistisch oder optimistisch? Das sind wesentliche Fragen, die Sie klären müssen.

Um geistig mehr leisten zu können, müssen Sie zunächst den Lebensweg auskundschaften, der Sie dorthin führt, wohin Sie wollen. Sie können aber auch nicht einfach losmarschieren. Sie müssen entsprechend ausgerüstet sein. Sie müssen all die Fähigkeiten und Eigenschaften mit sich führen, die Sie unterwegs brauchen werden, und Sie müssen sie Ihrem Lebensweg anpassen oder — einen anderen Weg gehen, der für Sie geeigneter ist.

Sie müssen einen anderen Weg wählen, je nachdem, ob Sie zufrieden sind, wenn alles seinen gewohnten Gang geht, oder sich wohlfühlen, wenn Sie auf unbekannten Pfaden wandeln. Sie müssen einen anderen Weg wählen, je nachdem, ob Sie auf Wohlstand, Anerkennung oder auf Dienst am Menschen eingestellt sind.

Klären Sie die beiden Fragen:
- Was kann ich?
- Was will ich?

und passen Sie dann Ihr Leben den Antworten zu diesen Fragen an. Jetzt haben Sie ein Ziel, das Sie ansteuern können.

Prüfen Sie Ihre Grundeinstellung zum Leben nicht nur einmal. Wiederholen Sie diese Prüfung von Zeit zu Zeit, besonders dann, wenn Sie ein Ziel erreicht haben. Sie entwickeln sich ständig, und mit Ihnen entwickelt sich Ihre Grundeinstellung zum Leben.

Stellen Sie, wenn immer Sie sich ein Ziel setzen, die Anforderungen an sich selbst eher zu hoch als zu niedrig. Ihre geistigen Kräfte wachsen mit diesen Anforderungen.

6. Sie brauchen eine gesunde Lebensauffassung

In der Art, wie wir denken, sprechen oder handeln, spiegelt sich unsere Lebensauffassung wider. Unser Ich läßt sich nur für kurze Zeit verbergen, ausschalten läßt es sich nie. Es ist und bleibt unser Ausgangspunkt. Selbst wenn wir spontan ein gutes Werk tun oder uns überlegen, wie wir einem Mitmenschen eine Freude bereiten können, gehen wir unbewußt von unserem Ich aus.

Wir sind nun einmal Egoisten. Daran ist nichts zu ändern. Wir müssen uns nur davor hüten, Ellbogenmenschen zu werden. Auch der Egoismus hat zwei Seiten: eine positive und eine negative. Ohne den positiven Egoismus gäbe es keinen Fortschritt, weder für uns selber noch für die anderen noch für die Welt.

Und wenn wir heute mit der Welt, mit so vielen Menschen und auch mit uns unzufrieden sind, wenn heute der eine den anderen bekämpft und überall Unfriede herrscht, so liegt das keineswegs an der menschlichen Natur. Die menschliche Natur ist in Ordnung. Die Fehlerquelle ist: wir sind noch weit entfernt von dem Ideal, Mensch zu sein!

Schauen Sie nicht wie gebannt auf die anderen. Klagen Sie nicht an, verurteilen Sie nicht. Dazu sind Sie nicht berufen. So erreichen Sie auch nichts. Beginnen Sie dort, wo Sie sehr wohl etwas ausrichten können: beim eigenen Ich.

Sorgen Sie für eine Lebensauffassung, die Sie voranbringt und anderen nützt. Sie läßt sich aber nicht verschreiben oder irgendwoher nehmen. Sie muß, vom Ich ausgehend, von Ihnen entwickelt werden und auf der Erkenntnis fußen, daß Ihr Leben nicht vorgeschrieben, sondern aufgegeben (im Sinne von „Aufgabe") ist. Sie sind das und werden das sein, was Sie aus Ihrem Leben, aus den Kräften, die in Ihnen ruhen, und aus dem Wissen, das Sie sich aneignen, machen.

Merksätze — Wegweiser

- *Nur das hat Wert für Sie, was Sie Ihrer Wesensart anpassen.*
- *Der Erfolg auf allen Gebieten des Lebens muß vorbereitet und verdient werden.*
- *Wir leben in einer Gemeinschaft, in der ein jeder auf den anderen angewiesen ist.*
- *Die Arbeit, zu denken, kann uns keiner abnehmen.*
- *Sie sind das, was Sie aus Ihrem Leben, aus Ihren Kräften und aus Ihrem Wissen machen.*

II. Kapitel

Die geistige Leistung und der Erfolg

1. Entfalten Sie Ihre geistigen Kräfte

Jede Leistung ist zuerst eine geistige: sie wird im Geiste vorbereitet und begonnen.

Die geistige Leistungsfähigkeit und der rationelle Einsatz der geistigen Kräfte sind der Schwerpunkt eines jeden Erfolges. Das beweist stets von neuem die Erfahrung der Praxis.

Der Geist ist das Primäre. Alles, was wir Menschen schaffen und tun, alles, was wir herstellen, umwandeln, zu einem Erfolg bringen wollen, muß zuerst im Geiste geboren sein, bevor es Wirklichkeit werden kann.

Intelligenz-Eigenschaften und der rationelle Einsatz der Intelligenz bestimmen schon deshalb den Erfolg, weil erst die geistige Leistungsfähigkeit auch zu anderen Leistungen befähigt.

Natürlich gibt es Gradunterschiede im Erfolg, doch diese Unterschiede sind weniger auf unsere Anlage zurückzuführen als auf die Art und Weise, wie wir unsere Fähigkeiten entwickeln und einsetzen.

Um die Grenzen, die unserer Entwicklung gesetzt sind, brauchen wir uns nicht zu sorgen. Der Raum, der uns für die Entfaltung unserer geistigen Kräfte zur Verfügung steht, ist so groß, daß die wenigsten von uns ihn voll in Anspruch nehmen. Oft werden wir uns unserer geistigen Kräfte erst dann voll bewußt, wenn eine ungewöhnliche Situation von uns verlangt, daß wir unser Letztes hergeben.

Von den meisten Menschen wird die angeborene Intelligenz nur zu einem sehr geringen Prozentsatz zur vollen und größten Leistung ausgenützt. Ein jeder von uns könnte sehr viel mehr leisten allein durch eine zweckmäßige Organisation seiner geistigen Kräfte und der Hilfsmittel des Geistes.

Und diese Aufgabe ist eine Lebensaufgabe. Sie wird nicht heute begonnen und morgen beendet. Mit dieser Aufgabe, von der Ihr Erfolg abhängt, haben Sie es Ihr Leben lang zu tun. Nur wenn Sie sich ihr mit starkem Willen, großer Energie und nie ermüdender Ausdauer unterziehen, werden Sie das erreichen, was für Sie Erfolg bedeutet.

Wissen und Erfahrung sind für jeden von uns wertvoll. Wollen wir aber im Leben etwas erreichen, brauchen wir mehr: wir brauchen die Fähigkeit, unser Wissen und unsere Erfahrung in jeder Situation richtig einzusetzen. Wir müssen imstande sein, sie den Anforderungen anzupassen, die jeweils an uns gestellt werden. Wir müssen je nach der Lage, in der wir uns befinden, logisch vorgehen oder unser Vorstellungsvermögen einsetzen.

Darum organisieren und entfalten Sie Ihre geistigen Kräfte zur größtmöglichen Leistung!

Es gilt nicht nur, etwas Besonderes zu leisten, sondern mit seinen Leistungen auch wirklich etwas zu erreichen.

Zum Beispiel müssen Sie nicht nur schnell und logisch denken können, sondern Ihr schnelles und logisches Denken muß auch ein produktives, erfolgreiches Denken sein, und das Denkergebnis muß irgendwie erfolgreich verwandt werden.

2. Der Geist produziert Gedanken

Jeder Fabrikant kennt seine Fabrik, jeder Geschäftsinhaber seinen Laden, jeder Unternehmer seinen Betrieb. Jeder sollte aber auch die Werkstätte kennenlernen, in der seine wichtigsten Produkte, seine Geistesprodukte, gefertigt werden: die Werkstatt des Geistes.

Auch die Geistesprodukte sind einem Fertigungsprozeß unterworfen. Wer ihre Herstellung so verbessern, steigern, rationalisieren will, daß er wesentlich mehr Erfolg zu erzielen vermag, muß wissen, wie Geistesprodukte entstehen, muß die Ansatzpunkte kennen, an denen er verbessern, steigern, rationalisieren kann.

Wie uns die Erkenntnis der Naturgesetze die Naturkräfte in der Technik beherrschen ließ und eine ungeheure Leistungssteigerung bei der Fertigung von Sachwerten brachte, so sollen uns das Wissen von den Kräften und Gesetzen des Denkens und der Einblick in die Werkstatt des Geistes unsere geistigen Kräfte beherrschen lassen und eine planmäßige Steigerung der geistigen Leistung möglich machen.

Der Geist baut Neues. Auf dieses Neue kommt es an. Es ist die schöpferische Leistung, das Geistesprodukt.

Der eine produziert geistig viel und Gutes, der andere wenig und Schlechtes. Der eine ist ständig darauf aus, seine geistigen Kräfte zu üben und zu entwickeln. Der andere läßt sie verkümmern und verkommen. Der Baustoff des Geistes ist das Wissen. Meist wird vorhandenes, im Gedächtnis ruhendes Wissen mit neuen Erfahrungen zum Geistesprodukt zusammengefügt. Die Wahrnehmung oder Aufgabe des Augenblicks gibt die Anregung dazu.

Denken Sie an den Kaufmann, der durch sein Wissen um die Qualität und die Preise der Waren seiner Branche sofort ein neues Angebot, das als Wahrnehmung frisch in sein Bewußtsein dringt, richtig und für ihn vorteilhaft zu beurteilen und zu einem Gegenvorschlag zu kombinieren versteht. Je umfangreicher sein Wissen auf seinem Fachgebiet ist, desto besser kann er kombinieren. Oder denken Sie an den Rechtsanwalt, dem ein Streitfall vorgetragen wird. Er kombiniert das eben Gehörte mit den in seinem Gedächtnis ruhenden Gesetzesparagraphen und baut geistig schnell das Neue, den Spezialfall, die Möglichkeit, die es für den glücklichen Ausgang des Prozesses seines Klienten gibt.

Wir kombinieren ununterbrochen, teils unterbewußt, teils bewußt, und passen uns so den Anforderungen des Lebens und den beruflichen Aufgaben an. Ob wir nun eine Unterhaltung führen, Karten spielen und dabei gewinnen wollen, eine Kalkulation aufstellen, ein Unternehmen planen, eine Erfindung machen wollen: stets müssen wir schnell und gut kombinieren, schnell und gut Gedanken produzieren.

3. 48 Ansatzpunkte zur Steigerung der geistigen Leistung

Ohne Einblick in die Werkstatt des Geistes, ohne Kenntnis der Technik geistiger Arbeit, ohne Wissen um den Herstellungsprozeß geistiger Produkte mußten diese mehr oder weniger zufällig auftreten. Natürlich war die Geistesmaschine Mensch stets so eingerichtet, daß sie von selbst sinnvolle und brauchbare geistige Leistungen vollbrachte, auch ohne daß ihr selbst das Wesen der Geistesfunktionen ganz bekannt war. Doch die Abhängigkeit vom Zufall ist zu groß, als daß nicht durch planmäßige Beeinflussung Wesentliches gebessert werden könnte.

Man nimmt heute in Fachkreisen an, daß durch planmäßigen Einsatz der geistigen Fähigkeiten die Leistung um das Zehnfache gesteigert werden kann. Die Steigerungsmöglichkeit beim Einzelnen ist selbstverständlich abhängig von dem bisherigen Einsatz der Geisteskräfte und von der Vollkommenheit der neu erlernten planmäßigen Beherrschung.

Steigern Sie Ihre Leistung wenigstens um 100 Prozent! Nicht weniger als 48 Ansatzpunkte, die in diesem Buch beschrieben werden, stehen Ihnen dafür zur Verfügung. Manche sind Ihnen bekannt. Doch es werden ohne genaue Kenntnisse weit über die Hälfte übersehen. Und oft vermag der richtige Ansatz an einem einzigen dieser Hebelpunkte eine Verdoppelung der Leistung zu bringen. Die 48 Punkte geben Ihnen 48 Möglichkeiten zu größerem Erfolg.

Bei der Entstehung der Geistesprodukte, wie überhaupt bei jeder geistigen Aktivität, ohne die gar nichts geschehen und in Angriff genommen würde, wirken mit: innere und äußere Faktoren. Die inneren liegen im Menschen selbst, in seiner ererbten Veranlagung und seinen erworbenen Eigenschaften. Die äußeren liegen in der Umwelt, im Stoff, in Kräften usw. Es handelt sich also keineswegs um eine rein mechanisch und automatisch arbeitende Maschinerie.

Zu den inneren Faktoren gehören die Fähigkeit, zu beobachten und Erfahrungen zu sammeln, die Fähigkeit, sich etwas zu merken, das Gelernte im Gedächtnis zu behalten, die Fähigkeit, zu urteilen, Neues zu kombinieren, die Gabe, Vorstellungen und Gedanken in Worte zu kleiden, die Konzentrationsfähigkeit, die Vernunft und die

Willenskraft. Jede dieser Fähigkeiten und Funktionen kann entwickelt, geschult, verbessert, in ihrer Tätigkeit rationalisiert werden. Zu den ä u ß e r e n Faktoren gehören die Arbeitsbedingungen, unter denen Sie schaffen, die Mittel, die Ihnen zur Verfügung stehen, die Hilfskräfte, die Sie sich heranzuziehen vermögen, der Lernstoff, den Sie verwenden, die Erfahrungen und Informationen, die Sie sammeln, das Schicksal, das Sie fördert oder hemmt. Die äußeren Faktoren gilt es vor allem zu organisieren.

4. Wie könnte man sich die Produktionsstätte des Geistes vorstellen?

Die Arbeit des Geistes kann man nicht sehen, auch mit den feinsten Mikroskopen nicht. Man sieht nur das Ergebnis, das Produkt. Damit Sie sich aber den Vorgang der geistigen Produktion vorstellen können, soll Ihnen ein materielles Erscheinungsbild dieser Werkstatt des Geistes gezeigt werden. An diesem sind dann die Beschreibung und Erklärung der Geistesfunktionen möglich.

So wollen wir versuchen, uns ein plastisches Modell der Produktionsstätten des Geistes, biologisch gesprochen: der Organe des Geistes, vorzustellen. Jede dieser Produktionsstätten oder Organe hat eine Funktion, eine Aufgabe, ein Sondertalent.

Diese plastische Vorstellung soll die abstrakten Begriffe sinnlich lebendig machen und Ihnen die Möglichkeit geben, diese leicht und bildhaft in Ihr Bewußtsein zurückzurufen, das Beschriebene klarer zu verstehen und geistig zu verarbeiten.

Nur über unsere Sinnesorgane kann geistiger Rohstoff zur Verarbeitung in der Werkstatt des Geistes aufgenommen werden. Durch S e h e n u n d H ö r e n nehmen wir auf, was uns die Umwelt an Lebenserfahrungen bietet. Deshalb stellen wir uns auf der Plattform über der Werkstatt des Geistes Gestalten vor, die aufmerksam die Umwelt betrachten, die mit Fernrohren und Hörapparaten das für die Geistesarbeit Wichtige suchen.

Unter diesen Gestalten auf der Plattform über der Werkstatt des Geistes denken wir uns den Raum, der mit dem B e w u ß t s e i n arbeitet. Umwelt, Erfahrungen, Wissen, über die Sinnesorgane aufgenommen, dringen als Wahrnehmungen und Empfindungen in das Bewußtseinslicht und erregen auch Gefühle.

Was bewußt geworden ist, können wir uns merken. Mit unserer Merkfähigkeit zeichnen und schreiben wir Wissen und Erfahrungen auf, damit sie dann in der Gedächtnisbibliothek aufbewahrt werden können. Man kann hier auch von einem Eingravieren sprechen. Das in den Gehirnzellen Eingravierte nennt man in der Medizin E n - g r a m m. Die Männer in unserem Modell, so denken wir uns das, zeichnen das im Bewußtsein Aufgetauchte ab und befördern das durch Eingravieren Festgehaltene in die Gedächtnisbibliothek weiter. Ganz unten in unserem Modellgebäude stellen wir uns die riesige Gedächtnisbibliothek mit Hunderttausenden von „Engrammen" vor, die dort, wohlgeordnet und zur späteren Verwendung bereitliegend, aufgespeichert sind.

Im Raum der U r t e i l s f ä h i g k e i t werden die einzelnen Wahrnehmungen und Erfahrungen miteinander verglichen. Die Mitarbeiter dieser Abteilung — so können wir uns das ausmalen — nehmen alles genau unter die Lupe und sehen nach, ob das, was an Vorstellungen und Gedanken ins Bewußtsein gedrungen ist, etwa nicht einer anderen Erfahrung widerspricht.

An zentraler Stelle unseres Modells der Geisteswerkstatt denken wir uns den steuernden W i l l e n, der unser Tun und auch unser Denken lenkt; in einem anderen Raum, dem der K o m b i n a t i o n s - f ä h i g k e i t, werden Vorstellungen und Erfahrungen zu etwas Neuem zusammengebaut. Hier wird konstruiert, hier entstehen die Ideen. Man könnte sich hier Ingenieure an Zeichentischen vorstellen, die neue Maschinen konstruieren, vorhandene kombinieren.

In den tiefen Gewölben des U n t e r b e w u ß t s e i n s bereiten unterbewußte Kräfte, fast wie geheimnisvolle Heinzelmännchen, sehr viel zur Denkarbeit vor. Sie suchen aus dem Gedächtnis das Passende aus, erarbeiten Gedanken und Ideen.

Auch Treppen kann unsere Phantasie in diesem Modellbau vermuten: sie dienen der R e p r o d u k t i o n s f ä h i g k e i t, und auf ihnen tragen unterbewußte Dienstmänner ununterbrochen die zur Denkarbeit benötigten oder „assoziativ" angereizten Vorstellungen aus der Gedächtnisbibliothek und aus der Kellerwerkstätte des Unterbewußtseins in das Bewußtsein.

Was aus dem Gedächtnis reproduziert oder vom Unterbewußtsein und von der Kombinationsfähigkeit neu produziert wurde, taucht als Vorstellung, Gedanke, Idee, Wunsch, Entschluß wieder im Bewußtsein auf. Unterstützt vom Willen, wird das Geistesprodukt zur Tat, zur Leistung, zur Rede, zur Schrift, zur konstruktiven Zeichnung, zur Musik, zum Geistesfertigprodukt.

Einem Scheinwerfer gleicht in diesen Räumen das Licht des Bewußtseins, das der Wille auf bestimmte Gedanken und Vorstellungen konzentriert, sie dadurch aktiviert und Tun und Denken sinnvoll und zweckmäßig lenkt.

Dieses Phantasiegebäude der Geisteswerkstatt mit ihren fleißigen Heinzelmännchen können wir uns sehr lebendig ausmalen. Was in seinen verschiedenen Räumen alles geleistet wird, welche Gesetze da gelten, wie der Nutzeffekt der hier waltenden Kräfte noch gesteigert werden könnte, das beschreiben im einzelnen die folgenden Kapitel.

Merksätze — Wegweiser

- *Alles, was wir schaffen, muß erst im Geiste geboren sein.*

- *Wir sollten mehr aus unseren geistigen Kräften herausholen.*

- *Sie müssen Ihr Wissen und Ihre Erfahrung richtig einsetzen.*

- *Sie müssen Ihre Fähigkeiten entwickeln und Ihre Leistungen steigern.*

III. Kapitel

Wissen, Lernen, Gedächtnis

1. Der geistige Rohstoff

Aus nichts wird nichts. Auch die Maschine „Geist" braucht Rohstoffe. Wie beim industriellen Fertigungsprozeß, hängt auch beim geistigen Arbeiten die Endleistung nicht nur von den Fähigkeiten der arbeitenden Menschen, den Maschinen und Produktionsstätten ab, sondern ebenso vom Rohstoff, der verarbeitet wird.

Die geistige Leistung ist nichts anderes und nie etwas anderes als eine Umformung geistiger Rohstoffe.

Bei der Auswahl des geistigen Rohstoffes ist es sehr wichtig, daß er optimal zur Verfügung steht:

1. nach der Q u a n t i t ä t , also in großer Menge,

2. nach der Q u a l i t ä t , also in höchster Güte.

Ein Mensch mit guter Intelligenz kann ein schlagfertiger Witzbold sein, der mit einem primitiven Wissen hohles Geschwätz produziert. Mit denselben Fähigkeiten könnte er die Menschheit mit geistigen Neuschöpfungen bereichern, wenn er seiner Geistesmaschine vorteilhafteren Rohstoff zuführte.

Entscheidend ist aber, ob wir das Wissen gebrauchen können und wie wir es einsetzen.

Mancher, der nur eine Volksschule besucht und nichts besonderes gelernt hatte, war später im Leben erfolgreich und brachte es zu einer führenden Stellung. Das hat mit Wunder oder Zufall nichts zu tun. Diese Menschen leisteten ganz einfach mehr mit dem Wissen, das sie hatten. Sie hielten sich nicht für Stiefkinder des Schicksals. Sie setzten ihr geringes Wissen ein, in der Überzeugung, daß jeder Einsatz ein Mehr an Wissen mit sich bringt.

Wir dürfen auch nicht wahllos auf Wissensmehrung aus sein, sondern müssen uns stets überlegen, ob das Wissen, das wir uns aneignen wollen, für uns geeignet und wesentlich ist.

Bauen wir ein Haus und wollen wir es möglichst groß und schön haben, so ist nicht die absolute Menge des Materials maßgebend, sondern das richtige Mengenverhältnis der benötigten Teile. Riesige Mengen von Dachziegeln nützen nichts, wenn wichtige andere Teile fehlen.

So ist es auch auf geistigem Gebiet. Wer technische Leistungen vollbringen will, studiert nicht Geschichte.

Zu klären, welches Wissen für uns geeignet und wesentlich ist, fällt nicht immer leicht. Sollen wir uns auf das Wissen beschränken, das wir für unseren Beruf brauchen?

Nehmen wir das Beispiel eines Technikers oder eines Ingenieurs. Es ist behauptet worden, niemand könne ein ganzer Techniker sein, der nicht auch ein ganzer Mensch sei. Wie sollen wir diesen Satz verstehen? Wie können wir ein ganzer Mensch werden?

Das Wissen, das wir brauchen, um „ein ganzer Mensch" zu werden (es wäre richtiger zu sagen: um uns mehr und mehr zu einem ganzen Menschen zu entwickeln), geht über das hinaus, was wir lernen, um uns als Fachmann zu bewähren.

Nun sind wir aber auch als Fachleute stets Menschen. Wir wissen, daß wir in keiner Situation den Menschen ausschalten können. Wir werden uns somit als Techniker oder Ingenieure nur bewähren, wenn wir es gelernt haben, unser Leben als Einzelperson und als Glied der Gesellschaft zu meistern. Diese Lehrzeit beginnt in der Kindheit innerhalb der Familie und setzt sich fort als Selbstbildung und Selbsterziehung.

Wir brauchen geistigen Rohstoff für unseren Beruf und für unser ganzes Leben. Wir müssen uns auskennen in der Welt der Arbeit. Und diese Welt ist immer auch die Welt des Menschen. Wer mit sich selber und seinen Mitmenschen nicht fertig wird, versagt früher oder später im Leben, ganz gleich, welche berufliche Stellung er einnimmt — und habe er auch die beste Ausbildung genossen.

Viele von uns unterschätzen den Faktor „geistiger Rohstoff". Sie benützen den, welchen sie haben, und unterlassen es, ihn ständig zu mehren. Und sie sind höchst erstaunt, wenn sie eines Tages feststellen müssen, daß er ausgegangen ist. Dieses Versäumnis ist oft die Ursache geistiger Unproduktivität.

Das soll ein Beispiel aus der Praxis zeigen. Ein Fachschriftsteller klagte, er sei zu Ende mit seiner Schöpferkraft. Seine frühere Produktivität habe er ganz verloren. Er glaubte, seinen Beruf ändern zu müssen.

Seine geistigen Grundfähigkeiten erwiesen sich bei der Untersuchung als gut. Der mit ihm angestellte AR-Versuch (Assoziationsreihen-Versuch, wie er auf S. 87 f. näher beschrieben wird), zeigte schnellen und schöpferischen Gedankenzufluß. Die Unterhaltung mit ihm ergab, daß er vergessen hatte, sich neuen geistigen Rohstoff zuzuführen. Deshalb konnte er natürlich auch keine neuen Gedanken produzieren.

Es war hier so wie bei dem Autofahrer, dessen Wagen nicht mehr weiterwill und der vergebens den Schaden am Motor sucht, bis er entdeckt, daß nur das Benzin ausgegangen ist.

Je mehr geistiger Rohstoff, das heißt Wissen, vorhanden ist, desto mehr kann damit Neues gebaut werden. Eine Beurteilung irgendwelcher wissenschaftlicher oder auch wirtschaftlicher Probleme zum Beispiel wird ja überhaupt erst dann möglich und fruchtbar sein, wenn über das umstrittene Gebiet genügend Vorstellungen vorhanden sind, mit denen eine an die Beurteilung neu herangetragene Erfahrung oder eine von anderen gemachte Mitteilung verglichen werden kann.

2. Wissen und Gedächtnis

Uns Menschen ist die Intelligenz gegeben, um aus den Erscheinungen und Erfahrungen des Lebens zu lernen und sinnvoll zu handeln. Sie sind daher die wichtigsten Rohstoffe für die Verarbeitung in der Werkstatt des Geistes.

Nun haben die Menschen in einer gewaltigen Gemeinschaftsarbeit die Erfahrungen unzähliger Generationen systematisch gesammelt. Es ist dieses der Menschheit größte Leistung gewesen. Sie hat damit eine Rohstoffquelle von gewaltigen Ausmaßen und von wunderbarer Vollkommenheit geschaffen. Für jeden! Und mit der Eigenschaft, daß der dort gesammelte Rohstoff jedem frei zur Verfügung steht und auf geheimnisvolle und seltsame Weise (im Vergleich zu den materiellen Gütern) bei der Entnahme nicht weniger wird. Eine nie versiegende Quelle. Jeder kann in dieser riesigen Schatzkammer das suchen, was er braucht. Und viele bringen als Dank neue Schätze in sie zurück, zur freien Entnahme durch alle, die nach ihnen kommen. Diese Schatzkammer ist das W i s s e n. In den Wissenschaften, in der Sprache, in Bibliotheken gespeichert, kann es jeder benützen und für sich und andere verwenden. Jeder kann damit bauen und neue Geistesprodukte erzeugen.

Alle Berufe haben ihr Spezialwissen. Für jede Aufgabe sind besondere Erfahrungen nötig. Was dem Naturwissenschaftler seine Naturbeobachtungen und Experimente sind, das sind dem Geschäftsmann seine Branchenkenntnisse und geschäftlichen Informationen.

Der Geschäftsmann braucht ebenso notwendig geistigen Rohstoff wie der Wissenschaftler oder Schriftsteller. Seine Schöpferkraft wird zum Unternehmergeist. Er kann nur dann neue Ideen haben, neue Geschäfte planen, seinen Angestellten und Mitarbeitern neue Anregungen geben, wenn er stetig neue Erfahrungen aufnimmt und sammelt.

Denken wir aber auch an die vielen Fragen, die unser Verhalten und das unserer Mitmenschen angehen. Wir kämen nicht weit, begnügten wir uns damit, aus eigenen Erfahrungen zu lernen. Wir dürfen an dem, was andere sich ausgedacht und ausprobiert haben, nicht vorbeigehen. Greifen wir auf, was wir finden können. Um so eher werden wir in der Lage sein, jegliche Situation zu meistern. Vergessen wir auch nicht, daß jeder Gedanke, den wir aufnehmen, ein neues Gedankenfeld erschließt.

Je lebendiger der Geist, je fähiger der Mensch ist, desto schneller arbeitet der Geist, desto mehr Rohstoff verschlingt er, desto mehr muß ihm zugeführt werden.

Ein wahrhaft lebendiger Geist wird sich auch nie mit dem Wissensstoff zufriedengeben, der aus Veröffentlichungen kommt. Was immer sich um ihn herum abspielt, ist für ihn eine weitere, ebenso wichtige Fundgrube. Er wird Menschen und Situationen wie Bücher studieren. Jedes neue Erlebnis, jeder Lesestoff stellt ihn vor neue Fragen.

Der Aufbewahrungsort für den geistigen Rohstoff ist das Ge -
dächtnis. In dieses wird er über die Wahrnehmung und die
Funktion des Merkens aufgenommen. Hier wird er gespeichert, bis
er verarbeitet werden kann.

Wir unterscheiden drei Gedächtnisfunktionen: das M e r k e n , das
B e h a l t e n , das W i e d e r g e b e n . Dazu gehören drei Fähigkeiten (drei Organe, drei Produktionsstätten): die Fähigkeit zu
merken, die Fähigkeit zu behalten, die Fähigkeit wiederzugeben.

Jede dieser drei Funktionen müssen Sie b e a c h t e n , können Sie
t r a i n i e r e n , in ihrer Arbeitsweise r a t i o n a l i s i e r e n .

Lernen Sie zum Beispiel Vokabeln einer Fremdsprache, so verdoppeln Sie Ihre Leistung sowohl dadurch, daß Sie sich in einer Stunde
doppelt soviele Vokabeln beim ersten Lernen merken (Fähigkeit
zu merken) als auch dadurch, daß Sie von den sofort gemerkten
Vokabeln doppelt soviele dauerhaft behalten (Fähigkeit zu behalten). Verdoppeln Sie beide Funktionen, so haben sie als Ergebnis
eine vierfache Leistung. Verdreifachen Sie beide Funktionen, so
gewinnen Sie eine neunfache Leistung.

3. Lernen Sie zuerst, richtig zu lernen

Nehmen wir geistigen Rohstoff in unser Gedächtnis auf, so lernen
wir. Mit dem Lernen beginnt das Wissen. Je mehr Sie können
wollen, je mehr Sie mit ihrem Können anderen überlegen sein
wollen, desto mehr müssen Sie lernen.

Meister auf irgendeinem Lebensgebiet wird man nur durch über-
ragendes Können. Jedes Können aber muß gelernt sein, erlernt
werden. Das Lernen hat daher eine entscheidende Bedeutung dafür,
ob wir unsere Lebensaufgaben meistern werden oder nicht, ob wir
Erfolg haben werden oder nicht.

Als erstes müssen Sie das Lernen l e r n e n .

Da das Lernen selbst schon eine Erfolgstätigkeit ist, ja die erste und
zuerst notwendige, so ist es wichtig, als erstes eine gute Methode
zweckmäßigen Lernens und Studierens zu besitzen.

Das Lernen führt nicht nur zur Erweiterung des Wissens, sondern
es vervollkommnet auch die für jede Tätigkeit wichtigen Fähigkeiten.

Ob Sie nun eine Fremdsprache oder eine Fachwissenschaft lernen oder geistigen Rohstoff für eine ganz bestimmte Aufgabe sammeln wollen: Sie müssen dabei lernen.

Wieviel Sie lernen und damit später können, das hängt von drei Faktoren ab:

1. von Ihrer Begabung,
2. von der durch Fleiß aufgebrachten Lernzeit,
3. von der mehr oder weniger rationellen Methode Ihres Lernens.

Sie sehen, wie wichtig die Lernmethode für Sie wird. Halbe Begabung oder halber Zeitaufwand kann aufgewogen werden durch eine doppelt gute (rationelle) Methode des Lernens. Gute Begabung und guter Fleiß mit einer guten Methode führen zu einer Spitzenleistung. Das Lernen ist stets der Beginn der geistigen Leistung, der erste Schritt zum Erfolg. Es führt geistigen Rohstoff zu, regt die Gedanken an und ist die Voraussetzung für positive, schöpferische Arbeit.

Darum lernen Sie zuerst das richtige Lernen!

4. Die drei Faktoren Begabung, Lernzeit, Lernmethode

Wir sind nicht gleichbegabt. Es gibt Gradunterschiede. Wenn es aber mehr Menschen gibt, die es im Leben zu nichts bringen, als solche, die sich auszeichnen, so liegt das weniger an der Begabung. Entscheidend ist stets, was wir mit unseren Kräften anfangen. Allzuviele begnügen sich damit, ihre Kräfte einzusetzen, wenn sie gebraucht werden, und kommen gar nicht auf den Gedanken, daß auch geistige Kräfte in Form sein müssen.

Wir neigen dazu, Mitmenschen, die nicht das wissen, was wir wissen, für unbegabt oder dumm zu halten. Dabei sind wir alle unwissend, nur auf verschiedenen Gebieten.

Vielen liegt die Literatur nicht. Sie können darüber nicht sprechen. Sie fühlen sich aber gleich zu Hause, wenn Probleme des täglichen Lebens zu Worte kommen. Und der Kaufmann oder Ingenieur, der in einem fremden Land nicht Bescheid weiß, ist noch lange nicht ungebildet.

Wir können nicht erwarten, daß in unserem Jahrhundert mit seiner Fülle von Wissensstoff irgendein Mensch, mag er noch so aufgeschlossen und begabt sein, über alles Bescheid weiß. Aber: „Wir haben Zeit für das, was wir wirklich tun wollen." Wie es um Ihre Zeit bestellt ist, können nur Sie beurteilen.

Sie wissen, daß der Mensch nie auslernt. Sie sind sich darüber im klaren, daß jede Begegnung, jede Situation und jede Wahrnehmung Sie vor neue Lernaufgaben stellt. Sie wissen auch, daß das Lernen nicht an Zeit und Ort gebunden ist. Sie wollen aber trotzdem nicht darauf verzichten, eine bestimmte Zeit am Tage nur dem Lernen zu widmen. Haben Sie diesen Willen und bringen Sie die Energie auf, so werden Sie bei allen Anforderungen, die an Sie gestellt werden, diese Zeit auch haben.

Machen Sie die Lernzeit zu einer Gewohnheit wie die Essens- und die Schlafzeit. Dann halten Sie auch durch.

Manche planen nicht nur ihre Tage, sie überwachen auch die Zeit, die sie für jede Aufgabe brauchen. Sie berücksichtigen unvorhergesehene Obliegenheiten, aber unterlassen das, was am wichtigsten ist: eine Zeit anzusetzen zum Nachdenken und Lernen. Wählen Sie, wenn möglich, diese Zeit so, daß Sie auch wirklich aufnahmebereit sind.

Die Lernmethode wird vor allem bestimmt:

- durch die Persönlichkeit,
- durch den Lernstoff.

Die Menschen sind verschieden. Keine Lernmethode kann daher ohne weiteres übernommen werden, jede muß vor dem Gebrauch der eigenen Persönlichkeit angepaßt werden. Wer das nicht tut, wird auch mit der besten Methode Schiffbruch erleiden.

Kennen Sie sich selber, wissen Sie, wie Sie am besten lernen, wird es Ihnen nicht schwerfallen, sich die besten Lernmethoden zu eigen zu machen.

Die zweite, entscheidende Rolle spielt der Lernstoff. Es ist ein großer Unterschied, ob Sie es auf Vokabeln und Formeln abgesehen haben, oder ob Sie darauf aus sind, sich Menschenkenntnis anzueignen. Und wiederum anders müssen Sie vorgehen, wenn Ihnen daran gelegen ist, leichter mit Problemen fertig zu werden. Je nach der Aufgabe, die Sie sich stellen, werden Sie Ihre Fähigkeit zu merken, Ihre Fähigkeit zu behalten, Ihr logisches oder Ihr schöpferisches Denkvermögen einsetzen müssen.

5. Hören Sie zu, sprechen Sie, schreiben Sie

Sie lernen, um Ihr Wissen zu bereichern und Spitzenleistungen zu vollbringen. Sie wissen, daß es nicht genügt, Bücher zu lesen, Kurse zu besuchen oder Vorträge mitanzuhören. Sie wollen auch jede andere Möglichkeit nützen, Ihr Ziel zu erreichen. Hier treten Hören, Sprechen und Schreiben in den Vordergrund.

Wir treffen mit anderen Menschen zusammen. Wir unterhalten uns. Vielleicht interessiert uns das Thema nicht. Vielleicht verstehen wir nichts von dem, worüber der andere spricht. Ist dann die Zeit, die wir mit dem anderen zubringen, verlorene Zeit? Benützen Sie sie, um sich im Zuhören zu üben und richtig zu fragen. Dann ist sie nicht nutzlos vertan.

Es gibt eine Kunst, die „Zuhören" heißt. Werden Sie ein Meister dieser Kunst. Wenn Sie zurückblenden und ehrlich sind, werden Sie zugeben müssen: „Oft habe ich nur so getan, als ob ich zuhörte — in Wirklichkeit waren meine Gedanken ganz woanders."

Viele Menschen reden aneinander vorbei, miteinander reden nur wenige.

Machen Sie es sich also zur Gewohnheit, jedem Gesprächspartner zuzuhören. Es ist oft nicht leicht. Nehmen Sie nicht nur die Worte in sich auf, die der andere ausspricht. Lernen Sie, „zwischen den Worten" zu hören. Bemühen Sie sich, richtig zu fragen und zu weiterem Gespräch anzuregen. Passen Sie Ihre Fragen Ihrem Gesprächspartner an. Benützen Sie zum eigenen Gebrauch Fragen wie:

- Was wollte er sagen?
- Warum drückte er sich so aus?
- Was sagte er nicht?
- Wie reagierte er auf meine Frage?
- Wie muß ich das Gespräch fortsetzen?
- Was kann ich aus dem Gespräch lernen?

Wir sprechen tagtäglich mit anderen und empfinden das als so selbstverständlich, daß es uns gar nicht in den Sinn kommt, das Alltagsgespräch als Übungsgespräch zu benutzen.

In Ihrer Lernzeit werden fortlaufend Fragen auftauchen, mit denen Sie nicht recht fertig werden. Sie haben drei Möglichkeiten:
1. Sie nehmen sich das Thema nochmals vor.
2. Sie diskutieren über das Thema mit einem anderen.
3. Sie benützen Papier und Bleistift.

Es kann sein, daß Sie, wenn Sie sich ein zweites Mal in das Thema vertiefen, besser abschneiden. Oft werden Sie aber leichter und schneller Erfolg haben, wenn Sie sich des Gespräches oder der Niederschrift bedienen.

Es wird auch Ihnen schon so gegangen sein: In einem Gespräch wurde ein Thema angeschnitten. Sie meinten, zu diesem Gespräch nichts beitragen zu können. Zunächst beschränkten Sie sich darauf, zuzuhören. Dann stellten Sie Fragen. Ein Wort ergab das andere. Ein Gedanke löste einen anderen aus. Sie sahen immer klarer. Schließlich waren Sie im Bilde.

Suchen Sie das Gespräch, nicht nur, wenn Sie etwas erfahren oder sich unterhalten wollen. Werten Sie jedes Gespräch als eine Übung. Stellen Sie Fragen, zu denen Sie eine Antwort suchen. Lernen Sie es, Gedanken rasch aufzugreifen und zu verarbeiten. Sie werden auf vieles stoßen, auf das Sie von selber vielleicht nicht gekommen wären.

Halten Sie Ausschau nach einem G e s p r ä c h s p a r t n e r , wenn Sie mit Ihrer Aufgabe nicht zu Rande kommen. Zu zweien, wenn ein jeder seine Meinung sagt und seine Fragen stellt, geht es leichter. Können Sie keinen Gesprächspartner auftreiben, dann muß die Niederschrift herhalten. Schreiben Sie mit wenigen Worten die Aufgabe auf, die Sie lösen wollen. Notieren Sie sich jede Antwort oder Frage, die Ihnen einfällt. Hüten Sie sich, Fragen oder Antworten unter den Tisch fallen zu lassen. Werden Sie kritisch erst dann, wenn Sie Ihr Gedanken-Reservoir erschöpft haben. Jetzt kombinieren Sie, berichtigen Sie, streichen Sie und ergänzen Sie.

Viele in uns ruhende Gedanken tauchen erst auf, wenn wir mit Papier und Bleistift arbeiten, nicht, wenn wir nur nachdenken. Auch ist die Gefahr groß, daß ein Gedanke so schnell wieder verschwindet, daß wir ihn gar nicht aufgreifen und verfolgen können. Schwarz auf weiß aber bleibt.

Verschmähen Sie aber auch nicht einen — Partner in Gedanken: Sie stellen sich ein Gegenüber vor, das Ihre Gedanken zerpflückt und jedes Für und Wider aufzeigt. Lassen Sie diesen Partner sehr kritisch sein, ja schonungslos. Die ersten Male wird es Ihnen schwerfallen, mit einem solchen Partner in Gedanken auszukommen. Sie werden sich aber daran gewöhnen, zwei Rollen zu spielen.

6. Lesen Sie richtig und — schneller

Auch Sie können besser und schneller lesen lernen.

Man braucht keine besondere Begabung, um rationeller lesen zu lernen, hingegen den Willen, unrationelle Gewohnheiten aufzugeben. Notwendig ist viel Übung, und wichtig ist auch einige Anleitung.

Seit ruchbar geworden ist, daß Präsident Kennedy mit einer Geschwindigkeit von über tausend Wörtern in der Minute las (eine Fertigkeit, die auch in der europäischen Presse gebührend Bewunderung gefunden hat), hört man immer mehr Amerikaner nicht darüber sprechen, w a s sie lesen, sondern wie schnell. Viele dieser hochmodernen Zeitgenossen haben Schnellesekurse besucht und für ihr gutes Geld von Schnellese-Laboratorien das Geheimnis des Lesens von 20 000 Wörtern in der Minute erstanden. — Das ist natürlich blanker Unsinn. Das einzige Geheimnis der Steigerung der Lesefertigkeit liegt darin, daß es gar kein Geheimnis gibt. Jeder durchschnittlich begabte Erwachsene kann besser und schneller lesen lernen. Es geht dabei letztlich darum, altbekannte „theoretische" Kenntnisse in der Praxis des Alltags anzuwenden.

Die Lesebürde ist schwer genug: wir alle sind uns darüber einig, daß wir kaum mehr Zeit finden, auch nur die wichtigste Fachliteratur zu lesen. Und rechnen wir noch den Niederschlag des Papierkrieges dazu, der in einem modernen Betrieb geführt wird, dann ist der Ruf nach einer besseren Lesetechnik leicht verständlich.

Voraussetzung einer Leistungssteigerung ist die Feststellung der gegenwärtigen Lesefertigkeit. Maßgrößen sind dabei
1. der Zeitaufwand für die Lektüre,
2. das Verständnis des Textes.

Während der Zeitaufwand leicht zu erfassen ist und die Lesegeschwindigkeit bequem in Wörtern je Minute (W/min) angegeben werden kann, ist die Messung des Textverständnisses mittels Fragenbeantwortung schwierig. Und zwar deshalb, weil das Verständnis sehr stark von der Einstellung des Lesers gegenüber dem Text abhängt. Über die Zielsetzung entscheidet aber allein der Leser. Und dessen Zielsetzung wiederum ist abhängig vom Lesestoff: eine wissenschaftliche Abhandlung will anders gelesen sein als ein Roman. Dem genauen Studium, dem informativen Lesen oder dem Überfliegen der Zeitungsmeldungen liegen verschiedene Motivierungen zugrunde.

Lesen Sie den folgenden Textteil mit Ihrer gewohnten Lesegeschwindigkeit für leichte Texte, jedoch aufmerksam genug, daß Sie später einige Fragen beantworten und den Inhalt in einigen Sätzen wiedergeben können.

Stellen Sie die Zeit Ihres Lesebeginns und die der Beendigung Ihrer Lektüre auf die Sekunde genau fest.

Lesebeginn:

Präsident Kennedy bediente sich einer besonderen Lesetechnik, die er an einem Kurs des „Instituts für dynamisches Lesen" erlernt hatte. Er beherrschte ein Lesetempo von 1200 Wörtern in der Minute. Mit dieser Geschwindigkeit pflegte er Zeitungen und ähnlichen Lesestoff zu verarbeiten. Er betonte dabei aber, daß er mit diesem Schnellgang bloß die Hauptgedanken des Textes erfasse.

Der amerikanische Präsident wandte also die Technik des Diagonallesens oder des Überlesens an, die seit altersher zu den Arbeitsgewohnheiten der Gelehrten gehört. Der Diagonalleser liest aber nur einige hundert Wörter in der Minute, genauso viel oder so wenig wie ein Normalleser, aber er liest die richtigen Wörter, diejenigen, die den Sinn tragen, die Aussage vorantreiben. Er versucht, mittels Schlüsselwörtern und Schlüsselsätzen den Gedankengang des Verfassers zu verfolgen. Wie gut ihm das gelingt, hängt einerseits von seiner Vertrautheit mit dem im Text behandelten Thema ab, andererseits von seiner Fähigkeit, den Aufbau eines Textes zu erfassen. Das Geheimnis des Diagonallesers — damit auch der Trick von Präsident Kennedy — liegt ganz einfach darin, daß er aus einem 1200 Wörter langen Text in einer Minute die 200 bis 400 sinntragenden Wörter herausliest und an ihnen den Sinn abliest. Er verdichtet den Text gleichsam während des Aufnehmens. Der Normalleser hingegen liest seinen Text ganz, Wort für Wort, Satz für Satz, 1200 Wörter insgesamt, wichtige und unwichtige. Dazu braucht er nicht bloß eine Minute, sondern rund vier Minuten. 300 W/min sind ein recht zügiges Lesetempo für das vollständige Lesen eines leichten deutschen Textes. Höchst selten sind diejenigen Leser, welche für das vollständige Lesen Spitzengeschwindigkeiten von mehr als 500 W/min erreichen.

Wenn dann allerdings Senator Talmadge erklärt, er lese 7000 Wörter in der Minute und habe den Bestseller über den „Aufstieg und Niedergang des Dritten Reiches" mit 1200 Seiten in zwei Nächten durchgelesen, und wenn die Frau des Unterstaatssekretärs für Verteidigung behauptet, sie habe den „Dr. Schiwago" von Pasternak in einer Viertelstunde zur Hälfte gelesen, dann ist das amerikanischer Gesellschaftsklatsch und Prahlerei.

— Ende der Lektüre.

Die Leseprobe umfaßt rund 320 Wörter. Ihre Lesegeschwindigkeit können Sie der folgenden Tabelle entnehmen:

45 Sekunden	427 W/min
1 Minute	320 W/min
1 Minute, 15 Sekunden	256 W/min
1 Minute, 30 Sekunden	213 W/min
1 Minute, 45 Sekunden	183 W/min
2 Minuten	160 W/min
2 Minuten, 15 Sekunden	142 W/min
2 Minuten, 30 Sekunden	128 W/min
2 Minuten, 45 Sekunden	116 W/min
3 Minuten	107 W/min

Versuchen Sie, auch an anderem Lesestoff Ihre Lesegeschwindigkeit festzustellen: zählen Sie die Wörter je Zeile über 10 Zeilen hinweg, vervielfachen Sie den Zeilendurchschnitt mit der Zeilenzahl je Druckseite und mit der Seitenzahl des ganzen Textes. Lesen Sie nach der Uhr, und errechnen Sie sich die Lesegeschwindigkeit in Wörtern je Minute.

Beachten Sie die Unterschiede je nach der Schwierigkeit des verarbeiteten Stoffes und die Unterschiede, die sich durch Ihre Einstellung zum Text ergeben können. Vielleicht achten Sie auch darauf, ob sich Ihre Leseleistung je nach den Tageszeiten verändert; unter Umständen können Sie eine Abhängigkeit Ihrer Leseleistung von Ihrer Leseumgebung beobachten. Ihre eigenen Feststellungen werden Ihnen zeigen, ob Sie ein langsamer oder ein zügiger Leser sind. In jedem Fall haben Sie die Möglichkeit, Ihre durchschnittliche Lesefertigkeit zu steigern, sei es, daß Sie die Geschwindigkeit oder das Verständnis verbessern oder beide zugleich steigern.

Wollen Sie das Verständnis verbessern, so müssen Sie Ihre Ausgangsleistung kennen. Erst dann können Sie sich ein Ziel setzen. Prüfen Sie deshalb Ihr Verständnis des Probestückes, indem Sie die Lücken im nächsten Abschnitt ergänzen:

Präsident Kennedy las mit einer Geschwindigkeit von ...... Wörtern in der Minute. Er wandte dabei die altbekannte Technik des .... oder des .... an. Diese Technik besteht darin, daß die .... Wörter und Sätze .... und .... werden; es wird gleichsam eine .... des Textes während .... vollzogen. Der Normalleser liest hingegen .... und erreicht bei leichtem Text bis zu ...... W/min.

(Lösung siehe nächste Seite, unten)

Die Bemühungen um eine Steigerung der Lesefertigkeit kreisen um folgende Schwerpunkte:

1. Beseitigung schlechter Lesegewohnheiten: Lautlesen, Lippenlesen; Ausmerzen des unkonzentrierten, mit vielen Wiederholungen behafteten Lesens;
2. Erwerb neuer Fertigkeiten: genauere Wahrnehmung, Weitung der Blickspanne, Überlesen;
3. Schärfung der Auffassung und des Denkens;
4. Schaffung guter Lesegewohnheiten durch gute Arbeitsvorbereitung, bewußte Motivierung und bewußte Wahl des Tempos im Hinblick auf den Schwierigkeitsgrad des Textes.

Ziel der Leistungssteigerung ist nicht das „Schnellesen", sondern das gute, dem Text angemessene Lesen.

7. Rationelles Lesen

Bemühungen um eine Verbesserung der Lesefertigkeit zielen darauf ab, einerseits schlechte Lesegewohnheiten zu beseitigen und andererseits neue Fertigkeiten zu entwickeln. Am leichtesten zu verbessern sind die Umweltbedingungen. Vom Lernwillen und Übungseifer abhängig sind die Beseitigung von Lesehemmungen, der Erwerb des individuell optimalen Leseverfahrens; die Schulung der Auffassung. Völlig unbeeinflußbar ist der Text; der Leser kann die Schwierigkeiten nicht verändern, die ein Text sowohl in bezug auf Lesbarkeit wie auch auf den Mitteilungsinhalt bietet, hingegen kann er lernen, seine Lesemethode dem Text anzupassen.

Die wichtigsten Schritte zu einer rationellen Lesetechnik sind:

Arbeitsplatzgestaltung

Lesen ist eine Arbeit, die höchste Aufmerksamkeit verlangt. Zu den äußeren Voraussetzungen gehören:

beste blendungsfreie Beleuchtung auf dem Text;

gute Körperhaltung auf einem beliebigen Sitzmöbel, das jedoch nicht zu bequem sein darf, denn „Bequemlichkeit" schläfert ein und lenkt ab;

Ruhe. Es ist klar, daß diese Forderung im Betrieb zuweilen schwer zu erfüllen ist: Telefon, Gegensprechanlage und Suchgerät sorgen ja dafür, daß der Chef jederzeit um Rat gefragt werden kann. Die Verminderung der Lärmquellen und die Einschränkung der Stö-

---

Lösung der Verständnisprüfung (S. 45)

Präsident Kennedy las mit einer Geschwindigkeit von 1200 Wörtern in der Minute. Er wandte dabei die altbekannte Technik des Diagonallesens oder des Überlesens an. Diese Technik besteht darin, daß die sinntragenden Wörter und Sätze ausgewählt und gelesen werden; es wird gleichsam eine Verdichtung des Textes während des Aufnehmens vollzogen. Der Normalleser liest hingegen Wort für Wort und erreicht bei leichtem Text bis zu 300 W/min.

rungsmöglichkeiten (Sperrstunden usw.) sind jedenfalls lohnende Maßnahmen.

Arbeitsvorbereitung

Die hohe Aufmerksamkeitsbelastung beim Lesen verlangt, daß die Lesezeit in die Tagesarbeit eingeplant wird — es ist falsch, die Lektüre als Füllarbeit zu betrachten. Im Gegenteil: sie erfordert die Stunden höchster Wachheit und Spannkraft. Aus eigener Erfahrung und Selbstbeobachtung kennt jeder diese Zeiten in seinem Tagesablauf. Genauso wie man die Außenstörungen von sich fernhalten muß, muß man sich auch von inneren Belastungen freihalten. Man kann nicht alle seine schwierigen Probleme auf Befehl zur Seite legen, aber man kann sich doch Grübeleien ersparen, wenn man die Erledigung einer solchen belastenden Aufgabe auf einen festen Zeitpunkt verlegt, zu dem die Lösung höchstwahrscheinlich möglich sein wird. Wer sich über einen gestern begangenen Fehler ärgert, kann heute die Bedeutung einer Information für die Zukunft kaum richtig würdigen.

Die Ablenkung (durch äußere Störung oder innere Ursachen) ist Grund zum fahrigen Lesen. Der Leser macht zahlreiche Wiederholungen, er liest Wörter, Wortgruppen, ja Sätze und Abschnitte aus Unachtsamkeit mehrmals. Er träumt, anstatt zu lesen, oder auch: er hängt seinen Gedanken nach, anstatt die Gedanken des Verfassers aufzunehmen. Oft genügt es, die häufigen Wiederholungen durch wirkliche Konzentration auf den Lesestoff und durch zügiges, rhythmisches Lesen zu überbrücken, um auf einen Schlag die Lesegeschwindigkeit spürbar zu steigern.

Der nächste Schritt heißt: richtige Motivierung. Sie verhindert Uninteressiertheit und Konzentrationsmangel. Wer weiß, weshalb und zu welchem Zweck er einen Text liest, der wird diesen Text besser lesen als jemand, der sich kein Ziel überlegt hat.

Diagonallesen als Arbeitsvorbereitung

Zur Arbeitsvorbereitung gehört deshalb das Überlesen, das „Lesen in der Diagonale", wie es seit altersher in den gelehrten Berufen üblich ist. Mit dem Überlesen schaffen wir uns einen Überblick über das Ganze des Textes, und wir können — bevor wir überhaupt „richtig" gelesen haben — einige wesentliche Fragen beantworten:

Was ist der Hauptgegenstand der Abhandlung?
Gibt es für mich interessante Nebenpunkte?
Was behandelt der Verfasser nicht, was übergeht er?
Warum schreibt der Verfasser?
Wem will er etwas mitteilen?
Will er überreden?
Will er überzeugen?
Welche Schlußfolgerung zieht er?
Ist seine Beweisführung klar?
Warum ist das Thema der Abhandlung für mich wichtig?

Motivierung

Die Beantwortung dieser Fragen und ihre Bewertung ergeben eine einwandfreie Motivierung. Jetzt können wir entscheiden, ob wir einen Text vor uns haben, den wir als Ganzes gründlich lesen müssen, ob wir unser Interesse nur auf einzelne Abschnitte, „Interessenbrennpunkte", zu richten brauchen, oder ob wir uns die sorgfältige Lektüre überhaupt ersparen können, weil der Text für uns selbst keine wertvollen Informationen zu enthalten scheint. (Natürlich kann er solche gleichwohl enthalten; der erfahrene Leser kann aber dieses Risiko — eben aus seiner Erfahrung — recht gut abschätzen.)

Der Chef, der die Technik des rationellen Lesens beherrscht, wird sich nur die wichtigsten Unterlagen zur eigenen gründlichen Lektüre vorbehalten, die zweitrangigen Dokumente zur Weiterbearbeitung an seine Mitarbeiter leiten und die als uninteressant bewerteten Papiere erbarmungslos dem Papierkorb überantworten.

Erste Schritte zum besseren Lesen

Es sind einige wenige Untugenden, die den normalen Leser an seine normale Lesegeschwindigkeit fesseln und ihn hindern, ein Schnelleser zu werden. Nur wenige Menschen lesen mit halblautem Sprechen unter Bewegung der Lippen und des Kehlkopfes, viele hingegen sprechen den Text innerlich mit, sie hören das, was sie lesen.

Der Schnelleser muß sich von diesen Hemmnissen befreien: nur als visueller Leser, der die Information unmittelbar durch das Auge aufnimmt, hat er Aussichten, seine Lesegeschwindigkeit zu steigern.

Es kostet Mühe, Sehleser zu werden, jedoch mag folgender Hinweis zeigen, daß jedermann bei genügender Übung sich diese Fertigkeit erwerben kann. Schon ein sehr mittelmäßiger Rechner „liest" z. B. $8 + 5 + 15 - 9$ folgendermaßen:

Dreizehn — achtundzwanzig — neunzehn

und nicht etwa:

Acht und fünf gleich dreizehn und fünfzehn gleich achtundzwanzig weniger neun gleich neunzehn.

Auf das Lesen von Texten übertragen, heißt das, daß nicht Wort für Wort gelesen und behalten werden muß, sondern nur das Ergebnis. Der geschickte Leser ersetzt das Wortlesen durch die höhere Stufe des Wortgruppenlesens und schließlich durch das Satzlesen. Er speichert jeweils lediglich das „Ergebnis": nicht die Wortfolge der Nachricht, sondern den Gedankeninhalt der Mitteilung. Voraussetzung dazu ist bei den meisten Menschen eine Weitung der Blickspanne.

Weitung der Blickspanne

Seit Schülerzeiten ist man gewohnt, in einer zehn Zentimeter breiten Zeile den Blick etwa 6 Mal zu fixieren:

         1   2   3   4   5   6
Lesen heißt | arbeiten. | Zum Arbeiten | gehören | Bleistift und | Papier,
    1   2   3   4   5   6
außerdem | aber | Ruhe und | äußerste | Anspannung | der Aufmerksamkeit.

Der Schnelleser erzieht sich dazu, eine solche Zeile, auf der etwa 9 Wörter stehen, in nur drei bis vier Schritten zu lesen, er faßt mehr „in einen Blick", er erfaßt ganze Wortgruppen:

        1   2   3
Wenn wir uns | bewußtmachen, | daß unsere Augen |
      1   2   3   4
mehr sehen, | als wir meinen, | und unser Gehirn | mehr speichert, |
       1   2   3   4
als wir annehmen, | dann sollten | wir der Versuchung | widerstehen können, |
        1   2   3
Wörter und Sätze, | ja ganze Zeilen | wiederholt zu lesen.

Das Ausweiten der Blickspanne wird an einzelnen kurzen Zeilen von zwei bis fünf Wörtern oder an Zahlengruppen geübt, die mit einem einzigen Blick erfaßt werden sollen.

Satzlesen

Einem Leser mit weiter Blickspanne gliedert sich der Text sozusagen von selbst in Gedankeneinheiten. Satzlesen bedeutet, die elementaren Aussagen mit einem Blick erfassen. (Es wäre ein Mißverständnis, nur das als „Satz" zu betrachten, was zwischen zwei Punkten steht.)
Wer die Stufe des Satzlesers erreicht hat, wird bald auch zum Zeilenlesen fortschreiten können. Hier eignen sich zur Übung Druckspalten mit geringer Zeilenbreite (bis etwa 5 cm), durch die man in der Zeilenmitte einen senkrechten Bleistiftstrich von oben nach unten zieht. Man läßt die Augen diesen Strich entlanghüpfen und versucht, in jeder Zeile das erste und letzte Wort zu erfassen.

Das gleichzeitige Erfassen von Sätzen und kurzen Zeilen stärkt auch die Konzentrationsfähigkeit. Beim Wort-für-Wort-Lesen denkt nämlich der Leser schneller, als er liest. Er hat freie Denkkapazität, die während des langsamen Lesens brachliegt. Der Geist ist unterbeschäftigt und geht spazieren. Lesen in Gedankeneinheiten zwingt hingegen zu äußerster Konzentration, unterstützt somit folgerichtiges, schnelles Denken und rasches Auffassen der durch Wörter ausgedrückten Gedanken.

Verdichtung

Lesen bedeutet nicht nur Wahrnehmen grafischer Zeichen, sondern Erfassen der durch die Zeichen verschlüsselten Mitteilung. Unter dem Gesichtspunkt der Informationstheorie ist unsere Sprache ein weitschweifiges Signalsystem, und die meisten Autoren machen einen weitschweifigen Gebrauch von der Sprache. (Nicht zu ihrem Vergnügen, sondern meist unbewußt, um das richtige Verständnis der Mitteilung zu sichern.) Dem geübten Leser fallen die sinntragenden und wichtigen Wörter in die Augen, er verkürzt den Text dadurch, daß er nur eine Auswahl der aufgezeichneten Wörter ins Bewußtsein dringen läßt.

So könnte etwa aus den 16 Wörtern der folgenden Sätze:

In jedem Buch liegt zwischen den Deckeln verborgen ein Skelett. Es aufzuspüren ist die nächste Leserpflicht.

ein geschickter Leser den Sinn in 4 Wörtern erfassen:

Buch-Skelett aufspüren Leserpflicht.

Nicht immer läßt sich der Sinn einer Aussage mit den Wörtern des Textes am besten wiederholen:

Was in London Underground genannt wird, die Untergrundbahn, heißt in New York Subway; den Underground in New York bilden die Gangsterorganisationen. Englische Automobilisten füllen ihre Tanks mit Petrol, doch die Amerikaner treiben ihre Motoren mit Gas. Die Engländer nennen einen Aufzug Lift, für die Amerikaner gibt es nur Elevators.

Hier hilft nur eine eigene Kurzfassung, die etwa lauten kann:

Beispiele für den Unterschied zwischen englischer und amerikanischer Umgangssprache.

Die nächste Stufe ist das gedankliche oder schriftliche Zusammenfassen des Inhalts eines gelesenen Textes. Dabei kann die Zusammenfassung als bloße Inhaltskennzeichnung auf Grund eines Überfliegens des Textes entstehen, sie kann aber auch als Frucht einer gründlichen Lektüre reifen.

Mündlicher Kontakt mit Herrn Huber, betreffend die angefügte Information über Beförderungsmöglichkeiten, hat den beiliegenden Bericht ergeben, aus dem hervorgeht, daß er es vorzieht, die Einstellung abzulehnen.

Eigene Kurzfassung des guten Lesers:

Herr Huber verzichtet auf eine Anstellung.

Die Zusammenfassung ist die beste Quittung für das Verständnis und das rationellste Mittel, die wichtigen Gedanken eines Autors sich anzueignen und mit der eigenen Erfahrung zu verschmelzen.

Wer auf diese Art und Weise Gedanken zu lesen versteht, besitzt die Schlüssel zum nächsten Tor der Lesefertigkeit: zum Überlesen.

Überlesen mit Blickrichtung auf die Einzelheit ist selbständige Lesetechnik. Der Leser überfliegt den Text, um einen bestimmten Sachverhalt, einen vorgegebenen Begriff, eine vermutete Beziehung zu entdecken. Modellfall: Nachschlagen eines Namens im Telefonbuch.

Überlesen mit Blickrichtung auf das Textganze ist Arbeitsvorbereitung für das rationelle Lesen. Der Leser überfliegt Titel und Zwischentitel und interpretiert die ihm auf diese Weise zukommende Information. Er versucht, die sinntragenden Wörter im Text wahrzunehmen, um den Gedankengang zu erkennen und die Hauptgedanken zu erfassen.

Anhaltspunkte für das Überlesen sind beim

Geschäftsbrief

Briefkopf
Mittlere Textabschnitte
Unterschrift

Zeitschriftenaufsatz

Überschrift samt
Untertitel und Verfassernamen
Einleitung
Zwischenüberschriften
Bild- und Tabellen-
unterschriften
Auszeichnungen im Text:
Kursivzeilen usw.
Schlußfolgerungen
Zusammenfassung

Zeitungsartikel

Überschrift
Erste Textabschnitte
Weitere Abschnitte nur, wenn Einzelheiten gebraucht werden

Buch
Titel samt Verfasser
Inhaltsübersicht
Vorwort
Einleitungskapitel
Kapitelüberschriften
Schlußkapitel
Register
(Jedes Kapitel wie einen Zeitschriftenaufsatz behandeln)

Solches Überlesen ist nie Zeitverlust: Selbst wenn Sie erkennen, daß Sie den Text gründlich lesen müssen, ist die für die Arbeitsvorbereitung aufgewendete Zeit fruchtbare Zeit. Die Übersicht und Klarheit, die Sie gewinnen, erhöhen die Lesegeschwindigkeit und verbessern das Verständnis.

Wenn Sie die Hauptgedanken ein zweites Mal lesen, haben Sie die doppelte Gewißheit, das Wichtige zu behalten.

Auf die Lektüre verzichten Sie, wenn das Überlesen zeigt,
daß der Text kein neues Wissen enthält,
daß der Stoff in keiner Beziehung zu Ihren Interessen und Zwecken steht,
daß die Darbietung des Stoffes Ihr Auffassungsvermögen übersteigt.

Angemessenes Lesen:

Wenn Sie den Entschluß zu lesen fassen, heißt das nicht, daß Sie allen Stoff mit gleicher, womöglich höchster Geschwindigkeit lesen müssen. Im Gegenteil:

Rationelles Lesen heißt vor allem: bei gegebener Textschwierigkeit Ihre Lesegeschwindigkeit so wählen, daß Sie das für einen bestimmten Zweck gewünschte Verständnis erreichen.

„Kleiner Gang"

(gründliches Lesen): wichtige und schwierige Mitteilungen aus dem eigenen Arbeitsgebiet; schwierige Texte aus fremden Arbeitsgebieten; häufige Motivierung: analysierende, kritische, wertende Stellungnahme zum Text. Vorstufe des Lernens.

„Mittlerer Gang"

(schnelles Lesen): Routinemitteilungen aus dem eigenen Arbeitsgebiet; leichte Texte aus fremden Arbeitsgebieten. Häufige Motivierung: referierende Verarbeitung des Textes unter Berücksichtigung der Hauptgedanken wie auch wichtiger Einzelheiten.

„Schnellgang"

(Überlesen): leicht lesbare, gut gegliederte Mitteilungen aktuellen Inhalts (Modellfall: Zeitung). Sie sollten sämtlichen Lesestoff überlesen zum Entscheid, ob eigene Lektüre notwendig ist, und zur Prüfung, welche Lesegeschwindigkeit Sie im Hinblick auf das von Ihnen gewünschte Verständnis anwenden wollen.

Die Wahl des Leseganges hängt ab von Ihrer Vertrautheit mit dem Stoff und von Ihrer Motivierung.

8. Kritisches Lesen, produktives Lesen

Wichtig ist nicht, wie schnell und wieviel einer liest — wie g u t er liest, zählt. Nur jener Leser gewinnt, der die Leseerfahrung seiner Eigenerfahrung gegenüberstellt.

„Eine Regel beim Lesen ist: die Absicht des Verfassers und den Hauptgedanken sich auf wenige Worte bringen und sich unter dieser Gestalt zu eigen machen. Wer so liest, ist beschäftigt und gewinnt. Es gibt eine Art der Lektüre, wobei der Geist gar nichts gewinnt und viel mehr verliert: es ist das Lesen ohne Vergleichung mit seinem eigenen Vorrat und ohne Vereinigung mit seinem Meinungssystem."

Dieser Ratschlag zum aktiven Lesen stammt von Georg Christoph Lichtenberg. Auf einige wenige Worte bringen und sich unter dieser Gestalt zu eigen machen. Wie hat das Lichtenberg gemacht? Er schrieb seine Lesefrüchte in Sudelbücher. Sie kennen Lichtenberg vielleicht als den Verfasser berühmter Aphorismen, als Philosophen — er war als Mathematiker und Physiker ebenso bedeutend. Er war ein meisterhafter Leser. Wenn aber ein Meisterleser sich Notizen macht und Sudelbücher schreibt, wieviel wertvoller muß da für den

Durchschnittsleser eine Niederschrift des Gelesenen „in einigen wenigen Worten" sein? Eine solche Notiz ist der beste Prüfstein echten Verständnisses und kann ausweisen, ob der Leser Wörter oder Gedanken gelesen hat.

Es gibt viele Arten, wie man sich Notizen machen kann, es gibt keine einzig richtige. Zu empfehlen ist eine Form der Notiz, die

1. das Gedächtnis entlastet und insofern ein Niederschlag des rationellen Lesens ist,
2. das Denken anregt und insofern ein Niederschlag des produktiven Lesens ist.

Eine Auswertungskarte soll enthalten:

1. Quellenangaben.
2. Zitate.
3. Kritischen Kommentar.
4. Wichtige Erkenntnisse: ganz aus der persönlichen Perspektive heraus gesehene Anregungen, die sich zu Vorsätzen und Plänen und schließlich zu Verwirklichungen verdichten.
5. Anwendung, Maßnahmen:
   Krönung der Auswertung und ein heilsamer Zwang, über die gegenwärtigen und zukünftigen Anwendungsmöglichkeiten des Gelesenen nachzudenken. Oft wird sich dieser Eintrag decken mit den Lesezwecken, die Sie sich vor Lesebeginn auf Grund des Überlesens setzten.

Auf diese Weise können Sie den Schritt vom rationellen zum produktiven Lesen tun:

Produktives Lesen bedeutet:
aktiv lesen, nicht passiv —
kritisch lesen, nicht kopfnickend —
lernbegierig lesen, nicht überheblich.

Der produktive Leser
vergleicht das Gelesene mit seiner eigenen Erfahrung —
vergegenwärtigt sich Anwendungsmöglichkeiten —
plant den nützlichen Einsatz des neu erworbenen Wissens.

Dazu sind Notizen in einer eigenen Wissenskartei ausgezeichnete Hilfsmittel.

9. Die Merkfähigkeit

„Merken" nennt man das Einprägen in das Gedächtnis.

Wie geht das Merken vor sich? Was müssen wir selbst dabei tun? Im wesentlichen erstreckt sich das Merken beim Lernen auf das Einprägen von Gesichts- oder Gehörswahrnehmungen, d. h. wir merken uns, was wir sehen oder hören. Wissen erwerben wir uns vor allem, indem wir Vorlesungen, Kurse, Vorträge hören oder indem wir Bücher und Schriften oder unsere eigenen Aufzeichnungen über irgendeine Sache, über Beobachtungen und Erfahrungen lesen.

Beim Merken tun wir nichts anderes, als unser Bewußtsein auf das zu lenken, was wir uns merken wollen.

Es gibt die psychologische Regel, daß ein L e r n s t o f f u m s o b e s s e r g e m e r k t w i r d , j e i n t e n s i v e r s i c h d a s B e w u ß t s e i n d a r a u f r i c h t e t . Je länger und klarer Sie Ihr Bewußtsein (Aufmerksamkeit) zum Beispiel auf ein Wort konzentrieren, desto besser merken Sie es sich.

Aber mehr als sich etwas merken, können Sie nicht. Es ist daher unrationell, sein Bewußtsein länger als zum Einprägen nötig auf das zu lernende Wort (denken wir an ein Wort aus einer Fremdsprache!) zu konzentrieren.

Brauchen Sie zum Beispiel im Durchschnitt 5 Sekunden zum Einprägen eines neuen Wortes (Vokabel), so ist es unrationell, das Wort nur 3 Sekunden aufmerksam zu betrachten, aber noch unrationeller, es 10 Sekunden im Bewußtsein festzuhalten. In letzterem Falle halbieren Sie unnötig Ihre Lernleistung, da Sie in 10 Sekunden nicht mehr Erfolg erzielen als in 5.

Die Merkfähigkeit ist teils angeboren, teils im Laufe der Zeit durch Übung erworben. Das Training der Schule ist hier sehr wichtig. Auch das Training im späteren Leben. Wer viel lernt, d. h. sich viel einprägt, lernt mit der Zeit immer besser. Die beste Übung ist das Lernen selbst.

Den Grad Ihrer Merkfähigkeit erkennen Sie

1. an der Länge der Zeit, die Sie brauchen, um sich ein bestimmtes Wissen anzueignen oder zum Beispiel ein Gedicht oder eine Anzahl Vokabeln auswendig zu lernen,

2. an der Anzahl von Versen eines Gedichtes oder von Vokabeln einer Fremdsprache, die Sie in einer Zeiteinheit, zum Beispiel in einer Stunde, zu lernen vermögen,

3. an der Anzahl von Versen, Vokabeln oder auch vielstelligen Zahlen, die Sie nach einmaligem Durchlesen in einer bestimmten Zeit bei sofortiger Nachprüfung im Gedächtnis behalten haben.

Eine solche Prüfung der Merkfähigkeit ist für jeden wichtig und interessant, denn sie gibt Aufschluß über den jeweiligen Stand seiner Fähigkeit, vor allem über seinen Fortschritt durch das Geistestraining.

Besonders reizvoll ist es, die eigene Merkfähigkeit mit der anderer zu vergleichen. Veranstalten Sie einen Wettbewerb! Ein Intelligenzspiel! Wer hat das beste Gedächtnis? Dieses Vergleichen läßt Sie Ihre eigene Merkfähigkeit besser einschätzen. Ein solcher Wettbewerb ist darüber hinaus eine ausgezeichnete Übung für das Training Ihrer Merkfähigkeit wie auch Ihrer Konzentration.

Um ein objektives, exaktes Ergebnis zu erhalten, wie es bei Eignungsprüfungen verlangt wird, sind die oben geschilderten Prüfungen nicht genau genug, besonders dann, wenn der Vergleich mit einer größeren Anzahl anderer Personen fehlt. Gedichte, Vokabeln und sonstiger Lernstoff sprechen verschiedene Menschen verschieden an. Das Interesse, Vorkenntnisse u. ä. spielen eine verändernde Rolle.

Exakte Ergebnisse erzielt man mit dem Auswendiglernen von sinnlosen Silben oder von Zahlen oder beim möglichst genauen Nachsagen langer Sätze. Hier können weder besondere Interessen noch frühere Eindrücke die Ergebnisse beeinflussen.

Folgender Versuch mit 15 sinnlosen Silben zeigt Ihnen den Stand Ihrer Merkfähigkeit: Legen Sie die Uhr neben sich und lesen Sie untenstehende 15 Silben genau 1 Minute (60 Sekunden). Es ist gleich, ob Sie die Silben einmal langsam oder öfters schnell lesen und sie sich dabei einzuprägen versuchen. Lesen Sie die Silben nicht, bevor Sie den Versuch endgültig machen! Nach den 60 Sekunden klappen Sie das Buch zu. Schreiben Sie sofort auf ein Blatt Papier die Silben, die Sie sich gemerkt haben.

Zählen Sie nur die fehlerlos wiedergegebenen Silben. Die Reihenfolge ist gleichgültig. An folgender Tabelle ersehen Sie die Wertung Ihrer Merkfähigkeit:

    1— 3 Silben: schlecht,
    4— 6 Silben: mangelhaft,
    7— 9 Silben: mittelmäßig,
    10—12 Silben: gut,
    13—15 Silben: sehr gut.

Die 15 sinnlosen Silben sind:

ru fi dro at tei ba ür ras ol run haz erk pil rel xif.

Lesen Sie nach der Prüfung des Ergebnisses die Reihe nochmals 60 Sekunden und prüfen Sie, was Sie nach 24 Stunden davon noch behalten haben. Die Anzahl der dann noch im Gedächtnis haftenden Silben zeigt Ihnen die Güte Ihrer Fähigkeit zu behalten. Von ihr wird später noch die Rede sein. Dazu gilt folgende Tabelle:

    1— 2 Silben: schlecht,
    3— 4 Silben: mangelhaft,
    5— 6 Silben: mittelmäßig,
    7— 8 Silben: gut,
    9—10 Silben: sehr gut.

10. Treiben Sie Gedächtnissport, auch im Alter

Es hat wenig Zweck, sich mit aneinandergereihten Buchstaben abzugeben, wenn Sie keine Vokabeln und Formeln zu lernen haben und wenn Sie das, was Sie lesen oder hören, nicht wörtlich behalten müssen. Andere Übungen bringen Ihnen dann mehr Gewinn. Hier sind einige Beispiele, zu denen Sie sich weitere ausdenken sollten.

Beispiel 1:

Sie haben ein Buch gelesen und sich das gemerkt, was Sie interessiert oder für Sie wertvoll ist. Sie haben sich den Inhalt des Buches zu eigen gemacht. Lassen Sie etwa sieben Tage vergehen. Schreiben Sie jetzt das auf, was Ihr Gedächtnis behalten hat. Vergleichen Sie diese Aufzeichnungen mit den Notizen, die Sie sich beim ersten Lesen gemacht haben. Wahrscheinlich werden Sie, trotz aller Aufmerksamkeit, manches vergessen haben.

Wiederholen Sie die Übung nach einem Monat und nach einem Jahr. Trotz längerer Zwischenzeit werden Sie besser abschneiden. Sie sind in Übung.

Beispiel 2:
In manche fremde Gegend werden Sie mehr als einmal kommen. Suchen Sie das nächste Mal eine solche Gegend auf, dann nehmen Sie sich vor, möglichst viel zu behalten. Sie werden dann alles um so sorgfältiger wahrnehmen.

Meistens werden Sie nicht wissen, wann Ihr Weg Sie wieder in diese Gegend führen wird. Machen Sie sich auf alle Fälle Notizen. Sie können sich dann auch daheim die Gegend vergegenwärtigen und Ihre Erinnerungen an Hand Ihrer Notizen überprüfen.

Und wenn Sie wieder in die Gegend kommen, dann gehen Sie, ohne Führer und ohne Notizen, die bekannten Wege. Für jeden, der regelmäßig Gedächtnissport treibt, sollte es selbst in einer Großstadt nicht schwerfallen, sich zurückzufinden.

Beispiel 3:
Sie besuchen zusammen mit einem anderen eine Theatervorstellung. Verabreden Sie sich vorher, all das, was Sie sich merken werden, später wiederzugeben. Schreiben Sie das am nächsten Tag, ein jeder für sich, auf und vergleichen Sie Ihre Notizen nach einem Monat. Sie können ruhig in der Zwischenzeit, ein jeder für sich, Änderungen oder Ergänzungen vornehmen. Das ist sogar wünschenswert.

Natürlich dürfen Sie nicht erwarten, daß Ihre Aufzeichnungen übereinstimmen. Ein jeder nimmt das wahr und merkt sich das, was ihn anspricht. Sie können aber trotzdem feststellen, wer von Ihnen sich mehr gemerkt und mehr behalten hat.

Wiederholen Sie diese Übung. Machen Sie es sich ein jedes Mal schwieriger. Verabreden Sie sich, auch bestimmte Einzelheiten, Szenenbilder, Kostüme, Worte und Sätze in sich aufzunehmen und zu behalten.

Beispiel 4:
Auch diese Übung sollten Sie sich mit einem anderen vornehmen. Wählen Sie aus einer Zeitung oder Zeitschrift eine Abhandlung,

die etwa zwei Spalten lang sein sollte. Nehmen Sie das erste Mal einen Artikel über ein Thema, das Ihnen bekannt ist. Später greifen Sie eine Abhandlung auf, die Ihnen nicht so vertraute Fragen behandelt.

Der eine von Ihnen liest den Text vor, deutlich, nicht zu schnell, aber auch nicht zu langsam, so wie wir zu sprechen pflegen. Die Aufgabe des anderen ist es dann, den Inhalt wiederzugeben. Das braucht nicht wörtlich zu geschehen. Nebensachen, die für den Inhalt belanglos sind, können unter den Tisch fallen. Der Textsinn darf selbstverständlich nicht geändert werden. Auch muß der Ton, der im Text anklingt, zum Ausdruck kommen. Das nächste Mal wechseln Sie die Rollen.

Diese Übung hat den Vorteil, daß sie wenig Zeit beansprucht und jederzeit vorgenommen werden kann.

Begnügen Sie sich aber nicht mit unseren wenigen Beispielen. Denken Sie sich andere aus, die Ihnen vielleicht besser liegen und mehr Ihrer Arbeit entsprechen. Seien Sie schöpferisch.

Treiben Sie Gedächtnissport. Lassen Sie sich aber, besonders wenn Sie älter sind, nicht entmutigen, wenn Sie trotzdem vergeßlich sind. Wir alle sind vergeßlich, nur auf verschiedenen Gebieten. Ein Physiker zum Beispiel kann leicht bei Daten oder Namen versagen. Und ein Redner, der alle Zahlen im Kopf hatte, die er für seinen Vortrag brauchte, sucht vielleicht hinterher vergeblich nach seinem Hut.

Achten Sie auf die Lücken in Ihrem Gedächtnis. Werden Sie aktiv, wenn diese Lücken Ihrem Aufstieg im Wege stehen. Trainieren Sie, treiben Sie Gedächtnissport.

11. Das Lernen mit mehreren Sinnen

Wir können einen Lernstoff, zum Beispiel ein Wort, auf dreierlei Weise bewußt erleben und in das Gedächtnis eindringen lassen:

1. Wir können ein Wort gedruckt oder geschrieben s e h e n. Wir erleben es dann mit unserem Gesichtssinn und prägen es uns als Wortbild ein.

2. Wir können ein Wort h ö r e n. Es dringt dann über unseren Gehörsinn in unser Bewußtsein und unser Gedächtnis.

3. Wir können ein Wort s p r e c h e n , zum Beispiel auch leise sprechen. Es wird uns dann als motorisches Erlebnis bewußt und dringt als solches in das Gedächtnis ein.

Meist, besonders bei der Reproduktion (Wiedergabe, Wieder-ins-Bewußtsein-Treten) eines Wortes, verschmelzen diese drei verschiedenen Wahrnehmungen eines Wortes zu einer Einheit, zu der Denkeinheit eines Wortbegriffes.

Es gibt visuelle, akustische und motorische Veranlagungstypen unter den Menschen. Je nachdem, zu welchem Sie gehören, werden Sie vorwiegend, am besten und leichtesten durch eines der drei bewußten Erlebnisse eine Wortwahrnehmung aufnehmen. Der v i s u e l l e Typ merkt sich vorwiegend den optischen Eindruck, der a k u s t i s c h e den gehörten, und der m o t o r i s c h e wird im Merken unterstützt durch das Sprechen eines Wortes (oft auch durch das Schreiben).

Je intensiver Sie einen Lernstoff wahrnehmen, desto besser werden Sie ihn im Gedächtnis behalten. Für die Intensität des Aufnehmens ist nicht nur der Grad der Aufmerksamkeit wichtig, sondern auch die Art der Wahrnehmung selbst. Sie behalten einen Lernstoff also besser:

1. wenn Sie ihn mit mehreren Sinnen aufnehmen,

2. wenn Sie ihn mit dem Sinn aufnehmen, für den Sie am besten veranlagt sind.

Lernen Sie daher mit mehreren Sinnen zugleich und prüfen Sie, mit welchem Sinn Sie am besten zu lernen vermögen!

Ein Fall aus der Praxis: Ein junger kaufmännischer Angestellter, der in seiner Firma Auslandskorrespondent werden wollte, besuchte einen spanischen Sprachkurs. Er kam nicht recht mit, obwohl er sonst eine gute Begabung für Fremdsprachen gezeigt hatte. Die Untersuchung ergab, daß dieser junge Mann ein ausgesprochen visueller Typ war und als solcher ein sehr gutes Gedächtnis für das Gesehene, ein sehr schlechtes für das Gehörte besaß. Es wurde ihm geraten, sich einen gedruckten Sprachkurs zu kaufen und den Kursleiter darauf aufmerksam zu machen, den fast nur mündlich vorgetragenen Kurs mit Vorschreiben auf einer Tafel zu unterstützen. Der Kurserfolg für alle Teilnehmer werde dann größer.

Beides wurde durchgeführt, und der junge Mann konnte bald berichten, daß er nun gut vorwärtskomme, seit er alle neuen Vokabeln und Sätze im Buch oder auf der Tafel sehe und sich Gesehenes einprägen könne.

Lernen Sie mit dem G e s i c h t s s i n n , indem Sie das zu Lernende l e s e n . Ein Fremdwort oder ein Wort einer Fremdsprache prägen Sie sich oft erst ein, wenn Sie es schwarz auf weiß gesehen haben. Das wiederholte Hören hilft nicht so gut, abgesehen davon, daß man sich bei Wörtern einer Fremdsprache leicht verhören kann. Prägen Sie sich das B i l d eines Wortes ein.

Lernen Sie mit dem G e h ö r s i n n , indem Sie das, was Sie sich einprägen wollen, l a u t a u s s p r e c h e n und auf diese Weise h ö r e n . Sprechen Sie den Lernstoff auch deshalb aus, weil durch die Sprachbewegung der Lippen und der Zunge zusätzlich der motorische Eindruck erlebt wird. Das Sprechen ist jedoch nur günstig für das Einprägen mit dem mechanischen Gedächtnis, d. h. für das Lernen von Vokabeln, Formeln, kurzen Lehrsätzen und Regeln, also für das, was direkt eingepaukt und wörtlich auswendig gelernt werden soll. Große Sinnzusammenhänge, die mehr logisch begriffen und eingeprägt werden, liest man besser nicht laut, weil das laute Lesen länger dauert und mehr ermüdet. Auch das Schreiben ist wichtig. Beim Schreiben eines Wortes oder Satzes wird ein weiterer Eindruck in das Gedächtnis aufgenommen. Was Sie sich durch einfaches Lesen nicht oder nur schwer merken können, das sprechen und schreiben Sie also am besten.

Welchem Typ gehören Sie an? Sind Sie ein visueller, ein akustischer oder ein motorischer Mensch? Sie können sich diese Frage beantworten, wenn Sie beobachten, welche Eindrücke am besten haften bleiben. Erinnern Sie sich mehr an das Bild eines Wortes, an das Gehörte, oder spricht Ihr Mund das Wort beim Erinnern aus? Sie können diese Ihre Veranlagung auch durch eine psychologische Prüfung feststellen lassen.

Haben Sie Ihre Veranlagung, d. h. die Zugehörigkeit zu einer der drei Typen, festgestellt, dann lernen Sie vorwiegend mit dem bei Ihnen am besten ausgeprägten Sinn! Zu beachten bleibt aber, daß das Lesen die schnellste und daher fast stets die rationellste Möglichkeit ist.

12. Das Behalten

Die Fähigkeit zu behalten ist die Fähigkeit, das durch Merken Eingeprägte auf die Dauer im Gedächtnis festzuhalten. Auch diese Fähigkeit können Sie objektiv prüfen. Wieviel von dem, was Sie sich beim ersten Merken fest eingeprägt hatten, können Sie noch am nächsten Tag oder nach einer Woche frei aus dem Gedächtnis reproduzieren? Man hat für das durchschnittliche Behalten an Hand zahlreicher Experimente eine Kurve des Vergessens gefunden, die uns wertvolle Aufschlüsse und vor allem Anhaltspunkte dafür gibt, in welchen Zeitabständen man einen Wissensstoff wiederholen muß, damit er für dauernd im Gedächtnis bleibt. Hält man die besten Wiederholungszeiten ein, so vermag man den Erfolg des Einprägens wesentlich zu steigern.

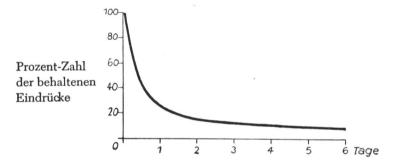

An dieser Kurve des Vergessens sehen Sie, daß man sofort am meisten vergißt, daß das, was man am dritten Tage aber noch im Gedächtnis besitzt, mit viel größerer Wahrscheinlichkeit behalten bleibt. Die Kurve lehrt: man muß die Wiederholungen anfangs häufiger, später seltener ansetzen.

In Amerika wurden interessante statistische Untersuchungen über das Vergessen im Zusammenhang mit der auf das Merken nachfolgenden Tätigkeit gemacht. Man fand dabei, daß dann, wenn unmittelbar auf das Lernen geschlafen wurde, doppelt soviele gelernte Wörter behalten wurden, als wenn der Lernende danach irgendwie tätig war. Ein solches Ergebnis gibt uns das Rezept: Lerne möglichst vor dem Schlafengehen! Allerdings wurde dieser große Unterschied nur bei der Aufnahme durch das mechanische Gedächtnis gefunden. Handelt es sich bei dem Lernstoff um sinnvolles, logisch zusammenhängendes und für den Lernenden wichtiges Material, so war kaum ein Unterschied zu erkennen zwischen dem Lernen vor dem Schlafen oder vor einer Zeit des Wachseins. Beim Lernen von Vokabeln, die einen nicht logisch zusammenhängenden Lernstoff darstellen, kann diese Kenntnis jedoch zum Vorteil des Lernenden ausgewertet werden. Allerdings ist der Abend bei den meisten aus anderen Gründen nicht so gut geeignet.

13. Die beste Regel für das Behalten

Was nach dem ersten Einprägen noch nicht fest im Gedächtnis sitzt, das kann durch Wiederholen gefestigt werden. Auch das, was man nach dem ersten Einprägen wieder ganz vergessen hat, ist nicht vollständig verloren. Ein Rest davon ist meistens noch da. Man erkennt dies daran, daß man zumindest noch in Erinnerung hat, es gelernt zu haben. Dieser Rest, durch eine Wiederholung des Einprägens aufgefrischt, hält besser, als wenn derselbe Lernstoff zum ersten Mal gelernt worden wäre.

Das Behalten als solches ist abhängig von:

1. der angeborenen und trainierten Fähigkeit zu behalten,
2. der Zahl der Wiederholungen,
3. dem Zeitabstand der Wiederholungen.

Folgendes Rezept ist das beste:

> Prägen Sie sich einen Lernstoff ein, bis er frei aus dem Gedächtnis reproduziert (wiederholt) werden kann.
> Wiederholen Sie ihn nach einer Stunde, nach 6—8 Stunden, das morgens Gelernte z. B. kurz nochmals am Abend, am folgenden Tag, am 4. Tag, nach 4 Wochen, nach einem Jahr.

Er wird dann bestimmt für dauernd behalten.

Diese Wiederholungszeiten gelten für das, was wörtlich auswendig gelernt, das heißt Wort für Wort genau gemerkt werden muß. Wo der Inhalt eines langen Textes, etwa eine Abhandlung über ein Problem, gemerkt werden soll, sind die besten Zeiten der Wiederholung: am folgenden Tag, nach einer Woche, nach einem halben

Jahr. Bei längerem Text brauchen Sie jedoch, wovon später noch die Rede sein wird, nur das für Sie Wesentliche zu wiederholen. Was schon fest im Gedächtnis sitzt, brauchen Sie auch nicht zu wiederholen. Es wäre Zeitvergeudung.

14. Logisches und mechanisches Gedächtnis

Das Lernen hängt auch vom Lernstoff ab. Das „Auswendiglernen" zum Beispiel von Vokabeln erfordert mehr Aufmerksamkeit als das Lernen eines sinnvoll zusammenhängenden Textes. Man unterscheidet ein logisches und ein mechanisches Gedächtnis. Das logische erfaßt mehr die Sinnzusammenhänge, das mechanische mehr die Einzelheiten, die unabhängig voneinander gelernt werden.

Bei dem einen Menschen ist mehr das logische, beim anderen mehr das mechanische gut angelegt. Untersuchungen haben gezeigt, daß das mechanische Gedächtnis in der Jugend am besten ist und mit zunehmendem Alter, besonders vom 30. Lebensjahr ab, langsam abnimmt, während das logische Gedächtnis bis etwa zum 50. Lebensjahr sich beständig bessert und erst dann langsam seine Funktionstüchtigkeit verliert. Der Erwachsene prägt sich einen Lernstoff daher besser in sinnvollen Zusammenhängen ein. Ein sinnvoller, logischer Zusammenhang ist auch dann gegeben, wenn wir den Lernstoff in Beziehung zu einem späteren Nutzen bringen oder ihn als besonders wesentlich für uns erkennen.

Man hat zum Beispiel beobachtet, daß das Ergebnis beim Lernen einer Sprache um einen bedeutenden Prozentsatz besser wurde, wenn der Lernende vor einer Reise in das Land stand, dessen Sprache er gerade lernte. Der Lernende bringt in diesem Fall den Lernstoff mit seiner geplanten Reise in eine logische Beziehung. Er denkt daran, wozu er die einzelnen Wörter brauchen wird.

Stellen Sie sich daher stets vor, wozu Sie das brauchen, was Sie lernen. Sie merken es sich dann besser.

Lernen Sie das „mechanisch" Einzuprägende in der Zeit größter Aufmerksamkeit. Für den logisch zusammenhängenden Text können Sie eine Zeit verwenden, in der Sie weniger frisch sind.

15. Aufmerksamkeit und Gedächtnis

Einprägen und Merken gehen über das Bewußtsein. Es gilt die psychologische Regel: Je länger, je öfter und je klarer etwas bewußt gemacht wird, desto besser wird es gemerkt.

Die Aufmerksamkeit konzentriert das Bewußtsein auf das, was gemerkt werden soll. Aufmerksamkeit ist Aufnahmebereitschaft und Konzentration auf äußere Dinge. Im Wort Aufmerksamkeit ist auch bereits der Begriff „Merken" enthalten. Und tatsächlich hat die Aufmerksamkeit mit dem Merken sehr viel zu tun.

Was wir nicht bewußt, d. h. mit unserem Bewußtsein, aufgenommen haben, wird nicht behalten.

Sie haben sicher schon beobachtet, daß Sie in einem Buch eine ganze Seite ohne Bewußtsein gelesen haben. Sie haben gelesen. Die Augen haben gelesen. Sie haben aber leer gelesen. Ihre Gedanken waren durch ein Rundfunkkonzert oder durch geschäftliche Überlegungen abgelenkt und gefesselt. Und nichts von dem gelesenen Inhalt ist im Gedächtnis geblieben.

So geht es uns oft. Wir sehen und hören etwas, ja führen sogar Gespräche, wir gehen durch die Straßen, aber unser Bewußtsein ist nicht oder doch nicht ganz dabei. Die Folge davon ist: wir wissen nicht mehr viel davon.

Zwischen diesem Fehlen des Bewußtseins und dem Aufnehmen mit vollem Bewußtsein gibt es viele Übergänge. Man kann von 0—100 Prozent Bewußtsein mitwirken lassen. Die eben erwähnte Regel können wir auch in folgender Weise ausdrücken: Mit je mehr Bewußtsein ein Wissensstoff beim Einprägen getränkt wurde, desto besser wird er behalten.

Zum Verständnis dieses psychologischen Gesetzes müssen Sie das Bewußtsein als einen Stoff, einen Geistesstoff, einen Licht- oder Erhellungsstoff betrachten, mit dem Wahrnehmungen und Vorstellungen getränkt, beleuchtet, belichtet werden.

Denken Sie an das Fotografieren. Die „Wahrnehmung" des Fotoapparates hinterläßt auf Film oder Platte Spuren. Diese Spuren können zum Bild entwickelt werden. War die Belichtung zu schwach, so kann dasselbe Bild, das der Fotoapparat sah, nicht mehr oder nur sehr schwach und nicht mit allen Einzelheiten wiederhergestellt werden. Mit dieser Belichtung können Sie unser Merken vergleichen. Das Licht selbst ist das Bewußtsein. Der Unterschied ist nur der, daß es im Gedächtnis keine Überbelichtung gibt.

Mehr als 100 Prozent, das heißt mehr als die bestmögliche Dauer, Wiederholung und Klarheit der Bewußtseinsbelichtung wirken zu lassen, ist selbstverständlich zwecklos. Was wir darüber beim Merken sagten, gilt in ähnlicher Weise auch für das Behalten. Eine Vokabel, 100mal gelesen, wirkt nicht besser, als 10mal gelesen. Das 100malige Lesen wäre daher eine Zeitvergeudung. Ein Zuviel ist ebenso unvernünftig wie ein Zuwenig.

Jeder weiß, daß er um so länger lernen muß, je schwächer sein Gedächtnis ist. Wenn, wie wir sahen, das Lernen nichts anderes ist als ein Lenken und Festhalten des Bewußtseins auf den Lernstoff, so lange und so oft, bis er gemerkt ist, so zeigt sich, daß die Merkfähigkeit um so besser ist, je weniger Bewußtseinsbelichtung man braucht, damit ein Lernstoff behalten wird.

Die Merkfähigkeit können Sie am besten vergleichen mit der Feinempfindlichkeit eines Films. Je feiner empfindlich er ist, desto kürzer braucht er belichtet zu werden. Je besser die Merkfähigkeit ist, desto kürzer und seltener braucht das Bewußtsein auf den Lernstoff gelenkt zu werden, damit er behalten bleibt.

Für den Erfolg ist es aber nun sehr wichtig, ob man sich einen Lernstoff in zehn Minuten einprägen kann oder ob man eine Stunde dazu braucht. Im ersteren Falle kann man sechsmal soviel lernen, sechsmal soviel Wissen erwerben, sechsmal so erfolgreich im Lernen sein.

16. Lernen Sie wahrzunehmen

Manche von uns nehmen mehr wahr als andere. Sie sind geradezu darauf aus, an nichts achtlos vorbeizugehen, sich über alles Gedanken zu machen. Das ist eine Eigenschaft, die nicht hoch genug zu bewerten ist. Es ist aber nicht nur eine Eigenschaft, eine Gabe, sondern auch eine Gewohnheit, die Wille, Energie und Übung schaffen.

Unser ganzer Fortschritt beruht auf dieser Eigenschaft und Gewohnheit.

Auch im täglichen Leben sollten wir alles stärker beachten, als wir es zu tun pflegen. Prüfen Sie sich selber: Sie haben eine Firma besucht. Könnten Sie später sagen, wie das Werkgelände umzäunt war, wieviele Stockwerke der Bau hatte, in dem Sie sich aufhielten, ob das Büro, das Sie aufsuchten, zwei Türen hatte oder nur eine?
Sie befinden sich in einer fremden Stadt. Sie gehen zu Fuß zu einer Theateraufführung. Achten Sie so auf den Weg, daß Sie nachts mühelos zu Ihrem Hotel zurückfinden?
Wir treffen einen Bekannten auf der Straße und gehen achtlos an ihm vorbei. Der andere hält uns an. Wir entschuldigen uns: „. . . Ich war ganz in Gedanken." Das mag so gewesen sein. Achtlos waren wir auf alle Fälle.

Erkennen Sie Menschen, mit denen Sie einmal zusammen waren, leicht wieder? Haben Sie sich die Gesichtszüge, die Haltung oder sonst eine Wesensart gemerkt, so sollte Ihnen das nicht allzu schwerfallen. Sie müssen nur den anderen das erste Mal — wahrgenommen haben.

Wir haben „Kleinigkeiten" erwähnt. Benützen Sie solche Kleinigkeiten, um sich zu üben und sich daran zu gewöhnen, immer aufnahmebereit zu sein.

Vieles spielt sich tagtäglich in unserer Umgebung ab, von dem wir lernen könnten. Seien Sie so aufnahmebereit, daß Sie sich wenigstens einen Teil von alledem zunutze machen.

Denken Sie des Abends darüber nach, was Sie am Tage hier und da erlebt haben. Überlegen Sie sich den Gewinn, den Sie aus alledem ziehen können.

Vergegenwärtigen Sie sich jeden Morgen die Aufgaben, die Ihnen bevorstehen. Bereiten Sie sich auf diese Aufgaben so vor, daß Sie nicht achtlos an dem vorbeigehen, was für Sie wichtig sein könnte.

17. Die aufschlußreiche Gedächtnisformel

Die Aufmerksamkeit ist der veränderlichste Faktor beim Lernen. Sie ist am meisten von der augenblicklichen Disposition abhängig, vom Grade des Ausgeruhtseins, von der Füllung des Magens, von der Temperatur, von individuellen rhythmischen Tagesschwankungen, von Gefühlsstimmungen, von den verschiedenartigsten Ablenkungen der Umwelt. Gerade weil dieser Faktor so veränderlich ist, können Sie ihn aber auch mit Ihrem Willen bewußt für Ihren Erfolg beeinflussen und einsetzen.

Die Menge dessen, was in das Gedächtnis aufgenommen wird, hängt, wie wir sahen, von drei Faktoren ab:
1. von der Merkfähigkeit selbst,
2. von der Intensität der Aufmerksamkeit,
3. von der Zeit des Lernens.

Formeln sind die einfachste und klarste Ausdrucksweise für ein Gesetz. Wir können hier folgende Formel für die Menge dessen, was in das Gedächtnis aufgenommen wird, aufstellen: $W = M \times A \times Z$, d. h.

Wissen = Merkfähigkeit mal Aufmerksamkeit mal Zeit.

Diese Formel ist außerordentlich aufschlußreich. Sie zeigt Ihnen allein 3 Punkte, an denen Sie ansetzen können, um Ihre Lernleistung zu steigern und Ihr Wissen zu mehren. Diese 3 Punkte sind:

1. Bei halber Aufmerksamkeit brauchen Sie doppelt soviel Zeit. Legen Sie das Lernen in die Zeit größtmöglicher Aufmerksamkeit! Sie sparen dadurch viel Zeit oder lernen sehr viel mehr.

2. Ist in der Zeit starker Ermüdung die Aufmerksamkeit sehr gering, so hat es keinen Zweck, etwas lernen zu wollen. Die Formel sagt Ihnen, daß Sie bei 1/10 der bestmöglichen Aufmerksamkeit ungefähr 10mal soviel Zeit brauchen. Wozu Sie also im Zustand starker Ermüdung fünf Stunden brauchen würden, das können Sie im Zustand geistiger Frische in einer halben Stunde lernen. Die Zeit größter Aufmerksamkeit ist für Sie daher ungemein wichtig. Nützen Sie sie! Und vergeuden Sie, wenn Sie geistig viel leisten wollen, diese wertvolle Zeit nicht mit einer Tätigkeit, die keine so starke Aufmerksamkeit erfordert.

3. Eine halb so gute Merkfähigkeit, im Vergleich zu anderen Menschen, können Sie ausgleichen:
   a) durch doppelten Zeitaufwand,
   b) durch doppelt so gute Aufmerksamkeit.

Eine Gedächtnisschwäche können Sie also kompensieren (ausgleichen) durch Fleiß (Zeitaufwand) und Konzentration (Aufmerksamkeit).

18. Das Gedächtnis ist an sich unbegrenzt

Es ist ein weitverbreiteter Irrtum, zu glauben, das Gedächtnis sei begrenzt, man dürfe es nicht überlasten und müsse gewissermaßen einen Platz freihalten für das, was man noch aufnehmen will. Dem ist nicht so. Das Gedächtnis kann an sich eine unbeschränkte Menge aufnehmen und behalten. Dadurch, daß etwas behalten wird, ist keineswegs einem zukünftigen Lernstoff ein Platz weggenommen. Im Gegenteil: je mehr man lernt, desto mehr kann sogar in Zukunft in das Gedächtnis aufgenommen werden, weil dadurch die Gedächtnisfunktionen trainiert und verbessert werden.

Je mehr Sie lernen, desto mehr können Sie lernen.

Die Begrenzung des Wissens, das ein Mensch aufnehmen kann, wird durch etwas ganz anderes hervorgerufen: durch die Zeit, und zwar durch die Zeit, die er fähig ist, sein Bewußtsein intensiv auf den Lernstoff zu konzentrieren.

Die Bewußtseinskonzentration (Aufmerksamkeit) ermüdet nach einiger Zeit. Dieser Ermüdung wegen, und weil nicht die ganze Zeit möglicher Konzentration allein zum Lernen zur Verfügung steht, wird das, was Sie an Wissen erwerben können, beschränkt. Und dieser Beschränkung wegen heißt es für Sie: wählen, damit sich unter dem Eingeprägten möglichst viel für Ihren Erfolg Brauchbares befindet.

In einer Zeit, in der Sie sich Wissenswertes einprägen können und Ihre Konzentration für keine wichtigeren Aufgaben brauchen, ist es aber auf jeden Fall besser, sich irgend etwas einzuprägen als nichts. Das Gedächtnis wird dadurch nicht überbelastet, sondern trainiert.

19. Vieles von dem, was wir wahrnehmen, geht nur scheinbar verloren

Die Frage nach den Quellen unseres Wissens können wir nicht genau beantworten. Wohl können wir auf Menschen und Bücher hinweisen, denen wir vieles verdanken. Wir haben aber unendlich mehr an Wissen in uns aufgenommen, das aus Quellen stammt, die sich nicht mehr ohne weiteres bestimmen lassen.

Wir sind nicht in der Lage, alles, was wir wahrnehmen, zu verarbeiten und uns zu eigen zu machen. Versuchten wir es, kämen wir nicht dazu, unser Wissen einzusetzen. Wir würden niemals mit all dem fertig werden, was immerfort auf uns eindringt.
Wir müssen eine Auswahl treffen, die ein Bruchteil von dem ist, was wir erleben. Entscheidend für uns ist immer die Frage: „Brauche ich es?"
Um diese Frage kommen wir nicht herum, auch wenn wir sie nicht exakt beantworten können. Wir wissen nicht, in welche Situationen wir kommen, welche Anforderungen an uns gestellt werden. Es ist ein Risiko, das wir eingehen müssen.
Einen allzu gefährlichen Weg gehen wir aber nicht. Denken Sie an so manche Aufgabe zurück, vor die Sie gestellt waren. Sie kramten Ihr Wissen zusammen, ordneten es fein säuberlich und waren sehr darauf bedacht, nichts zu vergessen. Trotzdem kamen Sie mit Ihrer Aufgabe nicht so recht zu Rande. Da fehlte irgend etwas. Plötzlich erinnerten Sie sich eines Vorgangs, den Sie längst vergessen und damals auch kaum beachtet hatten. Jetzt war die Lücke geschlossen. Jetzt konnten Sie aus Altem Neues aufbauen. Ihr Unterbewußtsein war Ihnen zur rechten Zeit mit dem richtigen Material zu Hilfe gekommen.
Von dem Wissen, das wir uns aneignen, nimmt vieles früher oder später seinen Weg ins Unterbewußtsein. Dort ruht es, bis wir es brauchen. Es ruht aber noch weit mehr dort: Sie lesen ein Buch, führen ein Gespräch oder hören sich einen Vortrag an. Sie sind Zeuge einer Auseinandersetzung oder eines anderen Vorfalls. Sie nehmen Worte wahr, die Sie im Augenblick nicht weiterverfolgen, sich nicht zu eigen machen. Und doch bleibt etwas zurück, bleibt haften. Es kann sein, daß Sie sich selbst nach Jahren gerade dieser Worte oder dieses Vorfalls erinnern. Ihr Unterbewußtsein hat für Sie gearbeitet.
Das ist eine Gabe, die Ihnen geschenkt wurde. Nehmen Sie möglichst viel wahr, auch wenn Sie es nicht verarbeiten können. Verlassen Sie sich auf Ihr Unterbewußtsein. Vieles von dem, was scheinbar verloren ist, bleibt erhalten.

Merksätze — Wegweiser

- *Jeder Einsatz im Leben bedeutet ein Mehr an Wissen.*
- *Sie müssen überblicken können, welches Wissen für Sie wesentlich ist.*
- *Lernen Sie aus eigenen und fremden Erfahrungen.*
- *Zuhören ist eine Kunst, die gelernt werden muß.*
- *Alltagsgespräche sind Übungsgespräche.*
- *Verbessern Sie Ihre Lesemethode.*
- *Seien Sie jederzeit aufnahmebereit.*
- *Denken Sie jeden Tag darüber nach, was Sie heute erlebt haben, und vergegenwärtigen Sie sich Ihre Aufgaben von morgen.*

IV. Kapitel

Die zweckmäßige Vermehrung des Wissens

1. Das zusätzliche Papier-Gedächtnis

Unser Gehirn kann nicht alles fassen, was wir wissen müssen und wissen wollen. Für das Einprägen und das oft notwendige Wiederholen steht uns nicht genug Zeit zur Verfügung. Die ungeheure Ausdehnung des Fachwissens macht es unmöglich, alles so in das Gedächtnis aufzunehmen, daß wir ständig bereit haben, was wir gerade benötigen.

Vieles wird zudem verhältnismäßig so selten gebraucht und ist so schwierig zu lernen, daß es unwirtschaftlich wäre, es in das Gedächtnis aufzunehmen. Trotzdem muß uns dieses Wissen zur Verfügung stehen. Denken Sie zum Beispiel an die spezifischen Gewichte der Metalle oder deren elektrische Leitfähigkeit. Der Ingenieur muß dies wissen, er muß mit diesem Wissen arbeiten. Aber er kann sich unmöglich große Zahlenreihen einprägen. Was tut er nun? Er legt sich eine Tabelle an oder kauft sich eine, auf der die für ihn wissenswerten Zahlen stehen. Braucht er eine Zahl, so muß er nur auf seine Tabelle sehen. Dies nimmt ihm weniger Zeit, als wenn er die Tabelle auswendig gelernt und, weil sie sehr schwierig zu behalten ist, sich wöchentlich wiederholt eingeprägt hätte.

Für manches ist es also rationeller, es nicht zu lernen, sondern g r i f f b e r e i t anderweitig zur Verfügung zu haben. Auf das „griffbereit" kommt es an. Jedes von irgendeinem Menschen erarbeitete Wissen steht irgendwo zur Verfügung. Doch es dauert zu lange und wird daher wieder unrationell, dieses fremde Wissen bei der Arbeit zum Beispiel aus einer Bibliothek herbeizuholen. Jeder muß sich deshalb selbst ein Nebengedächtnis anlegen, ein Gedächtnis auf Papier, ein künstliches Gedächtnis, dessen Inhalt sehr schnell zur Verfügung steht.

Legen Sie sich also ein papiernes Gedächtnis an! Für die Arbeit und den Erfolg ist es nicht wichtig, daß Sie alles im eigenen Gedächtnis haben, sondern nur, daß Sie alles, was Sie brauchen, schnell zur Verfügung haben.

Das Papiergedächtnis kann weitgehend das Gehirngedächtnis ersetzen. Wieder ein Ausweg für Menschen mit schlechtem Gedächtnis. Der für geistige Leistungen bereitstehende Wissensschatz läßt sich durch das Papiergedächtnis, das wir auch das technische Gedächtnis nennen können, gewaltig erweitern.

Der Rechtsanwalt zum Beispiel hat seine Gesetzbücher und seine Karteien, in denen er nachschlagen kann, der Arzt seine medizinische Bibliothek, der Ingenieur seine Tabellen. Jeder muß nur ein Grundgerüst an Wissen im eigentlichen Gedächtnis besitzen und wissen, wo die Einzelheiten schnell in seinem technischen Gedächtnis zu finden sind.

Es sollte jeder frühzeitig, am besten schon während seiner Fachausbildung, damit beginnen, sein Wissen im „Papier-Gedächtnis" zu ordnen und sich in seiner Handhabung zu üben. Er kann dadurch mehr leisten, da er dann vieles nicht wiederholt studieren und sich einprägen muß. Er spart viel Zeit, wenn er stets weiß, wo er das gesuchte Wissen finden kann. Er braucht nicht bei jeder Arbeit das benötigte Wissen neu aus Büchern, Zeitschriften und Aufzeichnungen mühsam zusammenzusuchen.

Es gibt auf den verschiedensten Fachgebieten Karteisysteme des Wissens, in denen das Fachwissen zweckmäßig geordnet ist und in das man alles zusätzlich selbst eintragen kann, was man an Gelesenem und an Erfahrungen für brauchbar hält. Jeder kann sich ein solches Karteisystem auch selbst anlegen.

2. Ein sehr praktisches Karteisystem

Für jedes Wissensfach gibt es eigene Karteien, für viele Wissensgebiete sogar Zeitschriften, die schon in Karteiformat das Wichtigste bringen. Welches ist nun das wirklich brauchbarste System, sich ein gutes und griffbereites Papiergedächtnis anzulegen? Diese Frage ist wichtig, weil viele schon versucht haben, sich eine Wissenskartei anzulegen, den Versuch aber aufgaben, da es ihnen zu umständlich schien. Sie wurden zu oft von augenblicklicher Trägheit daran gehindert, das Neue gleich einzuordnen, und immer wieder vor die kaum lösbare Frage gestellt, unter welchem Stichwort sie einen Zeitungsausschnitt, der verschiedene Dinge behandelt, einordnen sollten. Dazu kam die Schwierigkeit, daß nicht alles ausgeschnitten werden konnte, weil zum Beispiel die Rückseite auch, aber unter einem anderen Stichwort, aufbewahrt werden sollte, oder weil man ein Buch nicht zerschneiden konnte. Oder man hatte keine Zeit, eine lange Abhandlung, die man nicht ausschneiden konnte, abzuschreiben, oder es ließ sich nicht alles, was man der Kartei einfügen wollte, in das Karteiformat falten, oder man hatte nicht immer Schere, Leim oder Klebstreifen zur Hand usw. usw. Sicherlich sind Sie selbst schon auf eine oder mehrere dieser Schwierigkeiten gestoßen. Deshalb sollen Sie ein System kennenlernen, das diese Schwierigkeiten nicht kennt, das eine umfassende Kartei für alles Wissen, nicht nur für Fachwissen, sondern auch für Adressen, für Ihre Bibliothek usw. zu schaffen ermöglicht. Dieses System sieht folgendermaßen aus:

Sie legen eine Grundkartei an, am besten mit Karten im Format DIN A 6 (105 × 148 mm). In dieser Kartei finden Sie alles, was Sie brauchen. Jede Karte trägt rechts oben ein Stichwort, links oben das Hauptgebiet, zum Beispiel Planung, Organisation, Werbung, Fachwissen, Adressen, Bücher usw. Auf diese Grundkarte schreiben Sie kurze Notizen oder kleben Sie kurze gedruckte Notizen auf. Von jeder längeren Abhandlung, aus der Sie für Ihr Wissen etwas behalten wollen, schreiben Sie ein Stichwort rechts oben auf eine Grundkarteikarte, schreiben im Telegrammstil einige wesentlichen Punkte auf die Karte und dazu den Ort, an dem Sie die Abhandlung finden, zum Beispiel: Mappe A Nr. 17, einfach A 17. Behandelt der Aufsatz A 17 mehrere Gebiete, so legen Sie mehrere Karteikarten mit verschiedenen Stichworten an und verweisen auf allen kurz auf A 17.

Sie brauchen alle ausgeschnittenen Abhandlungen nur in eine Mappe zu legen oder zu heften und fortlaufend zu numerieren. Sie brauchen sich dabei nicht für ein einziges Stichwort zu entscheiden und müssen nicht Angst haben, daß Sie nicht an das eine Stichwort denken. Sie können sich für eine Abhandlung, die zum Beispiel

Preise von Seidenstoffen behandelt, zwei Grundkarten anlegen, eine mit dem Stichwort „Preise", eine andere mit dem Stichwort „Seide". Das macht nicht viel Arbeit und das Einlegen der Abhandlung mit einer Nummer in die Mappe auch nicht. Sie können in der Grundkarteikarte auch auf ein Buch in Ihrem Bücherschrank oder im Bücherschrank eines Freundes verweisen. Die Hauptsache ist, Sie wissen durch Ihre Kartei, wo das Benötigte zu finden ist.

Alle längeren und nicht handlichen Auszüge aus Schriften können Sie in Mappen getrennt aufbewahren. Der Umfang und das Format dieser Mappen können ganz beliebig groß sein. Sie finden alles in Ihrer handlichen Grundkartei.

Vergessen Sie nie, vor jeder Lektüre das, was Sie brauchen, bereitzulegen; denn wenn Sie gerade etwas Interessantes und Behaltenswertes finden, ist oft Ihr Bequemlichkeitstrieb zu groß, als daß er Sie aus Ihrem Sessel aufstehen ließe, um das Benötigte zu holen. Sie denken vielleicht, sich das auch so merken zu können. Sie behalten es aber nicht im Gedächtnis, und die Lektüre war vergeblich und nutzlos.

Eine gute Wissenskartei ist ein wertvolles Kapital. Beginnen Sie daher bald, sie anzulegen!

3. Eine Methode zweckmäßigen Studierens

Sie sollen nun eine Methode kennenlernen, welche die bisher geschilderten Kenntnisse berücksichtigt und sich besonders beim Selbststudium und bei der Orientierung über das für eine bestimmte Aufgabe notwendige Fachwissen bewährt. Diese Methode fordert die Beachtung folgender Punkte:

1. Lernen und studieren Sie so schnell und konzentriert wie möglich. Trainieren Sie das schnelle und konzentrierte Studieren. Sie entwickeln damit Ihre Fähigkeiten, und es wird Ihnen mit der Zeit immer leichter fallen, auf allen Gebieten schnell und konzentriert zu arbeiten.

2. Lesen Sie nur das für Sie Wesentliche und für Ihren Beruf und Ihre Aufgaben Brauchbare. Je mehr Sie Unwesentliches nicht lesen, desto mehr Wesentliches können Sie lesen.

3. Studieren Sie trotz des schnellen Lesens sehr genau. Nichts, was wichtig ist, darf übergangen werden. Flüchtiges Lesen verdirbt jede Fähigkeit zum Studieren.
4. Wiederholen Sie das, was Sie für Ihre Zwecke brauchen und im Gedächtnis behalten wollen, rationell.
5. Schreiben Sie das, was Sie in Ihrem Papier-Gedächtnis aufbewahren wollen, gleich auf Karteikarten nieder.

Machen Sie es so: Nehmen Sie Ihr Buch oder Ihre Zeitschrift und dazu einen Bleistift. Sehen Sie zuerst im Inhaltsverzeichnis oder durch schnelles Durchblättern nach, was Sie vom Inhalt brauchen. Sie sollen ja nicht nur die wesentlichen Bücher auswählen, sondern auch innerhalb der Bücher wieder die wesentlichen Kapitel, Zeilen und Worte. Dann beginnen Sie schnell und konzentriert zu lesen. Stoßen Sie dabei auf Abschnitte und Kapitel, die für Ihre Zwecke unwichtig sind und auch für das Verständnis der folgenden für Sie wichtigen Kapitel nicht notwendig gelesen werden müssen, so werden diese weggelassen oder nur überflogen.

Hüten Sie sich aber davor, Kapitel auszulassen, nur weil Ihnen diese gerade nicht interessant genug oder irgendwie langweilig erscheinen, weil die Neugierde Sie nach späteren Kapiteln treibt, oder weil Sie sich nicht anstrengen wollen, ein schwereres Kapitel zu lesen.

Solche Versuchungen werden an Sie herantreten, müssen aber ebenso bekämpft werden wie das flüchtige Lesen. (Schnelles Lesen oder Überfliegen ist nicht flüchtiges Lesen.)

Was Sie brauchen und wissen wollen, das lesen Sie so und wiederholen es sofort so, vor dem Lesen des nächsten Abschnittes, daß Sie es begriffen haben. Wenn Ihnen eine Stelle unklar bleibt und die Klärung im Augenblick nicht unbedingt notwendig ist, merken Sie diese Stelle an, um sie später zu klären. Das schnelle und konzentrierte Lesen darf dadurch nicht unterbrochen und aufgehalten werden. Sie wissen ja jetzt, wie wertvoll jede Sekunde konzentrierter Aufnahmefähigkeit ist.

Bei dieser e r s t e n   L e s u n g streichen Sie am Rande mit einem senkrechten Strich, den Sie, besonders in Leihbüchern, gut ausradieren können, das an, was folgende Eigenschaften gleichzeitig hat:
1. Es muß für Sie und Ihr Wissen wichtig und notwendig sein.

2. Sie müssen es sich merken wollen.
3. Sie müssen der Ansicht sein, daß Sie es bei der ersten Lesung noch nicht fest genug, für immer sitzend, sich eingeprägt haben.

Sind Sie mit dieser ersten Lesung fertig, so beginnen Sie nach einer Pause von ein paar Tagen mit der z w e i t e n L e s u n g. Sie brauchen nicht mehr das ganze Buch zu wiederholen, sondern vielleicht nur 10 Prozent, nur das, was Sie am Rande angestrichen haben. Hätten Sie die Auswahl für die zweite Lesung durch das Anstreichen am Rande nicht getroffen, müßten Sie jetzt wieder das ganze Buch lesen und würden zehnmal mehr Zeit brauchen. So lesen Sie nur das Wichtigste, nur das, was Sie sich noch einprägen müssen, in konzentrierter, in zweckmäßiger Weise.

Bei dieser zweiten Lesung machen Sie während des Lesens wieder einen parallelen Strich am Rand des Textes, den Sie zum dritten Mal wiederholen wollen, weil er wichtig ist und noch immer nicht ganz sicher sitzt.

Das dritte Mal müssen Sie vielleicht nur noch 5 Prozent des Buches lesen. Das geht schnell. So machen Sie dann weiter.

Diese Methode hat noch den weiteren Vorteil: müssen Sie das Buch zurückgeben, weil es ein Leihbuch ist, so können Sie kurz vor dem Rückgabetermin das Wenige, das wichtig ist und das Sie immer noch nicht fest im Gedächtnis haben, kurz herausschreiben, wenn möglich auf Karteikarten. Jetzt besitzen Sie, was das Buch Ihnen an Wichtigem geben konnte.

4. Wie lernt man Vokabeln?

Wörter oder Vokabeln einer fremden Sprache lernen heißt, psychologisch gesprochen, sich zu jedem deutschen Wort ein Wort der noch unbekannten fremden Sprache so zu merken, daß es dann aus dem Gedächtnis reproduziert wird, wenn das deutsche Wort in das Bewußtsein tritt und dort festgehalten wird. Und umgekehrt: sich eine Vokabel der Fremdsprache so zu merken, daß nach deren Auftreten im Bewußtsein das zugehörige deutsche Wort aus dem Gedächtnis in das Bewußtsein getragen wird.

Auch hier ist der Zeitfaktor wichtig. Bei jeder Leistung kommt es auf das Ergebnis in einer bestimmten Zeiteinheit an. Hier heißt die Frage: Wie kann ich in einer bestimmten Zeit möglichst viele Vokabeln lernen?

Schreiben Sie Vokabeln stets in zwei Reihen untereinander. Links die deutschen, rechts die fremdsprachigen Wörter, und zwar so, daß jede Reihe immer mit dem Wortanfang auf einer geraden Linie beginnt. Dann lesen Sie die Reihe herunter und versuchen Sie, sich kurz und konzentriert das deutsche und das dazugehörige fremdsprachige Wort einzuprägen. Wieviele Wörter in einem Zuge am besten eingeprägt werden können, ist individuell verschieden. Im Durchschnitt sind es nach den praktischen Erfahrungen 30 Wörter. Das ist meist eine Seite in einem Heft.

Bibliothek	library
Schwierigkeit	difficulty
Freiheit	liberty
Demokratie	democracy
Sprache	language

Lesen Sie Ihre 30 Wortpaare aufmerksam und konzentriert dreimal hintereinander.

Dann decken Sie die rechte Reihe mit einem Blatt Papier zu und fragen Sie sich selbst ab, indem Sie das linke deutsche Wort lesen und im Bewußtsein festhalten, bis die fremdsprachige Vokabel aus dem Gedächtnis in das Bewußtsein tritt. Dann schieben Sie das Blatt Papier ein bißchen herunter, so daß die gefragte Vokabel aufgedeckt wird. Hat Ihnen Ihr Gedächtnis das Richtige mitgeteilt, dann ist es gut. War das Wort falsch oder wußten Sie es nicht, so machen Sie hinter das deutsche Wort ein kleines Häkchen mit einem Bleistift, den Sie auch dazu stets bereit haben müssen. Prägen Sie sich dieses noch nicht „gekonnte" Wortpaar genau ein. Nun kommt das nächste Wort, und so weiter.

Haben Sie so die 30 Wortpaare wiederholt, so fangen Sie sofort wieder von oben an, fragen aber nur noch die Wörter mit Häkchen ab. Bei den Vokabeln, die Sie nun frei aus dem Gedächtnis reproduzieren können, streichen Sie das Häkchen durch.

Wiederholen Sie die Reihe auf diese Weise so lange, bis alle Häkchen durchgestrichen sind. Sie haben nun alle 30 Wörter gelernt.

Decken Sie dann die deutsche Seite zu und fragen Sie sich die Reihe durch Ansehen der Fremdsprachenwörter umgekehrt ab. Dies war das erste Lernen. Bei den Wiederholungen nach einer Pause müssen Sie etwas anders vorgehen. Innerhalb 24 Stunden, besser nach etwa 8 Stunden, fragen Sie sich die 30 Wörter nochmals nach oben angegebener Methode ab. Machen Sie dabei neue Häkchen. Lesen Sie die Wortpaare mit den neuen Häkchen nochmals, ohne die Häkchen zu streichen.

Bei den weiteren Wiederholungen, möglichst an den folgenden Tagen, fragen Sie sich nur noch die Wörter mit den Häkchen ab, die anderen beachten Sie nicht mehr. Das geht schnell. Jeden Tag streichen Sie die Häkchen der „gekonnten" Wörter weg.

Diese Kurzwiederholungen der noch nicht festsitzenden Vokabeln machen Sie am besten täglich, bevor Sie Ihre 30 neuen Vokabeln dazulernen. Da mit der Zeit das Wiederholen immer mehr Zeit in Anspruch nehmen wird, müssen Sie die täglichen 30 neuen Vokabeln auf 20 reduzieren.

Täglich 20 neue Vokabeln an 5 Tagen der Woche, das macht im Monat 400, im Jahr 4800, also die Zahl, die man von einer Sprache beim normalen Schulwissen durchschnittlich beherrschen muß. Sie brauchen dazu täglich, je nach Ihrer Veranlagung, 15—60 Minuten. Mehr Gleichartiges täglich zu lernen, ist unrationell, da hierbei nach spätestens einer Stunde Ermüdung eintritt, während ein andersgearteter Stoff, zum Beispiel ein sinnvoller Text, gut dazugelernt werden kann. Nach diesem Einpauken können Sie zum Beispiel mit dem Lexikon in der Hand lesen, übersetzen, neue, noch unbekannte Vokabeln in Ihr Vokabelheft notieren.

5. Und wie lernt man eine fremde Sprache sprechen?

Unser Ziel sollte sein, Vokabeln oder eine Sprache so zu lernen, daß wir sie sprechen können. Mancher verfügt über einen reichen Wortschatz, nur versteht er es nicht, ihn einzusetzen.

Eine „Gebrauchsanweisung" könnte so lauten: Man weile, wenigstens einige Wochen, in dem Lande, dessen Sprache man gebrauchen will. Man schlage sein Quartier irgendwo dort auf, wo die eigene Sprache weder gesprochen noch verstanden wird. Man meide während dieser Zeit jeden Umgang mit Landsleuten.

Der Rat ist gut, besonders für jeden, der Sprach-Vorkenntnisse hat. Vokabeln können wir daheim lernen und uns auch zu Hause im Übersetzen üben. Um uns aber in allem ausdrücken zu können, was uns gerade bewegt, sollten wir schon eine Zeitlang in dem betreffenden Lande gelebt haben. Um so leichter fällt es uns dann — nicht: zu übersetzen, sondern den Sinn dessen, was wir sagen wollen, so einfach wie möglich in der anderen Sprache wiederzugeben. Auch unser Ohr gewöhnt sich im Lande selbst leichter und schneller an die fremden Laute, die wir dort ständig zu hören bekommen.

Nehmen wir an, Sie haben auf der Schule Englisch gelernt. Sie verstehen auch das meiste von dem, was Sie auf Englisch lesen. Was Ihnen fehlt, ist das Englisch als Umgangssprache. In ein Land, in dem Englisch gesprochen wird, vermögen Sie aus beruflichen Gründen nicht zu fahren. Was können Sie tun?

Wir wollen vier Möglichkeiten aufzeigen:

1. Sie können sich einer kleinen Gruppe, einem „Zirkel", anschließen, in dem Englisch als Umgangssprache gepflegt wird. Sollte es an Ihrem Wohnsitz keine solche Gruppe geben, dann suchen Sie Teilnehmer und bilden Sie selber eine.

2. Sie können einen Landsmann oder einen Ausländer gewinnen, mit dem Sie sich regelmäßig über alle Fragen des täglichen Lebens in Englisch unterhalten. Ziehen Sie einen Partner vor, der mehr Übung hat als Sie. Scheuen Sie sich aber nicht, draufloszusprechen. Auf die Fehler, die Sie, besonders im Anfang, machen, kommt es nicht an. Die Hauptsache ist, Sie machen sich verständlich und verstehen, was Ihr Partner sagt.

3. Sie gewöhnen sich an einen Partner in Gedanken, der Sie so oft wie möglich fragt: „Und wie würdest Du das auf Englisch sagen?" Vermeiden Sie aber, jedes Wort, auf das Sie nicht gleich kommen, sofort im Lexikon nachzusehen. Können Sie sich an das passende Wort nicht erinnern, dann gebrauchen Sie ein anderes, das Ihnen gerade einfällt und das gleiche ausdrückt.

4. Schalten Sie eine Rundfunkstation ein, die in englischer Sprache sendet. Hören Sie zu, notieren Sie sich einige Stichwörter und bemühen Sie sich dann, das, was Sie gehört haben, kurz auf Englisch mit eigenen Wörtern wiederzugeben. Lassen Sie sich

aber nicht von unbekannten Wörtern, die Sie zu hören bekommen, einschüchtern. Beschränken Sie sich darauf, den Sinn des Gehörten zu erfassen. Rätseln Sie nicht an einem Wort herum, sonst entgeht Ihnen das, was folgt.

Übrigens: viele haben sich drei Wochen und länger zu Studienzwecken in einem Lande aufgehalten, in dem Englisch gesprochen wird. Manche waren sogar so weit, auf Englisch zu denken. Und doch haben sie fast alles vergessen — weil sie nicht in Übung geblieben sind!

6. 40 000 Bücher erscheinen jährlich neu

Das von den Menschen angesammelte Wissen ist außerordentlich umfangreich geworden. Und es wächst lawinenartig an. Es erscheinen in normalen Jahren etwa 40 000 deutschsprachige Bücher und Schriften. Gerade bei diesem ungeheuren Anwachsen von Wissen ist es wichtig, auszuwählen. Sie können nicht e i n Prozent der 40 000 Bücher lesen, und Sie brauchen auch nicht so viel zu lesen. Sie sollen aber alles lesen, was Sie wirklich für Ihren Erfolg brauchen. Überlassen Sie es nicht dem Zufall, welche Bücher Sie lesen, sondern wählen Sie die für Sie wichtigen aus.

Legen Sie sich eine B u c h k a r t e i an. Dazu genügen kleine Karteikarten. Wenn Sie von einem Buch lesen oder hören, das Ihnen für Sie wichtig erscheint, dann schreiben Sie Verfasser, Titel, Verlag, Erscheinungsjahr auf den Kopf einer Karteikarte. In einer Bibliothek fragen Sie nach diesen Büchern und blättern Sie diese

Buch   *Der Chef als Chef*

Der Chef als Chef

von

Dr. F. Chapuis

Stuttgart, Forkel-Verlag

Umfang 263 S.

Inhalt: Menschenführung im Betrieb

durch, ob wirklich das für Sie Wissenswerte darin steht. Machen Sie sich auf Ihre Karteikarte eine Notiz darüber. Dann bestellen Sie sich leihweise oder käuflich die Bücher, die Sie brauchen.

Ziehen Sie einen Bibliothekar zu Rate. Er kann Ihnen eine Liste aufstellen von den Büchern, die Sie benötigen. Oder suchen Sie diese selbst im Sachkatalog einer großen Bibliothek aus. Fragen Sie ruhig Persönlichkeiten, die auf Ihrem Fachgebiet viel wissen und Großes leisten, danach, was sie Ihnen an Büchern und Fachzeitschriften empfehlen können.

Sammeln Sie auf diese Weise Buchtitel, die Sie so ordnen, wie es am zweckmäßigsten für das Studium der Bücher ist. Dann beginnen Sie das Studieren selbst.

Machen Sie aber nicht den Fehler, zuerst alle interessanten und spannend geschriebenen Fachbücher zu lesen und die schweren und langweiliger anmutenden für später aufzusparen. Studieren Sie systematisch!

7. Praktische Erfahrungen und Informationen

Es ist nicht nur das in Büchern und Fachzeitschriften gedruckte Wissen, was Sie für Ihre Leistungen und Ihren Erfolg benötigen. Sie müssen über die verschiedensten Dinge Bescheid wissen, zum Beispiel über die Ansichten und Wünsche Ihrer Kunden, über die Absichten und Planungen Ihrer Konkurrenten. Sie können aus tausend Erfahrungen des täglichen Lebens und Erlebens lernen.

Für dieses Erleben gilt das gleiche, was Ihnen über das Lernen gesagt werden konnte. Wählen Sie das für Sie Wesentliche aus! Schreiben Sie es auf Karteikarten auf. Sammeln Sie auf diese Weise die Erfahrungen des täglichen Lebens. Tauschen Sie mit Ihren Geschäftsfreunden Erfahrungen aus, und sammeln Sie auch deren Erfahrungen systematisch. Sehen Sie Ihre Karteikarten von Zeit zu Zeit durch, um sie durch Wiederholungen ins Gedächtnis einzuprägen oder für praktische Zwecke mit Stichwörtern zu versehen und zu ordnen.

Beobachten Sie zweckmäßig! Haben Sie irgend etwas gesehen, was für Sie von Wichtigkeit sein kann, notieren Sie es sofort. Zum Beispiel eine zugkräftige Zeitungsanzeige, eine organisatorische Verbessserung in irgendeinem Betrieb, eine imponierende Redewendung bei einem Gesprächspartner, einen guten Gedanken, den ein anderer ausspricht, eine Adresse, die für Sie von Wert sein kann, usw. usw. Sie glauben gar nicht, wieviel Wertvolles Sie auf diese Weise sammeln können.

„Das Geld liegt auf der Straße" — heißt es. Ja, die Erfahrungen, die Sie zu Geld machen können, liegen auf der Straße. Sammeln Sie alle, vergessen Sie keine! Wenn Sie auch nicht alle Erfahrungen gleich verwerten können: bei einem späteren Durchsehen Ihrer Karteikarten werden Sie auf manchen fruchtbaren Gedanken kommen.

Sehr wichtig ist das systematische Hereinholen von Informationen. Je besser Sie im Bilde sind über alles, was es auf Ihrem Fachgebiet gibt, über die Arbeitsweise Ihrer Kollegen und Konkurrenten, besonders jener, die mehr Erfolg haben als Sie selbst, desto vorteilhafter können Sie handeln. Sie brauchen nicht alles selbst zu sammeln. Beauftragen Sie einen Mitarbeiter oder Angestellten, für Sie ebenfalls Erfahrungen zu sammeln und möglichst gleich systematisch auf Karteikarten zu schreiben. Wenn zehn Personen für Sie Erfahrungen und Informationen sammeln, nur so nebenbei, erhalten Sie bald Material für neue Ideen und Unternehmungen, das Ihrer Konkurrenz in dieser Güte und Reichhaltigkeit wahrscheinlich nicht zur Verfügung steht und Sie ihr daher überlegen macht.

Merksätze — Wegweiser

- *Sie müssen wissen, wo Sie geistiges Gut finden, das Sie nicht besitzen, aber brauchen.*
- *Haben Sie beim Studium stets Papier und Bleistift zur Hand?*
- *Dreimal dieselbe Fachveröffentlichung zu lesen, kann die Lösung sein.*
- *Seien Sie wählerisch bei dem, was Sie studieren wollen.*

V. Kapitel

Die Reproduktion der Gedanken

1. Der Gedankenzufluß und die unterbewußten Kräfte

Entscheidend für die geistige Leistung und den Erfolg ist nicht das im Gedächtnis r u h e n d e Wissen, sondern nur das a k t i v e. Entscheidend ist das Wissen, das uns jederzeit zur Verfügung steht. Das Wieder-zur-Verfügung-Stellen des Wissens besorgt die Funktion der R e p r o d u k t i o n. Wir verstehen darunter das Wieder-ins-Bewußtsein-Treten von im Gedächtnis ruhendem Wissen, ja überhaupt das Auftreten von Vorstellungen und Gedanken.

Ist die Reproduktion schlecht, so kann man stundenlang am Schreibtisch sitzen und vergeblich auf Einfälle warten. Ist sie gut, so fliegen einem die Gedanken nur so zu. Ein Mensch mit schlechter Reproduktionsfähigkeit pflegt nicht schöpferisch zu sein. Ein Mensch mit guter Reproduktionsfähigkeit kann geistig schöpferisch tätig, d. h. geistig aktiv sein, geistig etwas leisten. Er ist aber natürlich nur dann wirklich schöpferisch, wenn andere Fähigkeiten ebenfalls vorhanden sind.

Die Reproduktion ist der Zufluß der Gedanken aus dem Gedächtnis in das Bewußtsein und in die Werkstätte, in der das Reproduzierte zu den Geistesfertigpioduktenverarbeitet wird.

Die Reproduktionsfähigkeit ist angeboren, doch auch beeinflußbar in drei Richtungen:

1. Sie ist durch Training zu verbessern.
2. Sie kann rationell ausgewertet werden.
3. Die Schnelligkeit des Gedankenzuflusses kann mehr als alle anderen Funktionen von der körperlichen Seite her beeinflußt werden.

Die Reproduktion ist eine Funktion des Unterbewußtseins. Erst das Ergebnis dieser Funktion, das In-das-Bewußtsein-Kommen einer im Gedächtnis ruhenden Vorstellung, wird uns bewußt.

In der Werkstätte des Unterbewußtseins ist schon viel geschehen, bevor eine Vorstellung oder ein Gedanke das Bewußtsein erreicht hat. Arbeitskräfte des Unterbewußtseins haben von unzähligen im Gedächtnis ruhenden Vorstellungen gerade die benötigten und für die augenblickliche Denkaufgabe passenden herausgesucht, oft schon im Unterbewußtsein zu einer komplexen Vorstellung, einem Gedanken zusammengesetzt und in Sekundenschnelle ins Bewußtsein gebracht.

Die unterbewußten Arbeitskräfte, diese Heinzelmännchen in der geheimnisvollen Werkstätte des Unterbewußtseins, arbeiten so schnell und zweckmäßig, daß keine menschliche Einrichtung eine solche Leistung vollbringen könnte. Es ist dies auch kein Wunder, nehmen doch Milliarden von Ganglienzellen im Gehirn an dieser für uns praktisch kaum vorstellbaren Arbeit teil.

Wir wissen heute, daß die bewußten Vorgänge nur einen winzigen Bruchteil dessen ausmachen, was insgesamt in der Werkstatt des Geistes geschieht. Die größte Leistung wird im Unterbewußtsein vollbracht. Wir müssen daher lernen, gerade auch die unterbewußten Kräfte anzuregen und zweckmäßig zu steuern, so daß sie die von unserem Willen geforderten Denkleistungen vollbringen.

2. Unser bewußter Beitrag zum Denken

Was wir bewußt (willensmäßig) zur Reproduktion, d. h. überhaupt zum Auftreten von Gedanken, beitragen können, ist nichts anderes, als eine bereits bewußt gewordene Vorstellung im Bewußtsein festzuhalten und zu warten, was uns das Unterbewußtsein nun an Vorstellungen und Gedanken beschert.

Dieses Festhalten von Vorstellungen im Bewußtsein (es mag dies für manche überraschend klingen) ist das einzige, was wir Menschen aktiv und willensmäßig, also bewußt, bei der geistigen Arbeit tun können. Alles andere geschieht unterbewußt, „von selbst", in den Tiefenschichten des Geistes, in den unterbewußten Gewölben unserer Werkstatt. Wir können nur darauf warten, was dort geschieht, und das dankbar begrüßen, was die Heinzelmännchen der Tiefe in die unserem Erleben zugängliche obere Werkstatt liefern.

Nun könnte man denken: Also vermag man auch keinen Einfluß auf die geistige Produktion zu gewinnen. Diese Ansicht wäre jedoch falsch. Wir haben es in der Hand, welches Material wir in das Gedächtnis aufnehmen, was dort also zur Verfügung steht. Wir überwachen das Ergebnis. Wir können durch Annehmen oder Abweisen dessen, was uns das Unterbewußtsein bringt, dieses Bringen beeinflussen. Wir können die Zeiten bester Disposition unseres Gedankenzuflusses nützen oder versäumen. Wir können vor allem durch das Festhalten oder Nichtfesthalten sowie durch die Auswahl der festgehaltenen Vorstellungen dem Unterbewußtsein bestimmte Aufgaben stellen. Durch die Wahl der Aufgaben endlich können wir das Unterbewußtsein trainieren. Wir können die äußeren Bedingungen setzen, die das Unterbewußtsein für eine gute Arbeitsweise benötigt. Wir können und sollen mit unserem Willen und der ihm unterstellten Bewußtseinskonzentration weitgehend die Arbeit des Geistes beherrschen und organisieren.

3. Einblick in die Arbeit der Tiefenschichten des Geistes durch den AR-Versuch

Die früher üblichen Intelligenzprüfungen konnten das Wesentliche nie zeigen: die Arbeitsweise der unterbewußten Geisteskräfte. Erst eine neuere Versuchsordnung war geeignet, über diese Aufschluß zu geben: der AR-Versuch (Assoziationsreihen-Versuch). Er kann gleichzeitig nicht weniger als 17 geistig-seelische Eigenschaften erkennen lassen.

Machen Sie einmal selbst das Experiment! Prüfen Sie Ihre unterbewußten Geisteskräfte! Diese Prüfung ist sehr einfach: nehmen Sie ein Blatt Papier und einen Bleistift zur Hand, lassen Sie sich ein Wort zurufen oder tippen Sie mit der Bleistiftspitze auf ein Hauptwort in einer Zeitung. Halten Sie dieses Wort im Bewußtsein fest als Leitwort. Und nun schreiben Sie alle Wörter auf, die Ihnen die unterbewußten Kräfte ins Bewußtsein tragen.

Dieser Versuch ist außerordentlich interessant. Sie können sehen, was Ihnen das Unterbewußtsein bringt, wie, in welcher Reihenfolge, wie schnell, ob es brauchbar und sinnvoll ist oder nicht.

Wenn Sie mit vorbereiteten Wörtern diesen Versuch alle drei Minuten eine Stunde lang wiederholen, so gibt er auch Aufschluß über die Ermüdung, die Ausdauer der unterbewußten Kräfte und über all das, was das vom Unterbewußtsein auf 20 Leitwörter gelieferte Material aussagen kann.

Zwei junge, soeben ausgebildete Journalisten kamen einmal gleichzeitig, um ihre Eignung prüfen und sich beraten zu lassen. Der AR-Versuch, der ganz bestimmte, das Unterbewußtsein aufschließende Reizwörter enthielt, brachte ein recht interessantes Ergebnis. Auf das Stichwort „Wasser" reproduzierte der eine: Wasserleitung, H_2O, Trinkwasser, Brunnen, Hahn, Pumpe, Elektrizität, Dampf, Maschine, Fortschritt, Eis, Kälte, Turbine... Der andere schrieb dagegen: Fluß, See, Abendstimmung, Schilf, vorbeifahrendes Schiff, Frösche, Nacht, Wellen, Meer, Ebbe, Flut, Strand, Sand, Weite, Unendlichkeit...

Was sagten diese beiden Assoziationsreihen aus? Sie ließen dem einen raten: Widmen Sie sich der technischen Berichterstattung! Bewerben Sie sich bei einer Zeitschrift, die über neue technische Errungenschaften, über Industrie- und Wirtschaftsprobleme etwas bringen will! Und dem anderen: Sie haben Talent zur Beschreibung der Natur, der Stimmungen und Gefühle. Sie haben wahrscheinlich eine Begabung, Novellen zu schreiben.

Nun hätte man denken können, daß beide Journalisten in sich schon eine so verschiedene Berufung fühlten. Dem war aber nicht so. Erst der AR-Versuch, der natürlich auch bei anderen Reizwörtern ähnliche Ergebnisse brachte, hatte ihnen ihre wirkliche Berufung gezeigt. Das Bewußtsein ist sich eben nicht immer klar bewußt über das, was sich das mächtigere Unterbewußtsein wünscht. Die Wünsche des Unterbewußtseins sagen mehr über die spätere gefühlsmäßige Befriedigung und das die Leistung antreibende Interesse im Beruf aus als der bewußte Wille des klaren Verstandes.

4. Die Schnelligkeit des Gedankenzuflusses entscheidet über die Menge der Geistesprodukte

Der Gedankenzufluß kann schnell oder langsam sein. Ist er schnell, so geht das gesamte Denken schneller. Eine Unmenge von Vorstellungen erfüllt unser Bewußtsein. Es ist ständig ein reichliches Angebot da, das beurteilt und zu Neuem kombiniert werden kann.

Die Schnelligkeit des Gedankenzuflusses (der Reproduktion) entscheidet über die Quantität der Geistesprodukte. Im Leben kommt es darauf an, daß die Werkstatt des Geistes im rechten Augenblick die rechte Antwort auf eine Frage gibt. Die schlagkräftige Antwort in einem Gespräch ist nur möglich, wenn das Unterbewußtsein auf ein Stichwort blitzschnell passenden Stoff für eine treffende Antwort liefert. Wo die Reproduktion träge vor sich geht, wird der Gesprächspartner langweilig und dumm erscheinen, falls er es nicht versteht, sich den Anschein philosophischen Schweigenwollens zu geben.

Wieder ist es der Faktor Zeit, der so wichtig wird. Es ist wesentlich, wieviele Vorstellungen in einer bestimmten Zeiteinheit erscheinen. Zehn neue Gedanken in einer Minute sind zehnmal besser als ein neuer Gedanke in einer Minute. Die Anforderungen des modernen Berufslebens machen eine nicht zu geringe Geschwindigkeit des Gedankenzuflusses nötig. Wer diese nicht erreicht, bleibt zwangsläufig zurück.

5. Ist die Geschwindigkeit des Denkens regulierbar?

Ein Makler fragte einmal, was er machen könne, um mehr Gedanken und Ideen zu bekommen. Sein Gehirn sei so träge. Er habe eine ganze Reihe von Erfolgsbüchern gelesen. Diese hätten ihm jedoch auch nichts genützt.

Die ärztliche Untersuchung ergab hier eine Unterfunktion der Schilddrüse. In diesem Falle konnte keine Übung oder geistige Umstellung helfen, sondern nur ein Hormonpräparat. Es half wirklich. Der geistig lahme Makler wurde lebendig. Gedanken und Ideen kamen reichhaltiger und schneller. Der materielle Erfolg blieb nicht aus.

Sie sehen, wie sehr die geistige Produktion sogar von chemischen Stoffen, die im Blut kreisen, beeinflußbar ist. Ein Hormonpräparat reguliert nicht nur die Verbrennungsgeschwindigkeit der Nahrungsstoffe in den Zellen, sondern auch die Geschwindigkeit des Gedankenzuflusses. Auf ärztlichen Rat hin eingenommene Schilddrüsenhormone haben tatsächlich aus geistig trägen, „dummen" Menschen geistig wache und interessierte gemacht.

Es ist nicht das Schilddrüsenhormon allein, das die Schnelligkeit des Gedankenzuflusses reguliert. Die Psychiatrie kennt eine geistige

Störung, die man das manisch-depressive Irresein nennt. Die an dieser Störung Erkrankten pendeln, meist periodisch, zwischen zwei Phasen der Schnelligkeit des Gedankenzuflusses. Im Stadium der Manie kommen die Gedanken sehr schnell, oft so schnell, daß sie sich überstürzen. Man spricht dann von einer Ideenflucht. Im Stadium der Depression kommen dagegen die Gedanken sehr langsam. Oft wird in einer Stunde nur ein Gedanke produziert.

Das manisch-depressive Irresein ist nur ein Extrem. Beim normalen, geistesgesunden Menschen gibt es nun zwar nicht diese Extreme, doch auch Schwankungen zwischen solchen manischen und depressiven Phasen. Und verschiedene Menschen haben verschiedene Mittelwerte, um welche die Schwankungen pendeln. Liegt dieser angeborene Mittelwert mehr auf der Seite der Manie, so geht das Denken schneller, liegt er mehr auf der Seite der depressiven Stoffwechsellage, so geht das Denken langsamer.

Immer wieder spricht man davon, daß Wahnsinn und Genialität nahe beieinanderstünden, sich irgendwie berührten. Ja, es ist wirklich Wahres daran. Wir sehen dafür drei Möglichkeiten:

1. Der Mensch entwickelt sich zu immer höheren Stufen. Je weiter er sich dabei vom Durchschnitt entfernt, desto mehr wird beides möglich: Wahnsinn und Genialität.

2. Die Werkstatt des Geistes hat ein sehr feines Getriebe. Es arbeiten in ihr so unendlich viele kleine Geister mit und im körperlichen Erscheinungsbild so viele Milliarden Schaltzellen und Zentren des Gehirns, daß es geradezu ein Wunder ist, daß nicht öfters ein Wahnsinn zustande kommt. Nur ein winziges „Rädchen" des feinen Getriebes muß dazu „locker" sein.

3. Ein „Schuß" Wahnsinn gehört zum Genie. Wir sprachen schon von dem schnellen Gedankenzufluß des manischen Menschen. Das Genie muß oft ein wenig von diesem leicht manischen Gedankenzufluß haben, damit die Fülle und Reichhaltigkeit der Gedanken entstehen kann, die ein Genie für seine geistigen Hochleistungen braucht. Und wirklich: ein hoher Prozentsatz genialer Menschen hatte und hat diese leichte Beimischung von Manie.

Den notwendigen Schuß Manie kann man sich gelegentlich mit einem Medikament einverleiben. Je nach der Art der vorhandenen

Leistungsschwäche und der körperlichen Beschaffenheit sind verschiedene Medikamente und natürliche Heilmittel günstig. Davon wird später die Rede sein.

6. Tiefe oder oberflächliche Reproduktion

Die Reproduktion ist nicht nur nach ihrer Schnelligkeit, und damit nach der Quantität (Menge) der Gedanken in der Zeiteinheit, sondern auch nach der Qualität (Güte) der in die Werkstätte des Bewußtseins tretenden Gedanken und Vorstellungen verschieden.

Die Reproduktion kann tief oder oberflächlich sein, kann zweckmäßige und brauchbare oder unzweckmäßige und unbrauchbare Gedanken und Vorstellungen liefern.

Wenn die richtigen und zweckmäßigen Vorstellungen sofort auftauchen, ist es günstiger, als wenn zunächst solche erscheinen, von denen die meisten im Bewußtsein als unbrauchbar beurteilt und ausgeschieden werden müssen.

Es gibt vier Möglichkeiten der Intelligenz, allein nach den vier Eigenschaften der Reproduktionsfähigkeit gegliedert:

1. Langsam und oberflächlich — ergibt einen trägen, dummen Menschen.
2. Langsam und tief — ergibt einen tiefgründigen, philosophisch denkenden, aber schwerfälligen Menschen.
3. Schnell und oberflächlich — ergibt einen schlagfertigen, oberflächlichen Gesellschaftstyp.
4. Schnell und tief — ergibt, wenn zu den Ideen auch der Wille kommt, den genialen Denker und Pläneschmieder, den großen Initiator.

Während die Geschwindigkeit des Gedankenzuflusses fast nur von der körperlichen Seite her beeinflußbar ist, kann die Qualität der Reproduktion mit psychischen Methoden gebessert werden.

Wie können Sie die Qualität Ihrer Gedanken verbessern?

Nehmen Sie hochwertigen geistigen Rohstoff auf. Lernen Sie systematisch und geordnet denken. Weisen Sie oberflächliche Gedanken zurück. Diskutieren Sie mit ernsthaften, tiefdenkenden Menschen.

Vermeiden Sie seichte Gespräche und seichte Lektüre. Dann wird Ihre Reproduktion mit der Zeit qualitativ besser, und Sie rücken, falls Ihre Reproduktionsgeschwindigkeit gut ist, von der eben geschilderten Intelligenzgruppe 3 in die Gruppe 4 auf.

Merksätze — Wegweiser

- *Sie haben es in der Hand, welches Material Sie in Ihr Gedächtnis aufnehmen.*

- *Prüfen Sie Ihre unterbewußten Geisteskräfte.*

- *Diskutieren Sie mit geistig anspruchsvollen Mitmenschen.*

VI. Kapitel

Steigerung der Konzentration

1. Das Licht des Bewußtseins

Wenn auch der Großteil der geistigen Arbeit im Reiche des Unterbewußten geschieht, so wird doch nichts aufgenommen oder produziert, was nicht irgendwie ins Bewußtsein trat, nicht irgendwann einmal das Bewußtsein durchwandert hat.

Im Abschnitt über die Aufmerksamkeit lasen Sie bereits von der Bewußtseinskonzentration. Was ist nun eigentlich das Bewußtsein? Welche Aufgabe hat es? Welche Rolle spielt es beim Denken?

Als eine Aufgabe der Konzentration sahen wir die Lenkung des Bewußtseins auf den Lernstoff zum Zwecke des Merkens und Behaltens. Wir verglichen das Merken mit dem Vorgang der Belichtung des Films oder der Platte beim Fotografieren. Stellen Sie sich das Bewußtsein weiter als Licht vor, das von einem Scheinwerfer auf bestimmte Gegenstände oder auf innere Vorstellungen gelenkt und konzentriert werden kann.

Das vom Bewußtseins-Scheinwerfer Beleuchtete ist bewußt, das Nichtbeleuchtete nicht bewußt, das Hellerleuchtete klar bewußt, das Schwachbeleuchtete dunkel bewußt. Im Zentrum des Lichtkegels ist alles hell, am Rande dunkler.

Nun sollen Sie eine zweite Aufgabe (einen zweiten Zweck) der Bewußtseins-Beleuchtung kennenlernen: Wenn Sie sich eine Frage beantworten wollen — was tun Sie? Sie lenken und konzentrieren Ihr Bewußtsein auf die Frage und warten, was — bildlich gesprochen — die geschäftigen Bibliothekare Ihres Unterbewußtseins nun in Ihrem Gedächtnis finden und in das Licht des Bewußtseins tragen.

Denken Sie an ein Kreuzworträtsel: Gefragt sei ein Fluß in Afrika mit drei Buchstaben. Sie konzentrieren Ihr Bewußtsein auf die Vorstellung: Fluß in Afrika. Es arbeitet nun in Ihrem Unterbewußtsein.

Namen tauchen auf, die im Licht des Bewußtseins schnell überprüft werden, bis einer auftaucht, der angenommen wird, weil er allein in die Kästchen der drei Buchstaben paßt: der Nil.

Es ist ähnlich wie bei dem AR-Versuch: eine Vorstellung wird im Licht des Bewußtseins festgehalten, und man wartet, was die unterbewußten Hilfskräfte hervorzaubern. Nur tritt hier etwas Neues hinzu: Was sie herbeitragen, das wird sofort mit einer zweiten oder gar dritten Vorstellung zusammengebracht und geprüft, ob es dazu paßt. So werden in unserem Beispiel alle auftauchenden Flüssenamen daraufhin überprüft, ob sie in Afrika sind und ob sie nur drei Buchstaben haben.

Wir sagen dann ja oder nein, wenn eine neue Vorstellung in das Bewußtsein trat. Können wir ja sagen, so ist es gut. Wir lassen unseren Scheinwerfer weiterwandern und wenden uns der nächsten Denkaufgabe zu. Sagen wir aber nein, so konzentrieren wir das Bewußtsein weiter auf das Fragewort und warten wieder, bis uns das Richtige oder bis nichts mehr gebracht wird.

Ja, das ist wirklich das ganze aktive Denken: das Bewußtsein lenken, dann warten und ja oder nein sagen zu dem, was uns die unterbewußten Kräfte bescheren. Dies zeigt, wie wichtig die Bewußtseinskonzentration für uns ist. Sie ist die zentrale Denkfunktion. Sie ist die Denkfunktion, die als einzige unserem bewußten Willen folgt.

2. Aktive und passive Konzentration

Der Bewußtseins-Scheinwerfer wird sowohl aktiv von unserem Willen als auch passiv von anderen Faktoren gelenkt. Das passive Gelenktwerden kann man auch ein Angezogenwerden nennen. Starke Empfindungen, Wahrnehmungen, Vorstellungen und Gefühle können das Bewußtsein anziehen und so passiv lenken. Diese zweifache Möglichkeit der Bewußtseins-Lenkung zu kennen, ist sehr wichtig; denn diese Kenntnis gibt uns wertvolle Hinweise zum Handeln.

Die aktive Bewußtseinskonzentration allein ist mit einem Anstrengungsgefühl verbunden, sie allein wird als anstrengend erlebt, sie allein ist daher eine Anstrengung, eine aktive, bewußte Arbeit. Sie allein ist ermüdend.

Je mehr es uns gelingt, das Anstrengungsgefühl bei der Bewußtseinskonzentration zu vermindern, desto leichter wird uns die geistige

Arbeit fallen. Und, was das Entscheidende für uns ist: desto mehr können wir leisten; denn stets ist die Begrenzung der geistigen Leistung durch das Ermüden der aktiven Bewußtseinskonzentration gegeben. Je geringer die Anstrengung, desto später schaltet das Ermüden die geistige Leistungsfähigkeit aus.

Aktiv wird das Bewußtsein durch unsern Willen gelenkt, passiv durch die erwähnten starken Sinneseindrücke und die mit starken Gefühlen einhergehenden Gedanken.

3. Interesse erleichtert die Arbeit

Will man die Arbeitsleistung eines Fabrikarbeiters steigern, so muß man unter anderem versuchen, die Anstrengung der Arbeit herabzusetzen, zum Beispiel dadurch, daß man ihm Werkzeuge in die Hand gibt, die Kräfte sparen, oder indem man eine Maschine so baut, daß bei der Bedienung weniger Muskelarbeit als bisher benötigt wird. Auch geistige Arbeiten können außerordentlich anstrengend sein. Und mancher Geistesarbeiter, zum Beispiel der Student vor einem Examen, empfand eine schwere körperliche Arbeit als reine Erholung, weil seine geistige Anstrengung noch größer war.

Es sei nochmals gesagt: Anstrengend ist nur die aktive Bewußtseinskonzentration, die Konzentration des Bewußtseins auf einen Lernstoff, auf eine Fragestellung, die das Unterbewußtsein beantworten soll, oder auf eine Zielvorstellung, die der Wille durch die Tat verwirklichen soll.

Gelingt es jedoch, eine geistige Arbeit durch eine passive Bewußtseinslenkung zu erzielen, so fällt die Anstrengung fort. Zieht eine Arbeit durch starke Empfindungen, Wahrnehmungen, Vorstellungen und Gefühle das Bewußtsein von selbst an, so geht sie viel leichter vonstatten. Jeder weiß, wie groß der Unterschied ist zwischen dem Lernen eines Stoffes, der uns gefühlsmäßig fesselt, und einem trockenen Lernstoff, den man nur mit Willensanstrengung durchpauken kann.

Je interessanter ein Lernstoff, desto leichter wird er gelernt. Je interessanter eine geistige Leistungsaufgabe, desto leichter wird sie bewältigt.

Das Interesse richtet sich zum großen Teil nach den Strebungen und Wünschen eines Menschen. Was im egoistischen Wunschbereich liegt, dafür ist stets Interesse vorhanden.

Ein Kaufmann wird mit viel größerem Interesse Kalkulationen für ein neues Unternehmen aufstellen, wenn er es auf eigenes Risiko macht, als wenn er als Angestellter die Sache für einen anderen berechnet. Im ersten Fall ist er bis spät in die Nacht hinein ohne Ermüdung dabei, im letzteren ist er schon um 9 Uhr abends müde und lustlos geworden. Im ersteren Falle wird sein Bewußtsein ganz von selbst immer wieder auf diese Sache gelenkt, im letzteren muß er es aktiv mit Anstrengung darauf lenken.

Sie sehen hieraus, wie wichtig es ist, mit einer Aufgabe persönliche Interessen zu verbinden. Bei sich selber, um sich die Arbeit zu erleichtern, bei einem Angestellten, um ihn zu höherer Leistung anzuspornen.

4. Machen Sie das Beste aus Ihrer Arbeit

Setzen wir voraus, Sie haben einen Beruf erwählt, der Ihnen liegt und Ihrer Natur entspricht. Und doch wird es oft so sein, daß Sie sich mit Arbeiten abgeben müssen, an die Sie sich nur ungern heranmachen. Wie verhalten Sie sich dann?

Sie haben drei Möglichkeiten:

1. Sie können die Arbeit, die Ihnen unangenehm ist, zunächst beiseite legen.
2. Sie können sich unlustig an die Arbeit machen.
3. Sie können das Beste aus dieser Arbeit machen.

Welchen Weg sind Sie bisher gegangen, welchen werden Sie in Zukunft einschlagen?

Bedenken Sie folgendes, und entscheiden Sie sich selber:

- Auf „morgen" zu warten, lockt immer. Nur ist es so, daß es immer ein „Morgen" gibt und die unangenehme Arbeit drohend zunimmt. Bald denken wir zuviel an sie. Wir können uns anderen Aufgaben nicht mehr ganz hingeben. Wir sind nicht länger voll leistungsfähig.
- Mit Unlust an eine Arbeit herangehen, verbraucht viel Willen und Energie. Dieses Mehr sollten wir einsparen.

- Arbeiten wir unlustig, arbeiten wir auch viel länger. Auch Zeit geht uns verloren. Schließlich: fast immer ist es der Arbeit anzumerken, wenn sie mit Unlust verrichtet wurde.
- Wir machen aus einer unangenehmen Arbeit das Beste, wenn wir uns selber davon überzeugen, daß sie gemacht werden muß und es gut für uns ist, sie sofort zu erledigen. Wir erledigen die Arbeit, die uns nicht liegt, aus freiem Willen.

In einer weit schwierigeren, aber keineswegs hoffnungslosen Lage befinden sich die Menschen, die keinerlei persönliche Interessen mit ihrem Beruf verbinden. Für sie ist er nichts anderes als ein Broterwerb, über den sie sich jeden Tag aufs neue ärgern. Sie können gar nicht wirklich leistungsfähig werden. Der tägliche Ärger verbraucht sie.

Menschen wie diese handeln am besten so:

- Sie stellen fest, warum sie mit ihrem Beruf unzufrieden sind. Sie notieren sich die Gründe, um das „Warum" jederzeit vor Augen zu haben.
- Sie erkunden die Aufgaben, die ihnen liegen, und notieren sich auch diese Ergebnisse.
- Sie prüfen an Hand ihrer Aufzeichnungen die Schlüsselfrage: „Kann und soll ich den Beruf wechseln?"
- Sie entscheiden sich und lassen sich dabei davon leiten, ob das pro oder das contra überwiegt.

Ein jeder Wechsel ist mit einem Risiko verbunden. Darüber muß man sich klar sein. Man muß aber auch den Willen und die Kraft aufbringen können, sich mit dem abzufinden, was nicht zu ändern ist, und auch aus diesem das Beste machen.

5. Schaffen Sie sich einen Anreiz

Zufriedenheit und Sattheit sind kein Boden für Spitzenleistungen.

Sie können zufrieden sein, wenn Sie das haben, was Sie brauchen oder haben wollten. Sie dürfen dann aber nicht erwarten, daß Sie sich im Leben auszeichnen.

Ebensowenig werden Sie sich hervortun, wenn Sie in Ihrer Arbeit lediglich einen Broterwerb, ein Muß sehen. Sie müssen sich schon, auch wenn es Ihnen schwerfällt, mit Ihrer Arbeit befreunden und sich jeden Tag von neuem bemühen, aus ihr das Beste herauszuholen.

Seien Sie froh, wenn Ihre Arbeit den Anreiz bietet, den Sie brauchen, um schneller, leichter und besser arbeiten zu können. Verzagen Sie aber nicht, wenn Sie mit Ihrer Arbeit nicht auf so gutem Fuß stehen. Suchen Sie nach einem Anreiz, der Sie in Bewegung bringt, aufwärtstreibt. Sie werden, dank Ihrem Vorstellungsvermögen, nicht lange zu suchen haben.

Beschäftigen Sie sich mit den Menschen, die es zu etwas gebracht haben, die aus der Menge hervorgetreten sind. Ergründen Sie den Auftrieb, den diese Menschen hatten.

Legen Sie sich schließlich die entscheidende Frage vor: „Und wie ist es um mich bestellt? Warum will ich geistig mehr schaffen? Warum will ich es zu Spitzenleistungen bringen? Ist mein Wunsch lediglich eine Marotte? Bin ich überehrgeizig?"

Sie werden feststellen, daß auch hinter Ihrem Wunsch ein Anreiz steht, dessen Sie sich vielleicht gar nicht bewußt waren. Der Anreiz kann sein:

- Ihre Frau,
- Ihre Kinder, die es besser haben sollen, als Sie es haben oder als Kind hatten,
- das Erlebnis: „Du wirst es nie zu etwas bringen", und der Wille, der Umwelt zu beweisen: „Das bin Ich",
- der Wunsch, anerkannt und geachtet zu werden,
- der Wille, nicht umsonst gelebt zu haben.

Ihr Anreiz kann auch ein ganz anderer sein. Finden Sie ihn heraus, machen Sie ihn zu Ihrem Bundesgenossen.

Verschmähen Sie es aber auch nicht, sich jeden Tag aufs neue einen kleinen Anreiz zu schaffen, vielleicht eine kleine Freude, die Sie sich selber oder einem lieben Mitmenschen noch heute bereiten wollen. Die Arbeit geht noch einmal so leicht von der Hand.

6. Die störende Ablenkung

Das, was wir Bewußtseins-Lenkung nannten, das Angezogenwerden des Bewußtseins von starken Empfindungen, Wahrnehmungen, Vorstellungen und Gefühlen, kann auch zur Ablenkung werden. Sie haben sicher schon erlebt, wie sehr ein gefühlsbetontes Erlebnis, zum Beispiel ein Ärger, von der konzentrierten Arbeit ablenken kann, wie immer wieder die zu diesem Erlebnis gehörenden Vorstellungen das Bewußtsein auf sich ziehen und so die vom Willen erstrebte Arbeit stören.

Die passive Ablenkung wirkt als Kraft der aktiven Konzentration entgegen. Es gilt das psychologische Gesetz: Je mehr die passive Ablenkung der aktiven Kraft entgegenwirkt, desto stärker muß der Aufwand an aktiver Kraft für eine bestimmte Leistung sein, desto größer sind das Anstrengungsgefühl und die Anstrengung selbst und desto geringer wird die geistige Leistung.

In diesem Gesetz sehen wir wieder einen Hebelpunkt zur Steigerung der Leistung: Vermeiden Sie die störende Ablenkung, wo Sie nur können!

Die geistige Leistung stören:

1. gefühlsbetonte Erlebnisse, wie Ärger, Aufregungen, gefühlsmäßige Erregungen aller Art,

2. starke Empfindungen, wie Schmerzen, Jucken, auf der Nase landende Fliegen, Zugluft, Mißempfindungen innerer Organe, Hitze, Kälte,

3. starke Wahrnehmungen, wie ein in der Nähe geführtes Gespräch und vor allem jedweder Lärm, aber auch Reize des Gesichtssinnes, wie die blendende Sonne, vorübergehende Gestalten.

Darum verstopft sich der Schüler die Ohren beim Lernen und läßt sich der Generaldirektor Polstertüren an seinem Arbeitszimmer anbringen.

Man hat Untersuchungen angestellt, wieviel anstrengender eine Arbeit im Lärm ist. Die Anstrengung konnte dann objektiv am Verbrauch von Sauerstoff während der Arbeit gemessen werden. Man fand, daß der Lärm die Arbeit wesentlich erschwert. Der Sauerstoffverbrauch bei einer Arbeit im Lärm war größer.

Denken wir wieder an die Begrenzung der geistigen Leistung durch die Zeit der möglichen guten Bewußtseinskonzentration! Der Lärm setzt diese Zeit wesentlich herab, weil er wegen höheren Kräfteverbrauchs die Konzentration früher ermüden läßt, abgesehen davon, daß er die geistige Arbeit schon direkt durch die Ablenkung vom produktiven Gedankengang ungünstig beeinflußt.

Wahrnehmungen und Vorstellungen lenken um so mehr ab, je gefühlsbetonter sie sind und je mehr sie eigene Interessen, Wünsche und Strebungen berühren.

Ein normales Gespräch zweier Angestellter wird einen Chef nicht so ablenken wie ein Gespräch seiner Privatsekretärin, an der er auch gefühlsmäßig interessiert ist, mit einem Angestellten seines Betriebes oder wie ein Gespräch, aus dem er Worte hört, die ihn irgendwie sonst gefühlsmäßig berühren. Nicht nur der Lärm lenkt in diesem Falle ab, sondern auch die gehörten Worte tragen zur Ablenkung bei und ziehen das Bewußtsein störend auf sich.

Liegt ein starkes Interesse außerhalb der Arbeit und wird es während der Arbeit irgendwie berührt, d. h. vom Bewußtsein berührt, so wirkt es als ablenkende Kraft. Privatinteressen muß man daher während der Arbeitszeit auszuschalten versuchen.

Der Lärm ist an sich zwar störend, doch läßt er sich nicht immer vermeiden. Wer daher nur bei völliger Stille arbeiten kann, wird sehr oft gestört und kommt nur selten zu wirklich konzentrierter Arbeit. Aus diesem Grunde ist es oft nötig, sich gegen den Lärm abzuhärten und zu üben, auch bei Lärm arbeiten zu können. Es ist hier ähnlich wie bei der Empfindlichkeit gegen Zugluft und Kälte: Gewiß setzt man sich in der Kälte der Gefahr der Erkältung aus. Doch je mehr man sich schont, desto leichter erkältet man sich. Hier ist eine Abhärtung besser als eine ständige Flucht vor der Kälte.

Üben Sie daher, auch im Lärm konzentriert zu schaffen! Nehmen Sie sich ein Beispiel an den Journalisten in der stets lauten Redaktion einer Tageszeitung. Viele haben sich so sehr an den Lärm gewöhnt, daß er ihnen zum Anreiz geworden ist und sie ohne Lärm nicht mehr so angeregt schaffen können.

7. Lernen Sie, mit arbeitsfremden Gedanken umzugehen

Können Sie von sich behaupten: „Wenn ich meine Firma betrete oder meinen Arbeitsplatz aufsuche, kenne ich nichts anderes als meine Arbeit"? Und: „Wenn ich meinen Arbeitsplatz verlasse, dann erst wieder bin ich ein Mensch und vergesse die Arbeit"? Gehören Sie zu den Menschen, die, während sie arbeiten oder studieren, alle anderen Gedanken abschalten können?

Sie geben zu, daß Sie es nicht fertigbringen. Sie versuchen es zwar immer wieder, es gelingt Ihnen aber höchstens für eine bestimmte Zeit. Dann stellt sich ungerufen ein arbeitsfremder Gedanke ein.

Den meisten Menschen ergeht es so. Das sind schon Ausnahmen, die sich so in ihre Arbeit vertiefen können, daß sie ihre Umgebung, die Zeit und alles andere, was nicht mit ihrer Arbeit zu tun hat, vergessen. Forschern und Künstlern kann es so ergehen.

Die Regel ist: Wir sind in allen Situationen und zu allen Zeiten Menschen und Arbeiter zugleich. Wer seinen Arbeitsplatz aufsucht, kann nicht vorher den Menschen ablegen.

Nun heißt es aber: „Wir müssen uns konzentrieren." Wo finden wir den Ausweg aus dieser scheinbaren Sackgasse? Mangelt es uns an Willen oder an Energie?

Für viele trifft das zu. Es sind Menschen, die sich gehenlassen, die es nie gelernt haben, sich zu konzentrieren. Wie aber sollen sich die anderen verhalten, die, wie Sie, immer wieder entdecken, daß sich ihre Gedanken selbständig machen, unterwegs sind? Sollen sie sich damit abfinden, resignieren und sich damit entschuldigen: „So ist es nun einmal, da läßt sich nichts machen, ich bin ja auch nur ein Mensch"? Ist der Mensch der Sündenbock, weil er in allen Situationen und zu allen Zeiten ein Mensch bleibt?

Eines müssen Sie hinnehmen: „In der Welt der Gedanken ist oft der Gedanke dem Menschen überlegen." Trotzdem können Sie handeln. Sie brauchen nicht ein Opfer Ihrer Gedanken zu werden.

Es ist nur verständlich, wenn auch während der Arbeit unsere Gedanken immer wieder um einen Menschen kreisen, der uns nahesteht und krank ist. Und ebenso natürlich ist es, daß uns häuslicher Ärger und häusliche Sorgen auch bei der Arbeit zu schaffen machen.

Auch der Zustand des Verliebtseins kann uns häufiger von der Arbeit ablenken, als für unsere Leistungen gut ist.

Hier gilt das Wort: Aktiv werden! Erkundigen Sie sich in einer Pause, wie es dem kranken Menschen geht. Entschuldigen Sie sich, wenn es Streit gegeben hat. Denken Sie sich schnell etwas Nettes für den Menschen aus, den Sie lieben. Solches und anderes kann Wunder wirken. Es ist nicht immer einfach, so aktiv zu werden. Setzen Sie Ihr Vorstellungsvermögen ein. Sie wissen, mit diesem Schatz läßt sich viel anfangen.

Aber auch gute Gedanken stellen sich oft zu ungelegener Zeit ein. Sie sind in eine bestimmte Arbeit vertieft. Plötzlich kommt Ihnen eine Idee, mit der Sie vielleicht viel anfangen können, die aber mit Ihrer derzeitigen Arbeit nichts zu tun hat.

Jetzt hilft nur eins — ein Mittel, das Sie kennen: das Stichwort, das Sie sich sofort notieren. Jetzt brauchen Sie sich nicht länger um Ihren Einfall zu kümmern. Sie haben ihn festgehalten.

Notieren Sie auch dann, wenn sich Alltagsgedanken zwischen Sie und Ihre Arbeit drängen:

- Das muß ich besorgen —
- Diesen Brief muß ich schreiben —
- Ich darf nicht vergessen: — — —

Die Sekunden, die Sie dazu brauchen, tun Ihrer Leistung keinen Abbruch — und Sie haben den Kopf wieder frei für Ihre Aufgabe.

8. Werden Sie aktiv, wenn Sie Sorgen haben

Sie werden nicht zu den vielen Menschen zählen, deren Leben von der Sorge beherrscht wird. Diese Menschen sorgen sich um das, was geschehen ist, und um das, was kommen wird. Sie sorgen sich um das, was sie getan, und um das, was sie nicht getan haben. Hat sich ein Problem gelöst, so ist gleich ein anderes da, das sie ganz in Anspruch nimmt. Solche Menschen werden stets auf der Schattenseite des Lebens stehen. Es bleibt ihnen keine andere Wahl, falls sie sich nicht ändern.

Aber auch Ihnen wird es nicht beschieden sein, sorgenfrei zu leben. Ebensowenig wird es Ihnen gelingen, die Sorgen, die bereits von

Ihnen Besitz ergriffen haben und immerfort gegenwärtig sind, während der Arbeit in wenigen Minuten zu unterdrücken. Sie müssen Vorarbeit leisten. Sie müssen sich mit jeder Sorge sofort abgeben.

Vergegenwärtigen Sie sich die Situation eines Menschen, der sich sorgt und passiv bleibt:

- Er ist erregt, unruhig und verstört.
- Er pflegt nicht zu wissen, worum es geht, er tappt im dunkeln, er sieht nur schwarz.
- Er empfindet das, was passieren kann, und das, was er befürchtet, schon als Tatsache. Er reagiert entsprechend.
- Er kommt nicht dazu, einen Entschluß zu fassen. Das Problem, die Sorge, plagt ihn immer stärker.
- Er ist unglücklich und zu keiner positiven Leistung fähig.

Und jetzt stellen Sie sich den Menschen vor, der aktiv vorgeht:

- Er ist ruhig und überlegend.
- Er weiß, um was es geht.
- Er stellt sich auf das Problem ein, mit dem er es zu tun hat.
- Er erwägt alle Möglichkeiten, ob gute oder schlechte.
- Er unterscheidet zwischen „möglich" und „wahrscheinlich" und denkt sich die Folgen aus.
- Er überlegt sich, was er tun kann, und entscheidet sich für die beste Lösung.
- Er macht sich an die Arbeit, das Problem zu lösen.
- Er entspannt sich und ist leistungsfähig.

Jetzt wissen Sie, welchen Weg Sie zu gehen haben, wann immer Sie Sorgen haben.

Machen Sie sich, um leistungsfähig zu bleiben, zum Herrn einer jeden Sorge, so schnell Sie es können. Stellen Sie fest, was Sie tun können, und handeln Sie — wenn Sie handeln können. Anerkennen Sie das, was Sie nicht ändern können, und vertrauen Sie auf die Zukunft.

Übrigens, haben Sie schon einmal von einem „Sorgenbüchlein" gehört? Sie können es sich zulegen. Es macht Sie zwar nicht sorgenfrei, doch „sorgenleichter". Tragen Sie in dieses Büchlein jede Sorge ein, die Sie bewegt. Stellen Sie von Zeit zu Zeit fest, welche Sorgen unnötig waren. Streichen Sie diese aus. Nur wenige werden übrigbleiben.

So gewöhnen Sie sich auch daran, wählerischer mit den Sorgen zu sein, die Sie sich machen. Die Folge: Sie werden mehr leisten.

9. Überwinden Sie den Ärger

Sie haben es leichter, Ihren Ärger zu zähmen, als Herr Ihrer Sorgen zu werden. Verlangen Sie aber nicht von sich selber, sich niemals wieder zu ärgern. Nur zu bald und zu häufig würden Sie gegen diesen Vorsatz verstoßen. Schlucken Sie Ihren Ärger auch nicht herunter. Das bekommt noch schlechter, als sich längere Zeit zu ärgern. Mangelnde Leistungsfähigkeit wird immer die Folge sein.

Der Ärger läßt sich aus unserem täglichen Leben nicht ausschalten. Er kommt zu den verschiedensten Zeiten und in den verschiedensten Situationen. Er richtet sich gegen andere, aber auch gegen uns selbst. Worauf es ankommt, ist, wie Sie sich verhalten, wenn Sie vom Ärger übermannt werden, und — ob Sie leicht und schnell aufgebracht sind, ob Sie jähzornig sind oder sich bezähmen können, so daß Sie sich schnell wieder fangen.

Überlegen Sie sich, was sich so alles an einem Tag abzuspielen pflegt, wie oft Sie verärgert sind, was Sie in Wut bringen kann. Schreiben Sie sich die Beispiele auf, die Ihnen gerade einfallen.

Sie werden feststellen, daß es oft Bagatellen sind, über die Sie sich aufregen. Sie mußten irgendwo länger warten, als Ihnen lieb war. Sie fanden einen Gegenstand, den Sie suchten, nicht gleich. Sie wurden in Ihrer Arbeit von Ihrem Ehepartner, von einem Mitarbeiter oder einem Kunden gestört.

Begnügen wir uns mit diesen drei Beispielen. Es sind Bagatellen. Lohnt es sich, ihretwegen so viel Staub aufzuwirbeln, daß Sie, wenn auch nur für kurze Zeit, leistungskrank werden? Ärgern Sie sich für Sekunden, und entspannen Sie sich sofort wieder.

Wir alle haben gelernt zu warten. Sie wissen, daß auch eine Wartezeit nützlich verbracht werden kann. Es ist nun einmal eine Tücke des Objekts, daß immer gerade der Gegenstand nicht zu finden ist, den wir brauchen. Und muß es immer ein anderer gewesen sein, der das Ding verlegt hat? Wer aufgeregt ist, findet erst recht nicht, was er sucht. Gut wäre es, wenn wir niemals bei der Arbeit gestört würden. Nun ist aber ein jeder auf den anderen angewiesen. Da lassen sich Störungen oft nicht vermeiden. Wir stören ja auch, mehr vielleicht, als den anderen lieb ist. Bringen wir also das nötige Verständnis auf. Das ist das beste, was wir tun können. Steigern wir uns erst in den Ärger hinein, dann wird unsere Arbeit um so mehr leiden.

Und wie ist es um solche Fälle bestellt: Ein Mensch, der uns nahesteht, ein Bekannter oder ein Fremder hat etwas gesagt oder getan, was uns in Wallung brachte. Wir fühlen uns getroffen. Wie verhalten wir uns jetzt? Müssen wir uns in einem solchen Fall unserer Haut wehren? Müssen wir Gleiches mit Gleichem vergelten? Sind das Fälle, die wir nicht vergessen können?

Gehen Sie einen anderen Weg: Befreien Sie sich, so rasch es geht, von Ihrem Ärger. Vielleicht war es gar nicht die Absicht des anderen, Sie zu kränken. Vielleicht meinte der andere, es gut gemacht zu haben. Wir reagieren nicht immer gleich wie der andere auf ein Wort, eine Redewendung oder eine Tat. Und sollte es Absicht gewesen sein, dann verhalten Sie sich so, daß der andere, früher oder später, Ihnen die Hand geben kann, ohne sein Gesicht zu verlieren. Und für die Zwischenzeit vergessen Sie das Vorkommnis. Sie können das, wenn Sie sich über den Fall klargeworden sind.

Es ist leicht, höflich, zuvorkommend und hilfsbereit zu sein, wenn die anderen es sind. Lernen Sie es, sich allen Mitmenschen gegenüber so zu verhalten, wie Sie es für richtig halten — wie Sie wollen, daß die anderen Ihnen gegenübertreten. Sie erweisen sich selbst damit den besten Dienst. Sie wissen, daß Sie mehr leisten werden, wenn die anderen für Sie sind. Auch gutes Verhalten steckt an.

10. Training der Konzentrationsfähigkeit

Die Bewußtseinskonzentration ist die einzige vom bewußten Willen gesteuerte Geistesfunktion, ja überhaupt die zentrale Funktion unseres Ichs, da sie letztlich nicht nur das Denken bewirkt, sondern auch jede Handlung und jede bewußte Bewegung einleiten muß.

Eine gute Konzentrationsfähigkeit bewirkt:
1. eine erhöhte Aufnahmefähigkeit beim Lernen,
2. eine verbesserte geistige Produktivität, da die Denkleistung an sich gefördert wird,
3. eine Stärkung der Willenskraft, da „der Wille" nichts anderes ist als eine Konzentration unseres Bewußtseins auf eine Zielvorstellung oder einen inneren Eigenbefehl,
4. eine Herabsetzung und Verminderung des Anstrengungsgefühles bei jeder geistigen Arbeit und damit wiederum eine Erhöhung der Leistung.

Gerade dieser letzte Punkt ist sehr wichtig. Es ist hier genauso wie beim Training der Muskulatur. Ein trainierter, starker Muskel läßt ein viel geringeres Anstrengungsgefühl bei einer bestimmten körperlichen Leistung, zum Beispiel beim Besteigen eines Berges, erleben als ein untrainierter Muskel.

Überhaupt kann man das Konzentrationstraining gut mit dem Muskeltraining vergleichen. Da wie dort muß nicht die endgültige Leistung geübt werden, sondern die Funktion an sich, die dann für verschiedene Leistungen einsetzbar wird. Ein Langstreckenläufer wird beim Training nicht nur Langstrecken laufen, sondern auch Kniebeugen machen, um seine Beinmuskulatur zu trainieren, das kommt ihm dann zum Beispiel auch für das Radfahren zugute. Es ist im Grunde gleich, durch welche Übung man seine Konzentrationsfähigkeit trainiert, wenn sie nur überhaupt trainiert und mit dem Training gestärkt wird.

Geübt werden muß die aktive Lenkung des Bewußtseins-Scheinwerfers. Diese Lenkung benötigt die Kraft, die gestärkt werden soll.

11. Eine gute Konzentrationsübung

Es gibt sehr viele gute Konzentrationsübungen. Letztlich ist jede Arbeit, die eine starke Konzentration erfordert, eine gute Übung zur Stärkung der Konzentrationsfähigkeit.

Sowohl zum Training Ihrer Konzentration als auch zur Prüfung Ihrer Konzentrationsfähigkeit kann folgende Übung besonders empfohlen werden:

Nehmen Sie eine Seite Text aus einem Buch. Zählen Sie, so schnell Sie können, alle e oder alle i dieser Seite, und stoppen Sie die Zeit. Schreiben Sie sich die Zeit auf.

Benützen Sie immer das gleiche Buch, jedoch immer eine andere Seite. In einem Buch hat eine vollbedruckte Seite ungefähr die gleiche Anzahl von Wörtern und auch von häufig vorkommenden Buchstaben. Sie haben dadurch eine gute Vergleichsmöglichkeit mit den Leistungen anderer oder den eigenen Leistungen an verschiedenen Tagen.

Die Prüfung können Sie noch vervollständigen, indem Sie hinterher langsam nachzählen, wie viele e oder i Sie zu zählen vergessen haben. Schreiben Sie auch diese Fehlerzahl auf. Nicht nur die Kürze der Zeit ist ein Prüfstein, sondern auch die Zahl der Fehler. Für die Übung selbst ist das zeitraubende Nachzählen nicht nötig. Sie müssen sich nur darauf konzentrieren, kein e oder i auszulassen.

Veranstalten Sie mit dieser Übung einen Wettbewerb mit sich selbst oder mit anderen! Die Sache wird dann interessanter, lustvoller und anregender. Auch die Konzentrationsleistung wird dabei besser. Stellen Sie einen Rekord auf, und versuchen Sie, diesen Rekord zu verbessern!

12. Die innere Konzentration

Sie können Ihr Bewußtsein nicht nur auf äußere Dinge konzentrieren, sondern auch auf innere, auf Bewußtseins-Inhalte, auf Vorstellungen.

Die Yogi-Schule, die sich vorwiegend auf die Innen-Versenkung richtet, arbeitet hauptsächlich mit dieser inneren Konzentration. Am besten eignen sich dazu bildhafte Vorstellungen.

Machen Sie folgende Übung abends im Bett, oder in der Straßenbahn, oder wenn Sie gerade irgendwo warten müssen:

Betrachten Sie zuerst irgendeinen Gegenstand, am besten eine Blume oder ein kleines Kunstwerk, genau in allen Einzelheiten. Wählen Sie dazu möglichst einen schönen Gegenstand, weil dann Ihre Übung gleichzeitig auch andere positive seelische Funktionen fördert. Schließen Sie die Augen und stellen Sie sich den betrachteten Gegenstand so konzentriert vor, daß Sie ihn in der Vorstellung möglichst genau und mit möglichst vielen Einzelheiten wiedersehen. Nicht jeder Mensch hat eine gleichgute Fähigkeit, bildhafte Vorstellungen zu sehen, eine sogenannte eidetische Fähigkeit. Doch ein wenig kann es jeder.

Die Konzentration auf ein Vorstellungsbild, vor allem die möglichst lange und intensive, stärkt die Konzentrationsfähigkeit.

Halten Sie das Bild so lange wie möglich im Bewußtsein fest! Auch hier können Sie testen, d. h. objektiv Ihre Leistung prüfen, indem Sie messen (mit einer Stoppuhr oder mit Hilfe einer anderen Person, welche die Zeit mißt), wie lange Sie ein Bild im Bewußtsein festhalten können.

Anfangs wird ein solches Bild nur kurze Zeit und verschwommen bleiben, doch mit der Zeit wird es immer länger und immer klarer erscheinen. Der Yogi hat eines seiner Ziele erreicht, wenn er es vermag, eine Lotosblume vom Samenkorn bis zur ausgewachsenen Blüte in der Vorstellung wachsen zu sehen.

Bei späteren Übungen brauchen Sie das Objekt nicht mehr vorher zu betrachten. Nur anfangs, bei den ersten Übungen. Am besten so lange, bis Sie das Bild klar und mit Einzelheiten zu „reproduzieren" vermögen.

Machen Sie diese Übung täglich etwa 10 Minuten lang!

Daß man mit solchen Übungen auch andere seelische Hochleistungen, wie zum Beispiel das Meditieren, trainieren kann, soll nur nebenbei erwähnt werden. Dies sind erste Vorübungen dazu. Ein Psychologe nannte solche Übungen einmal sehr treffend: Klimmzüge des Gehirns. Trainieren Sie also auf diese Weise Ihr Gehirn. Größere geistige Leistung, die gleichzeitig weniger ermüdet, ist der Lohn.

13. Bewußtseinskonzentrations-Gymnastik

Haben Sie die Konzentration des Bewußtseins auf bildhafte Vorstellungen geübt und beherrschen Sie diese einigermaßen, dann machen Sie folgende Übung für „Fortgeschrittene": Sagen Sie sich Wörter vor wie: Tannenbaum, See, Sonnenuntergang, Haus, Flugzeug usw., und versuchen Sie dann den aufgerufenen Gegenstand mit geschlossenen Augen zu sehen.

Üben Sie dieses Sehen auf Befehl immer schneller. Warten Sie aber bei jedem Bild, bis es einigermaßen klar gesehen wird.

Machen Sie diese Übung genauso, wie man gymnastische Übungen macht, wie man sich bei Kniebeugen befiehlt: hoch, tief, hoch, tief, eins, zwei, eins, zwei! So befehlen Sie: Haus, Flugzeug, Baum usw. immer schneller, immer schneller!

Betreiben Sie auf diese Weise eine Bewußtseinskonzentrations-Gymnastik. Beschimpfen Sie Ihren Mann am Bewußtseinsscheinwerfer, wenn er es nicht richtig macht oder zu träge Ihren Befehlen folgt. Das nützt oft.

Eine solche Gymnastik ist eine vorzügliche Übung für die gesamte geistige Leistung und die Willenskraft. Wenn Sie das Sehen von Vorstellungsbildern selbst nicht für Ihre Geistesarbeit brauchen, so ist diese Übung doch für Ihre Konzentrationsfähigkeit als solche von großer Bedeutung.

Sie müssen die aktive Konzentration üben. Das Träumen mit Vorstellungsbildern ist keine Konzentrationsübung. Mit dem passiven Träumen können Sie zwar Ihre eidetische Vorstellungskraft üben, aber nicht Ihre Konzentration. Warten Sie also nicht, was Ihnen das Unterbewußtsein an Bildern beschert. Das ist oft interessant und schön, dieses Warten und Bildersehen, doch Sie müssen kurze Befehle erteilen und dann s e h e n , was Sie befehlen. Arbeiten Sie stets konzentriert.

Tun Sie alles, was Sie unternehmen, hochprozentig.

Durch ein stetiges Konzentrieren trainieren und verbessern Sie Ihre Konzentrationsfähigkeit. Das konzentrierte Arbeiten wird Ihnen mit zunehmender Übung immer leichter fallen und Ihnen sogar als Sport geradezu Freude bereiten.

Merksätze — Wegweiser

- *Erleichtern Sie sich Ihre Arbeit, verbinden Sie mit ihr persönliche Interessen.*
- *Erledigen Sie Arbeiten, die Ihnen nicht liegen, aus freiem Willen.*
- *Machen Sie das Beste aus dem, was Sie nicht ändern können.*
- *Werden Sie nicht ein Opfer Ihrer Gedanken.*
- *Geben Sie sich mit jeder Sorge sofort ab.*
- *Überwinden Sie rasch jeden Ärger.*

VII. Kapitel

Wie wir denken

1. Die Gesetze des Denkens

Wir kommen nun zum Denken selbst. Für die Gesetze des Denkens gibt es eine eigene Wissenschaft: die Logik. Wir wollen hier nicht darüber streiten, ob es wirklich notwendig war, über die Logik so viele umfangreiche und schwerverständliche Werke zu schreiben, ohne dabei auf die klare Naturgesetzlichkeit des menschlichen Denkens einzugehen. Wir wollen vielmehr einen eigenen Weg gehen in der Erklärung und Darstellung des Denkens und, ohne von den anerkannten Gesetzen der Logik abzuweichen, in einfacher und einprägsamer Form das praktisch Wichtige zu beschreiben versuchen.

1. Die Bausteine des Denkens sind die B e g r i f f e , die den Wörtern unserer Sprache entsprechen.

2. Unser menschliches Wissen entsteht auf folgende Weise: Über unsere Sinnesorgane erfahren wir von Kindheit an Einzelheiten über die Dinge und Geschehnisse der Welt. Diese Einzelerfahrungen werden in unser Gedächtnis aufgenommen als bildhafte oder akustische (Gehörs-) E i n d r ü c k e . Diese Eindrücke werden systematisch an Begriffe gekoppelt, d. h. assoziativ an Begriffsvorstellungen geknüpft, die den Wörtern unserer Sprache entsprechen. Sieht das Kind ein Auto, so sagt der Erwachsene „Auto". Auf diese Weise entsteht die Koppelung der Eindrücke an Begriffe, die in Zukunft beim Denken die Einzeleindrücke ersetzen.

3. Da die Welt nicht aus einer unendlichen Vielfalt von Dingen besteht, da es verschiedene Arten von Dingen gibt, die sich uns Menschen gegenüber stets gleich oder ähnlich verhalten, genügt

es, nicht jedes einzelne Ding, das wir einmal wahrnehmen, im Gedächtnis zu behalten und uns beim Denken wieder gegenwärtig zu machen, sondern nur die A r t e n. Das ist allein schon eine Rationalisierung etwa von der Größenordnung 1000 : 1. Alle einzelnen Rosen, die wir sehen, werden im Begriff „Rose" vereint, alle Häuser im Begriff „Haus" usw.

4. Im Begriff werden alle Einzelvorstellungen einer bestimmten Art von Dingen zusammengefaßt.

5. Außer Einzeldingen erfahren wir vor allem auch die Z u s a m m e n h ä n g e und die E i g e n s c h a f t e n der Dinge. Unser Geist muß sich über diese orientieren, weil er ja wissen muß, wie sich der Mensch den Dingen gegenüber verhalten muß, wie er sie seinem Willen einmal unterwerfen kann.

Ein Mensch sieht zum Beispiel, wie ein anderer einen Apfel ißt. Sein Eindruck ist: Dieses Ding, das ich sehe, ist eßbar. Durch den schon vorhandenen Begriff „Apfel" weiß er: der Apfel ist eßbar, alle Äpfel sind eßbar. Er hat eine für sein Leben wichtige Erfahrung gesammelt. Eine Einzelerfahrung ist durch die Sammlung aller Einzel-Apfel-Vorstellungen im Begriff „Apfel" eine tausendfache Erfahrung geworden, die Erfahrung der Eigenschaft eines Dinges, dem der Mensch tausendmal begegnen kann und die er sich nun nutzbar zu machen vermag, weil er eine wichtige Eigenschaft weiß. Wissen gibt Macht über die Dinge.

2. Die Ordnung in unserem Gedächtnis

Die Rationalisierung des Denkens durch die Denkbausteine der Begriffe wird weiter vervollkommnet durch die sogenannten O b e r b e g r i f f e.

Ein Oberbegriff faßt eine große Zahl von Einzelbegriffen in einer Denkeinheit zusammen, so z. B. die Begriffe Rose, Veilchen, Maiglöckchen usw. im Begriff „Blume".

Solche Oberbegriffe werden wiederum unter höheren Oberbegriffen zusammengeschlossen, so Blumen, Bäume, Sträucher usw. unter dem Begriff „Pflanze".

Wie sehr diese Sammlung in Oberbegriffe das Denken und überhaupt unsere Lebensleistung rationalisiert und unser Wissen bereichert, zeigt folgendes Beispiel:

Erfahren wir: „Die Pflanze braucht zum Leben Licht", so wissen wir sofort: die Rose, das Veilchen, die Eiche, die Buche und all die tausend einzelnen Rosen, Eichen usw., die wir sehen, brauchen zum Leben Licht. Ein Erfahrungssatz steht so für Millionen Einzelerfahrungen.

Von der Bedeutung der wunderbaren Ordnungsfähigkeit unserer Werkstatt des Geistes erhalten wir vor allem dann eine Ahnung, wenn wir nochmals unser Gedächtnis mit einer riesigen Bibliothek vergleichen, die der Aufbewahrungsort für alle im Leben gemachten und von anderen Menschen sowie aus Büchern gelernten Erfahrungen ist. Diese Bibliothek speichert nicht nur das Wissen, sondern hält es auch zur praktischen Anwendung bereit.

Enthielte eine Bibliothek etwa 100 000 Bände und würden alle n u r nach der Reihenfolge ihres Eingangs in die Regale gestellt, so müßte jeder angeforderte Band — sagen wir — 50 Stunden gesucht werden. Würden täglich 100 Besucher die Bibliothek benützen wollen und je einen Band verlangen, so wären 500 Angestellte allein zum Suchen der Bände nötig. Sie würden sich bei solchem Gedränge so behindern, daß dies praktisch überhaupt nicht durchführbar wäre. In Wahrheit dauert das Suchen eines Buches in einer Bibliothek wenige Minuten. Bei der gleichen Anzahl von Bänden und Besuchern könnte das Suchen von e i n e r Person bewältigt werden.

Woher kommen diese Leistungssteigerung und Rationalisierung in der Bibliothek? Allein durch eine sinnvolle O r d n u n g. Diese bewirkt eine 500fache Leistungssteigerung und macht dadurch überhaupt erst einen großen Bibliotheks-Betrieb möglich. Die Ordnung in der Bibliothek erfolgt durch eine Unterteilung der Bücher in Fachgebiete und in die Buchstaben des Alphabets.

Das Gedächtnis eines Kulturmenschen hat weit mehr als 100 000 Einzelheiten aufzubewahren, beständig bereitzuhalten und in wenigen Sekunden zur Verfügung zu stellen. Das ist nur durch die Einordnung der Einzeleindrücke des Lebens in die Sammelmappen der

Begriffe und die Fächer der Oberbegriffe möglich. Diese Ordnung ist so vollkommen, daß sie die Leistungen unserer größten Bibliotheken weit übertrifft. Wir begreifen das Zustandekommen einer solchen Leistung, wenn wir uns erinnern, daß mehrere Milliarden Ganglienzellen im Gehirn an dieser Arbeit beteiligt sind.

Führen Sie diese das Arbeiten so ungemein rationalisierende Ordnung auch in Ihrem Papier-Gedächtnis ein, in Ihrer Kartei des Wissens!

3. Der schöpferische Geist

Sie können mit Ihrem Geist nicht nur Sinneseindrücke aufnehmen, in Begriffe ordnen und sich als reproduzierte Vorstellungen jederzeit gegenwärtig machen. Sie können mit den Bausteinen der Begriffe auch Neues bauen. Sie können schöpferisch tätig sein.

Wie geht dieses Bauen vor sich? Wir erhalten einen äußerst interessanten Einblick in die Arbeit des menschlichen Geistes, wenn wir diese Frage zu beantworten versuchen.

Das Bauen des Geistes nennen wir: k o m b i n i e r e n = Bausteine zusammentragen und zusammenmauern. Auf diese Weise entstehen unsere Gedankengebäude, Ideen, ja alle eigentlichen Geistesprodukte.

Kombiniert werden immer zwei Aussagesätze oder Behauptungen einer Eigenschaft eines Dinges. Die gesamte Kombinationslehre der Logik läßt sich auf diese eine Funktion zurückführen, in dieser einen Funktion darstellen.

Dieses im Gedächtnis vorhandene Wissen um die Eigenschaft eines Gegenstandes können wir bildlich in folgender Weise darstellen:

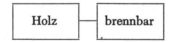

Treten nun zwei solche Doppelvorstellungen in das Bewußtsein, bei denen ein Teil gleich ist, so können beide gleichen Teile miteinander verschmolzen und die Restteile miteinander zu etwas Neuem, dem Geistesprodukt, zusammengebaut werden.

Wir sehen zum Beispiel: Dieser Tisch besteht aus Holz (hat die Eigenschaft, aus Holz zu bestehen). Wir zeichnen:

Der Geist verschmilzt mit der oben gezeigten Erfahrung:

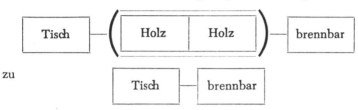

Der Geist kombiniert: Dieser Tisch ist brennbar. Und er hat richtig kombiniert. Er hat, logisch kombinierend, etwas Neues gefunden. Er brauchte zu diesem Wissen nie selbst gesehen oder erfahren zu haben, daß ein hölzerner Tisch brennt. Er konnte es „erschließen".

Man nennt diesen Vorgang einen logischen Schluß. Zu diesem sind nach der Sprache der Logiker zwei „Prämissen", d. h. zwei Aussagesätze nötig, die beide einen Teil gemeinsam haben.

Dieses Kombinieren geschieht automatisch, d. h. schon im Unterbewußtsein. Erst das Ergebnis wird uns bewußt. Nach dieser Darstellung erscheint der Vorgang des Kombinierens sehr einfach. Die Kompliziertheit des wirklichen Denkens entsteht dadurch, daß oft sehr schnell hintereinander mehrere Begriffe miteinander kombiniert werden. Der Einzelvorgang bleibt aber immer der gleiche.

4. Das Beispiel einer Erfindung

Die Brüder Joseph und Etienne Montgolfier sahen: Rauch steigt in die Höhe. Das war eine Wahrnehmung, eine Lebenserfahrung. Sie wollten fliegen, sie suchten einen Gegenstand, der hochfliegt.

Sie kombinierten: Rauch hochfliegend
                   + Gegenstand hochfliegend
                   ─────────────────────────
        zu: Rauch = Gegenstand

und fanden: Rauch ist der gesuchte Gegenstand. Sie füllten einen unten offenen Papierballon mit Rauch, indem sie ein Feuer darunter machten, und siehe da: der Ballon flog.

Diese Erfindung war aber nicht besonders brauchbar. Sie suchten und kombinierten weiter:

1. Rauch ist vor allem warme Luft
    + Rauch steigt hoch
    ---
    zu: Warme Luft steigt hoch

2. Warme Luft ist leichter als Luft
    + Warme Luft steigt hoch
    ---
    zu: Was leichter als Luft ist, steigt hoch

Nun wurde in dieser Zeit von Cavendish der Wasserstoff entdeckt und seine Eigenschaft, leichter als Luft zu sein, gefunden.

Als die Brüder Montgolfier im Jahre 1776 ein Buch lasen, in dem der in England gefundene Wasserstoff beschrieben wurde, erfuhr ihr Geist, daß Wasserstoff leichter als Luft ist.

Nun war der zu ihrer Erfindung noch fehlende Baustein da. Die Freude war groß. Sie konnten kombinieren:

Was leichter als Luft ist, fliegt hoch
+ Wasserstoff ist leichter als Luft
---
zu: Wasserstoff fliegt hoch

Sie füllten einen geschlossenen Ballon mit Wasserstoff und erfanden so den ersten brauchbaren Ballon, mit dem sie wirklich fliegen konnten.

Denken wir an den Behandlungsvorschlag eines Arztes, an einen logischen Schluß, der von einem Allgemeinwissen die richtige Behandlung in einem Sonderfall ansagen läßt.

Das Allgemeinwissen lautete: Bei Lungenentzündung hilft das Medikament C, bildlich dargestellt:

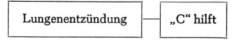

Die Wahrnehmung zeigte den Spezialfall: Herr X hat Lungenentzündung:

Die Kombination lautet:

oder mit Worten: Herrn X hilft das Medikament C.

Es ist bei der Kombination also immer das gleiche: zwei Doppelvorstellungen, die eine Eigenschaft oder einen Kausalzusammenhang gemeinsam zeigen, werden über den gleichen gemeinsamen Teil zu einer neuen Vorstellung, einem neuen Gedanken oder einem im Augenblick notwendigen Denkprodukt zusammengeschlossen.

5. Die Kombinationsfähigkeit

Das Kombinieren geschieht, wie wir schon sahen, zum größten Teil unterbewußt. Es kombiniert in uns. Und dieses „Es" ist die Kombinationsfähigkeit. Dieses „Es" sind, bildlich gesprochen, die fleißigen Heinzelmännchen in den Tiefenschichten der Seele und des Geistes. Die Kombinationsfähigkeit kann nun gut, schnell, zahlreich oder schlecht, langsam, selten kombinieren. Dementsprechend fällt die geistige Leistung aus. Es gibt Menschen, die fast gar nichts kombinieren. Sie können oft sehr viel Wissen in sich aufnehmen, sind kritische Denker, aber sie kombinieren kaum. Sie produzieren nichts Neues.

Andere kombinieren fast ununterbrochen. Sie können kaum etwas lesen auf irgendeinem Gebiet, da müssen sie schon ihr Buch beiseite legen, weil sie bereits mit dem eben Gelesenen, d. h. mit dem eben Aufgenommenen, zu kombinieren beginnen. Das sind die Schöpfer neuer Theorien, die Erfinder, die Dichter, die Komponisten und die auf anderen Gebieten der Kunst und Wissenschaft Schöpferischen. Das sind die Persönlichkeiten, die im Geschäftsleben neue Pläne ausarbeiten, Unternehmungen starten, Neues auf den Markt bringen, neue Arbeitsmethoden einführen, tausend erfinderische Ideen haben.

Die Leistung der Kombinationsfähigkeit ist abhängig:
1. von der Quantität (Menge) der kombinierten Geistesprodukte,
2. von ihrer Qualität (Güte, Zweckmäßigkeit).

Die Quantität wird bestimmt:
1. durch den oben geschilderten vorhandenen oder nicht vorhandenen Kombinationsdrang (Schöpferdrang),
2. von der Schnelligkeit, mit der die Reproduktionsfähigkeit Vorstellungen (Bausteine) aus dem Gedächtnis in das Bewußtsein befördert,
3. von der Zahl der im Gedächtnis ruhenden Vorstellungen und der neuen Wahrnehmungen, die als neue, für Kombinationen geignete Erfahrungen von außen her ins Bewußtsein dringen.

Die Qualität der Kombinationsprodukte ist im wesentlichen bedingt durch die Güte der zur Kombination verwendeten Bausteine, ferner auch von der Urteilsfähigkeit, die nicht alles Kombinierte, das natürlich auch falsch und schlecht sein kann, durchgehen lassen darf, sowie von dem in Frage kommenden Fachtalent, d. h. der Spezialbegabung für ein bestimmtes Fach, für eine bestimmte Branche oder Aufgabe.

6. Raten und Forschen

Sie haben gesehen, daß das, was wir mit unserem Willen zum Denken beitragen können, nichts anderes ist als das Festhalten einer Vorstellung im Scheinwerferlicht unseres Bewußtseins. Auf diese Weise können wir aber auch an die Heinzelmännchen unseres Unterbewußtseins eine Frage stellen.

Wenn wir eine Frage beantwortet haben wollen, richten wir unser Bewußtsein auf die Vorstellung eines Fragesatzes. Die Kräfte des Unterbewußtseins bemühen sich dann, Stoff zur Beantwortung der Frage aus der Gedächtnisbibliothek herbeizuschaffen.

Das Fragen geschieht stets auf die gleiche Weise:
1. Ein Begriff wird als L e i t b e g r i f f fest vom Bewußtsein beleuchtet, um dazu passende (assoziativ nahestehende) Begriffe aus dem Unterbewußtsein herbeizurufen.

2. Zusätzlich wird ein zweiter Begriff im Bewußtsein festgehalten, der F r a g e b e g r i f f. Mit diesem zweiten Begriff sollen die herbeigebrachten Wortvorstellungen verglichen werden.
3. Das Unterbewußtsein reproduziert Vorstellungen zu dem ersten Leitbegriff aus dem Gedächtnis.
4. Die reproduzierten Vorstellungen werden mit dem zweiten Begriff verglichen.
5. Passen die reproduzierten Vorstellungen nicht zum zweiten Begriff, so entsteht ein Gefühl des W i d e r s p r u c h e s, das zum Weiterreproduzieren (zum Weiternachdenken) anregt.
6. Paßt eine im Bewußtsein aufgetauchte Vorstellung zu dem zweiten Begriff, so entsteht ein lustvolles, b e f r i e d i g e n d e s G e f ü h l. Es ist ein S c h l u ß da, der erwärmende Schluß eines Stromkreises. Die Übereinstimmung ist erzielt, die Lösung gefunden.

An dem Beispiel des Kreuzworträtsels wollen wir diesen Vorgang praktisch sehen. Gesucht sei wieder der Fluß in Afrika.

1. Die Vorstellung „Fluß" wird festgehalten.
2. Dazu als zweite Vorstellung: „Afrika".
3. Das Unterbewußtsein reproduziert: Inn, Don, Jordan, Kongo, Nil.
4. Beim Auftauchen der Wörter: Inn, Don, Jordan, Kongo ist ein Widerspruchsgefühl vorhanden. Die Frage ist nicht gelöst. Das Bewußtsein wird weiter auf den Leitbegriff „Fluß" gerichtet. Der Fragesteller wartet weiter, was ihm das Unterbewußtsein beschert.
5. Endlich taucht das Wort „Nil" auf. Es paßt zu Afrika. Es hat drei Buchstaben. Ein befreiendes Gefühl der Übereinstimmung taucht auf. Das Rätsel ist gelöst. Das Bewußtsein ist für eine neue Aufgabe frei.

Stets geht das Suchen, Raten, Forschen auf diese Weise vor sich. Nur werden manchmal mehrere Fragen hintereinander gestellt. So muß zum Beispiel ein gesuchtes Wort in einem Kreuzworträtsel auch eine bestimmte Anzahl von Buchstaben aufweisen. Wurde ein Fluß in Afrika mit drei Buchstaben gesucht, so werden die gefundenen Flüsse in Afrika anschließend mit einer dritten Vorstellung „drei Buchstaben" verglichen, bis die Lösung gefunden ist.

7. Wie schulen und prüfen wir unser forschendes und unser erfinderisches Denken?

Ein geschulter Denker vermag seinem Unterbewußtsein die Aufgabe zu erteilen, gleich die fertige Lösung herbeizubringen. Er konzentriert sich auf die Vorstellungen „Fluß" und „Afrika" zugleich, und das Unterbewußtsein beschert ihm nur afrikanische Flußnamen, die er dann mit der dritten Vorstellung „drei Buchstaben" vergleicht. Der bewußte Vorgang ist dadurch abgekürzt, das Suchen wesentlich rationalisiert.

Ein Durchschnittsdenker muß erst die verschiedensten nichtafrikanischen Flußnamen abwarten, bis der erste afrikanische Flußname auftaucht. Er braucht etwa fünfmal so lange zum Denken. Der geschulte Denker läßt die erste Aufgabe gleich vom Unterbewußtsein lösen.

Wie erzielt man nun ein solches schnelleres Lösen von Denkaufgaben, das man im beruflichen Leben ununterbrochen braucht? Natürlich nur durch Übung.

Wer viele Fragen stellt, übt seine Werkstatt des Geistes im Beantworten von Fragen. Nach dieser theoretischen Abschweifung werden nun Möglichkeiten des Vervollkommnens gezeigt:

1. Konzentrieren Sie sich sofort auf hohe Begriffe, auf die ganze Frage.

2. Unterdrücken Sie sofort beim ersten Auftauchen eines unbrauchbaren Wortes, d. h. eines solchen, das nicht beiden Begriffen entspricht, dieses, bevor es noch ganz aufgetaucht ist. Weisen Sie es also schon an der Schwelle der Werkstätte des Bewußtseins ab.

Hier kann wieder ein Versuch zeigen, wie vollkommen das Unterbewußtsein arbeitet und schon kombinierende Vorarbeiten zu leisten vermag:

Stellen Sie, ähnlich wie beim AR-Versuch, Reizfragen! Diesmal je zwei Begriffe, zum Beispiel: Wald — Industrie, Wasser — Reise, Arbeit — Politik, Medizin — Leistung, Wolle — Verkauf. Schreiben

Sie auf, was Ihnen nun das Unterbewußtsein wieder beschert! Das Ergebnis wird für Sie sehr aufschlußreich sein und Ihnen zeigen, wo und wie Sie sich noch schulen und trainieren müssen, um Ihr kombinierendes Denken zu vervollkommnen.

8. Die Beherrschung der unterbewußten Kräfte des Geistes

Die unterbewußten Kräfte sind zwar nicht direkt dem bewußten Willen unterworfen, doch indirekt können wir sie beeinflussen, entwickeln und mit der Zeit beherrschen.

In der Hypnose zum Beispiel lassen sich die unterbewußten Kräfte Befehle erteilen. Sie können mit einer der Hypnose ähnlichen Methode Ihre unterbewußten Geister zu einer gesteigerten, verbesserten und rationelleren Arbeit bringen: durch die Autosuggestion und das Sprechen mit den unterbewußten Geistern.

Das ist keine magische Beeinflussung von irgendwelchen Geistern im spiritistischen Sinn, sondern nur eine besondere Form der Autosuggestion, die sich gut bewährt hat. Die Seele und auch die Tiefenschichten des Geistes, die ebenfalls zur Seele gehören, brauchen bildhafte, leichtverständliche Vorstellungen. Es hat keinen Zweck, autosuggestiv zu sagen: „Ich denke logisch und von Tag zu Tag logischer." Reden Sie mit Ihrem Unterbewußtsein. Das wirkt.

Kommen die Gedanken träge, so beschimpfen Sie nur die faulen Diener der unterbewußten Gedächtnisbibliothek, diese Gedankenzuträger der Reproduktionswerkstätte: „Schneller, schneller, Ihr Faulpelze! Ich brauche Ideen!" Bringen sie schlechtes Material an, so kanzeln Sie die Bibliothekare ab: „Plagt Euch nur! Bereitet Euch in Zukunft besser vor!"

Weisen Sie nichtentsprechende Vorstellungen schon an der Schwelle des Bewußtseins zurück! Auch mit Worten: „Das kann ich nicht brauchen. Zurück damit!"

Gerade durch dieses Abweisen werden die Heinzelmännchen des Unterbewußtseins sehr bald darüber belehrt und dazu gebracht, gleich das Passende zu bringen, zum Beispiel gleich das zu beiden Begriffen des Fragesatzes Passende.

Auf diese Weise kommen Sie in Fühlung mit den Angehörigen Ihrer Werkstatt des Geistes, und Sie lernen diese immer mehr beherrschen. Die unterbewußten Kräfte verhalten sich tatsächlich so, als ob sie intelligente, Ihren Befehlen gehorchende Individuen wären, die sich beschimpfen, aber auch loben (!) lassen und dadurch in Zukunft besser arbeiten, sich besser vorbereiten und Ihre Werkstätte des Bewußtseins mehr und mehr entlasten.

Im Bewußtsein kann zur gleichen Zeit (nach dem Gesetz von der Enge des Bewußtseins) immer nur weniges verarbeitet werden. Je mehr also schon unterbewußt vorbereitet wird, desto mehr Endprodukte können im Bewußtsein zusammengeschweißt werden.

Denken Sie nochmals an das Kreuzworträtsel. Das gesuchte Geistesprodukt mußte drei Bedingungen entsprechen: Fluß, in Afrika, mit drei Buchstaben. Das untrainierte Unterbewußtsein reproduziert zuerst nur Flüsse allgemein, und im Bewußtsein erst wird geprüft, ob die Flüsse auch in Afrika liegen. Das trainierte Unterbewußtsein reproduziert gleich nur afrikanische Flußnamen und kann diese sofort mit der letzten Bedingung „drei Buchstaben" vergleichen. Treffen im Durchschnitt fünf Flußnamen ein, bis ein afrikanischer dabei ist, so wird durch die richtige Anleitung Ihrer unterbewußten Kräfte das Denken rationeller, wie im vorigen Kapitel schon gezeigt wurde. Alles, was wir uns fragen, erarbeiten wir uns auf diese Weise und können wir mit einer solchen Schulung rationalisieren.

In unserem Beispiel können Sie für die Zurechtweisung etwa folgende Worte gebrauchen: „So paßt doch endlich auf! Bringt mir nicht alle möglichen Flußnamen herbei! Nehmt euch in Zukunft zusammen und bringt mir gleich das Ergebnis. Das kann ich doch von euch verlangen."

Es ist sehr amüsant, so mit seinem Unterbewußtsein zu sprechen. Nun sehen Sie auch wieder, warum es so wichtig ist, die Werkstatt des Geistes zu kennen und sie sich bildhaft vorstellen zu können. Sie müssen wissen, an wen in Ihrer Werkstatt Sie sich wenden müssen, von wem Sie im Einzelfalle größere und verbesserte Leistungen verlangen sollen, wer von Ihren geheimnisvollen unterbewußten Mitarbeitern in der Werkstatt des Geistes etwas falsch gemacht hat und zurechtgewiesen werden muß.

9. Die Urteilsfähigkeit und das Gesetz des Widerspruchs

Wir Menschen besitzen ein eigenes Organ oder eine eigene Werkstätte des Geistes, welche die Wahrheit finden und Falsches vom Richtigen scheiden soll.

Die meisten Erfahrungen machen wir nicht direkt selbst, sondern wir erhalten sie mitgeteilt. Es wäre nun wenig zweckmäßig, wenn wir alles, was wir mitgeteilt bekommen, als Erfahrung verwerteten. Das Mitgeteilte kann ja auch falsch, kann eine Lüge sein. Wir würden irren und unzweckmäßig handeln, wenn wir eine fehlerhafte Mitteilung als echte Erfahrung behandelten, wenn wir jeden Irrtum oder jede Lüge glaubten.

Der Schöpfer hat uns unsere Urteilsfähigkeit gegeben, damit wir uns richtig auf der Welt orientieren, um wiederum zweckmäßig handeln zu können.

Die Urteilsfähigkeit vergleicht eine neue Erfahrung, zum Beispiel eine uns mitgeteilte Behauptung, mit früheren Erfahrungen. Wenn eine neue Erfahrung (eine Behauptung) nicht mit früheren Erfahrungen übereinstimmt, so wird sie als falsch verworfen oder überprüft. Auf diese Weise werden wir vor mancher unzweckmäßigen Handlung bewahrt. Dazu ein Beispiel: Wir suchen einen neuen Angestellten. Unter den Bewerbern ist Herr Müller. Aus zuverlässiger Quelle haben wir früher schon erfahren: Herr Müller stiehlt. Nun bewirbt sich Herr Müller um die Stelle und behauptet: „Ich bin ehrlich", d. h. er bringt die Vorstellung: „Müller stiehlt nicht."

Die im Gedächtnis aufbewahrte Vorstellung „Müller stiehlt" stimmt nicht überein mit „Müller stiehlt nicht". Es ist ein Widerspruch vorhanden. Wir glauben Müller nicht, oder wir stellen weitere Ermittlungen an.

In der Logik spricht man vom „Gesetz des Widerspruchs". Die Funktion des Widerspruchs kann in der folgenden einfachen Weise dargestellt werden:

1. Der Fundamentalsatz ist: Nichts kann gleichzeitig sein und nicht sein.
2. Tauchen zwei Vorstellungen auf, von denen die eine ein Sein, die andere ein Nichtsein behauptet, so entsteht ein Gefühl des

Widerspruchs, das als Unlustgefühl empfunden wird, das, ähnlich der Dissonanz in der Musik, unharmonische Schwingungen anzeigt.

In einer bildlichen Modelldarstellung können wir zeichnen:

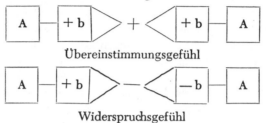

Unser Beispiel:

Widerspruchsgefühl

Taucht ein Widerspruch auf, so wird entweder sofort die neue Behauptung als Irrtum oder Lüge erkannt, falls die eine Vorstellung fest im Wissen fundiert ist. Oder man weiß nur: hier stimmt etwas nicht. Es tritt das Gefühl des Zweifels auf. Man weiß aber in diesem Falle nicht, welche von beiden Aussagevorstellungen nicht stimmt. Man wird weitere Vorstellungen suchen, welche die eine oder die andere Vorstellung entkräften können. Gelingt dies nicht, so bleibt das Gefühl des Zweifels bestehen.

Das Widerspruchsgefühl und das Gefühl des Zweifels drängen uns dazu, die Wahrheit zu finden, den Widerspruch aufzudecken, den Zweifel zu beheben.

10. Wovon hängt die Güte der Urteilsfähigkeit ab?

Die Urteilsfähigkeit ist angeboren. Es gibt urteilsschwache, leichtgläubige und andererseits urteilsstarke, kritische Menschen. Wie jede angeborene Fähigkeit kann sie innerhalb der angeborenen Grenzen verändert, geübt und in ihrer Funktionsweise rationalisiert werden.

Die Leistung der Urteilsfähigkeit ist abhängig

1. von der eigentlichen Urteilsfähigkeit, welche die im vorigen Kapitel dargestellten Funktionen des Zueinanderbringens zweier Vorstellungen und des Auftretens des Widerspruchsgefühles bewirkt.
2. von der Reproduktionsfähigkeit (Gedankenzufluß), welche die richtigen und passenden dazugehörigen Vorstellungen schnell und zuverlässig in das Bewußtsein tragen muß,
3. von dem Schatz an einschlägigen Vorstellungen im Gedächtnis.

Die Urteilsfähigkeit kann trainiert werden, und zwar durch Übung kritisch urteilenden Denkens. Der Schatz an einschlägigen, d. h. für das Urteil brauchbaren Vorstellungen muß durch Lernen erworben werden.

Es ist bekannt, daß Kinder und Unwissende leichtgläubig sind, d. h. ohne Widerspruch alles glauben, weil ihnen vielfach die Vorstellungen, die widersprechen könnten, fehlen.

Die Urteilsfähigkeit setzt also vor allem Lebenserfahrung und Fachwissen voraus. An sich urteilsfähige, kritische Menschen sind nicht auf allen Gebieten erfahrene Kritiker. Ein Fachmann in der Textilbranche wird zwar in seinem Beruf vorzüglich urteilen, er kann aber ein schlechter Theaterkritiker sein und umgekehrt, eben weil es nicht nur auf die Funktionsfähigkeit ankommt, sondern ebenso auf den Schatz an Fachwissen auf dem zu beurteilenden Gebiet.

Aus dieser Erkenntnis geht klar die Forderung hervor: Legen Sie sich, um klar urteilen zu können, Fachwissen zu! Auch für das Urteilen und Beurteilen ist es nicht unbedingt nötig, alles in das Gedächtnis selbst einzulernen. Hier können Sie ebenfalls wieder das Papier-Gedächtnis benutzen. Wenn Sie nach Ihrer Meinung und Ihrem Urteil über irgendeine Sache gefragt werden, können Sie auch in Ihrer Kartei nachsehen. Sie müssen nur wissen, wo das, was Sie brauchen, zu finden ist und — es beurteilen können. Ein großer Denker sagte einmal: Intelligent sein heißt wissen, wo man nachschlagen muß. Wie können Sie Ihre Kritikfähigkeit üben?

Denken Sie stets kritisch! Überlegen Sie stets, wenn Sie etwas Neues hören, lesen, erfahren: Ist es richtig? Ist es wahr? Wider-

spricht dem nichts? Ist es zweckmäßig? Kann ich es brauchen? Nützt es meinem Erfolg?
Dies sind eine Reihe kritischer Fragen, die unabhängig von Fachfragen fast stets beurteilt werden können und sollen.

Die meisten Denkfehler sind nicht in mangelhafter Urteilsfähigkeit und mangelhaftem Wissen begründet, sondern einfach darin, daß man v e r g i ß t , kritisch zu denken und sein Urteilsvermögen zu befragen. Dieses Vergessen beseitigen Sie am besten, indem Sie systematisch üben, sich zu fragen: Was muß ich hier prüfen? Haben Sie das eine Zeitlang geübt, so wird Ihr Unterbewußtsein Ihnen bald ganz von selbst diese Frage anbringen, wenn sie nötig wird. Rufen Sie den zuständigen Bibliothekar Ihres Unterbewußtseins! Weisen Sie ihn an, was er zu tun hat. „Was haben Sie zu tun, Sie Heinzelmännchen? Sie haben aufzupassen und sofort, wenn etwas Entsprechendes im Bewußtsein auftaucht, den Gedanken zu bringen: Was gibt es hier kritisch zu prüfen?"

11. Machen Sie die Bahn frei für Ihre Gedanken

Sie haben sich sicherlich gelegentlich die Frage vorgelegt: . . . Warum fehlt es mir so oft an einem guten Gedanken? Sie haben vielleicht das Gefühl, daß andere auf der gleichen Wissensstufe wie Sie leichter und schneller auf eine gute Idee stoßen.

Sie wissen, daß auch die geistigen Kräfte ständig geübt werden müssen. Nur dann geben diese Kräfte ihr Bestes her. Sie wollen sich aber mit dieser Antwort nicht begnügen und fahnden weiter nach Gründen, die Sie vielleicht ausschalten können.

Es sprechen auch andere Gründe mit, die wir keineswegs einfach hinnehmen müssen. Suchen wir lange genug, so werden wir, neben anderen, folgende feststellen:

1. Manche Gedanken, auf die wir kommen, empfinden wir als so selbstverständlich oder als derart absurd, daß wir sie sofort fallenlassen: „Schade um jede Minute, die ich an diesen Gedanken verschwende."
2. Wir haben einen Gedanken, der uns gut erscheint und sich auch verwirklichen läßt. Wir machen uns sofort an die Arbeit.
3. Wir greifen ein Problem auf und suchen nach einer Lösung.

Wir entdecken einen Weg, den wir gehen können. Wir schlagen ihn ein und gelangen in eine Sackgasse. Wir müssen von vorn anfangen, oder kapitulieren.
4. Wir sehen den Weg, den wir zu gehen haben, klar vor uns. Wir sprechen mit einem anderen über das, was wir tun wollen. Wir glauben, unser Vorhaben richtig dargestellt zu haben. Der andere zerpflückt unseren Gedanken und gebraucht Worte wie „ausgeschlossen". Er zitiert einen Fall, in dem gleiches versucht und nichts erreicht wurde. Wir fühlen uns geschlagen und geben es auf.
5. Wir sind ein Opfer unserer Gewohnheit geworden. Wir tun unsere Arbeit seit Jahren und haben nie eine Panne gehabt. Wir sind ganz stolz darauf und hoffen, daß es so bleiben wird.
6. Wir halten unsere Gedanken zurück, weil sie anders sind, als „man denkt". Wir könnten uns lächerlich machen. Es könnte heißen: „Von dem hätten wir mehr erwartet".

Diese und andere Gründe sprechen mit. Sie sind mit daran schuld, daß es uns so oft an guten Gedanken fehlt.

Räumen Sie mit all diesen Hemmungen auf. Machen Sie die Bahn frei für gute Gedanken. Lassen Sie sich von den Grund-Erkenntnissen leiten:

zu 1.: Das, was wir als selbstverständlich empfinden, ist oft die Lösung. Das, was uns absurd vorkommt, kann das Ei des Columbus sein.

zu 2.: Mancher Gedanke, der gut erscheint und sich auch verwirklichen läßt, wird voreilig aufgegriffen. Wir hätten mehr und Besseres erreicht, wenn wir nicht so schnell zufrieden gewesen wären. Sie wissen, der beste Gedanke läßt oft auf sich warten.

zu 3.: Hier kann der Fehler sein: Oft meinen wir zu wissen, um was es geht, und verzichten darauf, uns zunächst über das Problem klarzuwerden. Sie wissen, wir sollen uns vorantreiben. Das darf aber niemals auf Kosten der Aufgabe gehen, die wir zu bewältigen haben. Zuerst müssen wir klar sehen. Erst dann können wir uns an die Lösung machen.

zu 4.: Diese Menschen sind meistens davon überzeugt, daß sich das, was einmal schiefgegangen ist, niemals verwirklichen läßt. Sie bedenken nicht, daß jede Situation anders ist und daß manches, was wir vielleicht heute tun können, gestern tatsächlich unmöglich war.

zu 5.: Wer es als einen „Erfolg" ansieht, noch nie eine Panne gehabt zu haben, und sich mit diesem Erfolg begnügt, wird niemals sein Leistungsvermögen mehren.

zu 6.: Wer es nicht wagt und es nicht auf sich nimmt, sich auch einmal zu blamieren, ist zu Großem nicht berufen. Er wird immer ein kleiner Mensch bleiben.

12. Lernen Sie, mit Ihren Gedanken umzugehen

Manche der Spielregeln, die zu beachten sind, haben wir bereits aufgezeigt, im letzten Abschnitt und an anderen Stellen. Auf andere Spielregeln, die in Ihrem Lebensbereich vielleicht noch mehr bedeuten, werden Sie selber gekommen sein. Fassen wir zusammen und ergänzen wir, so können Sie leicht und schnell übersehen, welche Sie bereits beherrschen und welche Ihnen noch nicht so vertraut sind.

1.

Auf höherer, positiver Ebene ist jeder Gedanke, der uns kommt, produktiv, indem er einen oder mehrere andere Gedanken zeugt und zu Gedanken-Verbindungen führt.

Was Gedanken-Verbindungen für den Menschen bedeuten, wußten schon Plato und Aristoteles.

2.

Menschen, die immerfort aufnahmebereit sind, fällt in jeder Situation etwas ein, was sich als wertvoll erweisen kann. Das kann in der Straßenbahn, im Café, auf einer Gesellschaft oder bei der Arbeit sein.

3.

Wir nehmen etwas wahr und denken an etwas, das naheliegt, vergleichbar oder gegensätzlich ist.

4.

Wir pflegen den Gedanken nachzuhängen, die uns liegen. Das ist gut so. Wir können nicht alles in uns aufnehmen. Es kann aber auch sein, daß wir etwas erblicken oder wahrnehmen, was uns fremd und neu ist und mit dem wir trotzdem etwas anfangen sollten. Beschränken wir uns, seien wir aber vorher kritisch.

5.

Wir können passiv sein und auf Gedanken stoßen. Wir können aber nicht passiv bleiben und von einem Gedanken profitieren. Schon wenn wir wahrnehmen, müssen wir aktiv sein.

6.

Wir sind aktiv. Wir haben ein Problem zu lösen. Wir können so vorgehen:

... Wir machen uns mit dem Problem vertraut.

... Wir bereiten uns vor, wir setzen unser Wissen und unsere Erfahrung ein, wir sammeln das Material, das wir brauchen.

... Wir denken darüber nach, wie sich das Problem vielleicht lösen läßt, wir machen uns Notizen.

... Wir hängen unseren Gedanken nach und stoßen auf neue Ideen, wir sind schöpferisch.

... Wir wägen ab, was uns eingefallen ist, wir streichen und ergänzen, wir kombinieren, wir sind kritisch, wir machen aber auch Gebrauch von unserem Vorstellungsvermögen.

... Haben wir Zeit, so unterbrechen wir uns hier und lassen das Problem erst einmal ruhen. Wir berücksichtigen all die Gedanken, die sich als Nachzügler einstellen.

... Wir beurteilen das, was geblieben ist, und entscheiden uns.

So können Gedanken entwickelt und Lösungen gefunden werden.

7.

Wir machen es uns zur Gewohnheit, die Gedanken, die uns kommen, nicht nur abzuwägen und einzuschätzen, zu belassen oder zu streichen. Wir gehen weiter, arbeiten unsere Gedanken aus, kombinieren sie, um so auf weitere Gedanken zu kommen.

8.

Wir haben unsere Gedanken zu präsentieren, um einen anderen für unsere Idee zu gewinnen.

Wir lassen, wenn es möglich ist, unseren Gedanken reifen. Wir machen uns mit allen Einzelheiten vertraut, auch mit den Möglichkeiten, wie er aufgenommen wird, auch mit dem, was wir erwidern könnten.

Wir tragen unseren Gedanken so vor, daß der andere sich selber davon überzeugen kann, daß unsere Idee gut ist. Wir sagen zunächst nicht zuviel und nicht zuwenig. Wir leiten ein Gespräch ein und beteiligen den anderen, indem wir Fragen stellen und Antworten auslösen, die für unsere Idee sprechen. —

Diese Übersicht ist noch lange nicht vollständig. Benützen Sie sie als eine Plattform. Halten Sie Umschau nach weiteren Erkenntnissen, die Ihnen zugute kommen können.

13. Mehren Sie Ihr Vorstellungsvermögen

Sie wissen, daß Sie sich vieles vorstellen können. Sie waren schon oft schlagfertig und trafen das Richtige. Wissen Sie aber auch, wie weit Ihr Vorstellungsvermögen reicht und wie Sie dieses kostbare Gut mehren können?

Zu lernen ist wichtig. Nachzudenken und sich vorstellen zu können, kann noch wichtiger sein. Sie werden Menschen getroffen haben, über die Sie erstaunten. Ganz gleich, wovon die Rede war, immer waren sie gleich im Bilde. Immer hatten sie eine passende Antwort bereit. Sie werden aber auch Menschen begegnet sein, die eine „lange Leitung" hatten und die sich in Redewendungen ergingen wie: „Das begreife ich nicht" — „Ich kann mir nicht vorstellen..." Vielleicht w o l l t e n diese Menschen etwas nicht begreifen. Es paßte nicht in ihr Konzept hinein. Für sie galt das Wort: Was nicht sein soll, kann nicht sein, ist nicht. Wahrscheinlicher ist, daß sich diese Menschen um ihr Vorstellungsvermögen nie gekümmert hatten. Es war da und wurde gelegentlich eingesetzt. Die meiste Zeit über lag es aber brach und nahm ab. Nie war es diesen Menschen eingefallen, daß sich auch das Vorstellungsvermögen mehren läßt.

Setzen Sie auch im Alltag so oft wie möglich Ihr Vorstellungsvermögen ein. Tun Sie das nicht nur dann, wenn es sein muß. Benützen Sie nicht nur Kreuzworträtsel und Wortbilder. Denken Sie sich auch Situationen aus und prüfen Sie, wie weit Ihr Vorstellungsvermögen reicht. Sie werden nach einigen Übungen feststellen, daß Sie reicher geworden sind.

Zu den bekannten Übungsaufgaben zählen zwei Fragen:
1. Sie sind auf einem Schiff, mitten auf dem Ozean. Es ist Nacht. Sie sind in Ihrer Kabine und wollen sich gerade hinlegen. Plötzlich ertönt der Ruf: „Feuer!" Wie würden Sie sich verhalten?
2. Ihr Büro befindet sich in einem Hochhaus auf dem höchsten Stockwerk. Sie wollen gerade zum Essen gehen. Sie hören das Signal der Feuerwehr und vernehmen im Haus den Ruf: „Feuer!" Sie öffnen die Tür. Schwere Rauchwolken dringen in Ihr Zimmer. Sie meinen, ein Knistern zu hören. Sie schlagen die Tür zu und verhalten sich jetzt — wie?

Malen Sie sich ruhig aus, wie Sie sich in einem solchen oder ähnlichen Fall verhalten würden. Vergessen Sie aber nicht:

- Keiner von uns kennt sich so gut, daß er mit Bestimmtheit sagen könnte: So würde ich mich bei einer solchen Katastrophe verhalten.
- Jede Situation ist anders, und sie bestimmt das Verhalten des Menschen.

Gewinnbringender ist es, Sie üben an Situationen, die Sie selber erlebt haben, oder Sie benützen Situationen, von denen Sie gehört oder gelesen haben. Einige der vielen Möglichkeiten zeigen Ihnen folgende Beispiele auf:

1.

Für den Nachmittag ist eine Arbeitsbesprechung angesetzt. Die Teilnehmer sind Ihnen bekannt. Sie selber wollen einen Vorschlag machen. Es ist Ihnen sehr daran gelegen, daß dieser Vorschlag angenommen wird. Sie haben sich vorbereitet und wissen genau, was Sie sagen wollen. Nur über das „Wie" machen Sie sich noch Gedanken. Setzen Sie jetzt Ihr Vorstellungsvermögen ein. Vergegenwärtigen Sie sich jeden Teilnehmer: Wie werden sie reagieren? Welche Interessen haben sie? Wie müssen sie angesprochen werden? Was ist sonst noch zu berücksichtigen?

2.

Sie sind im Urlaub und wohnen in einem Hotel. Im großen ganzen gefällt es Ihnen dort. Einige kleine Schönheitsfehler gibt es überall.

Draußen regnet es. Sie sitzen in Ihrem Zimmer. Gedanken kommen und gehen. Sie schalten ein auf die Frage: Was könnte anders oder mehr in diesem Hotel getan werden, um die Gäste noch mehr zufriedenzustellen? Sie versetzen sich in die Lage des Besitzers, seiner Mitarbeiter und der anderen Gäste. Später unterhalten Sie sich mit denen, deren Rolle Sie in Gedanken gespielt haben. Jetzt können Sie feststellen, ob Ihre Gedanken abwegig waren oder nicht.

3.

Sie sitzen des Abends zufrieden zu Hause. Sie lassen Ihre Gedanken wandern. Sie rufen sie zurück und konzentrieren sie auf Ihr Zimmer. Sie greifen Fragen auf wie:

- Könnte ich dieses Zimmer noch gemütlicher gestalten?
- Stehen die Möbel richtig? Sind die Gegenstände, die ich täglich brauche, leicht greifbar?
- Fehlt etwas, oder ist etwas überflüssig?

Vielleicht ist es auch Ihr Wagen, Ihre Kamera, Ihr Garten oder Ihr Büro, zu denen Sie Ihre Gedanken führen.

Setzen Sie Ihr Vorstellungsvermögen ein — als Übung.

4.

Weihnachten und Geburtstage sind gute und nützliche Übungszeiten. Stellen Sie sich jeden der Menschen vor, dem Sie eine besondere Freude bereiten wollen. Denken Sie sich ein Geschenk aus, auf das „man" nicht kommt.

5.

Lesen Sie einen Roman, eine Novelle oder eine Kriminalgeschichte, jedoch nur zur Hälfte. Dann klappen Sie das Buch zu und beenden die Geschichte so, wie es Ihnen gerade in den Sinn kommt. Vergleichen Sie Ihre Arbeit mit dem Original. Seien Sie kritisch. Erwarten Sie aber nicht, daß Ihr Ende dem des Buches gleicht. Ein jeder von uns hat seine eigenen Gedanken. Es könnte sein, daß Sie besser abgeschnitten haben.

Benützen Sie auch Theaterpausen, sich auszumalen, wie das Stück, das Sie nicht kennen, wohl enden werde.

Und wenn Sie häufiger in dasselbe Restaurant oder Café kommen, so werten Sie auch die Zeit, die Sie dort zubringen, aus, um Ihr

Vorstellungsvermögen zu mehren. Machen Sie sich Gedanken über die Gäste, die Sie dort öfters sehen, ohne sie zu kennen. Fragen Sie sich unter anderem:

- Was stellen sie wohl im Leben vor?
- Was ist wohl ihr Beruf?
- Was bestimmt wohl ihr Verhalten?
- Wie komme ich zu einer solchen Schlußfolgerung?

Wenn Sie Glück haben, können Sie vom Wirt, vom Kellner oder von einem Stammgast, den Sie kennen, erfahren, inwieweit Sie sich geirrt haben. Ihre Gedanken können aber auch Treffer gewesen sein.

6.

Bilden Sie sich ein, Sie suchen einen Mitarbeiter, der bestimmte Fähigkeiten und Eigenschaften aufweisen muß. Sie wissen, daß es schwer ist, einen solchen zu gewinnen. Sie entschließen sich zu einer Anzeige in einer Tageszeitung und in einer Fachzeitschrift. Entwerfen Sie diese Anzeigen. Versetzen Sie sich dabei in die Lage derer, für die Ihre Anzeige bestimmt ist. Sprechen Sie diese Menschen so an, daß sie auf Ihre Anzeige positiv reagieren. Vermeiden Sie die üblichen Redewendungen. Treten Sie aus Ihrem Ich heraus und klopfen Sie an die Tür des Menschen, den Sie suchen.

14. Verbessern Sie die Qualität Ihrer Gedanken

Sie müssen anspruchsvoll sein. Sie dürfen sich nicht mit der ersten besten Antwort, die auftaucht, begnügen.

Wählen wir als Beispiele drei Fälle, die normale Situationen widerspiegeln:

1. Sie suchen nach einer Antwort zu der Frage: Wie kann ich den Kontakt zu den Menschen festigen, die zu meinem Lebenskreis gehören?
2. Sie stehen vor der Aufgabe, einen wichtigen Bericht oder eine schwierige Abhandlung zu schreiben. Die Arbeit müssen Sie in vierzehn Tagen abgeben.
3. Sie wollen eine Fremdsprache beherrschen. Auf der Schule haben Sie Englisch oder Französisch gelernt. Sie haben aber das meiste vergessen.

Sie können so vorgehen: Sie denken nach und kommen in kurzer Zeit zu folgenden Ergebnissen:

zu 1.: Ich muß öfters von mir hören lassen, ich muß die anderen fühlen lassen, daß ich sie schätze. Ich muß ein Freund sein, um sie als Freunde zu haben.

zu 2.: Der Bericht oder die Abhandlung ist erst in vierzehn Tagen fällig, anderes ist gleich zu erledigen. Was ich zu sagen habe, weiß ich. Es genügt, wenn ich mich zwei Tage vorher an die Arbeit mache.

zu 3.: Ich habe Englisch oder Französisch auf der Schule gelernt. Französisch ist nicht so wichtig. Englisch sollte jeder sprechen. Das Beste wird also sein, ich frische meine alten Schulkenntnisse auf und suche dann nach einer guten Gelegenheit, mich in der englischen Konversation zu üben.

Die Gedanken, die wir wiedergegeben haben, sind nicht schlecht. Würden wir sie verwirklichen, hätten wir sicher einen Gewinn. Die Qualität läßt sich aber verbessern. Übernehmen Sie diese Aufgabe. Denken Sie sich mehr Antworten, aber auch mehr Zwischenfragen aus. Machen Sie sich Notizen. Notieren Sie jeden Einfall und jede Zwischenfrage. Lassen Sie sich die Zeit, die Sie brauchen, aber auch nicht mehr. Der beste Einfall kommt oft zuletzt. Denken Sie an unsere Beispiele zurück und lassen Sie sich jetzt folgende Fragen durch den Kopf gehen:

zu 1.: Welche Interessen haben die Menschen, zu denen ich den Kontakt pflegen will?
Wie kann ich diese Interessen fördern?
Wäre es vielleicht gut, diese Menschen auf alles aufmerksam zu machen, was ich wahrnehme und was sie interessiert?
Wie empfinde ich es, wenn mir ein anderer nach einem Zusammensein sagt: „Danke für den Abend"?

zu 2.: Wer kann mir noch einen guten Tip geben?
Wo finde ich noch etwas, das wichtig ist?
Lassen sich diese beiden Fragen nicht besser beantworten, wenn die Arbeit vorliegt?
Kommen mir nicht oft die besten Gedanken erst dann, wenn ich geschrieben habe?

zu 3.: Wäre es nicht vielleicht doch vorteilhafter für mich, eine andere Fremdsprache zu lernen und daneben meine englischen Kenntnisse aufzufrischen?
Welches Ausland spielt auf meinem Berufsgebiet eine besondere Rolle?
Für welches Ausland interessiere ich mich?
Begnügen Sie sich aber nicht mit diesen Zwischenfragen. Lassen Sie sich mehr einfallen, was voraussichtlich besser zu Ihnen paßt. Sie können die Qualität Ihrer Gedanken verbessern. Unsere Beispiele sind einer Fülle von Einzelfällen entnommen. Üben Sie mit Beispielen, die Ihnen einfallen, die für Sie wichtiger sein können.

15. Zweifeln Sie!

Wir zweifeln zuviel und wir zweifeln zuwenig. Wir zweifeln zu oft an dem guten Willen unserer Mitmenschen. Wir wären besser daran, schenkten wir mehr Vertrauen. Wir zweifeln zu oft an einer Arbeit, die wir erledigt haben — ob sie wohl so gelungen ist, daß die anderen sie anerkennen. Wir können nicht mehr tun, als unser Bestes hergeben. Und ein Werk vollenden heißt, ihm den Gnadenstoß geben. Wir wissen, daß jedes Werk besser gemacht werden kann. Wir können aber nicht an einem Werk für immer arbeiten. Eines Tages müssen wir ihm den Gnadenstoß geben.

Doch der Zweifel, dem wir das Wort reden, reicht weiter. Denken Sie an all das, was Sie von anderen übernehmen. Es heißt, es sei gut, sei richtig und habe sich bewährt. Überlegen Sie sich, wie häufig Sie nichts anderes sind als ein Kopist, ein Echo.

Wir müssen von anderen lernen. Damit allein werden wir aber nicht den Aufgaben gerecht, die wir uns gestellt haben, wir, die mehr leisten wollen.

Sie wollen Spitzenleistungen erzielen, aus der Masse heraustreten. Um dieses Ziel zu erreichen, bleibt Ihnen nur der Weg, von anderen zu lernen, aber nichts als selbstverständlich hinzunehmen.

Jede Lernaufgabe bringt neue Fragen. Wer auf solche Fragen verzichtet, wird sich niemals hervortun. Wer sie aufgreift, gewinnt einen Lehrer, der nicht hoch genug eingeschätzt werden kann und ihm immer zur Verfügung steht. Sein Name ist — Ich. Sie selber sind dann Ihr bester Lehrer.

Sehen Sie sich in der Welt der Arbeit um. Es ist gleich, in welche Richtung Sie blicken. Ob es das Büro, die Werkstatt oder eine Forschungsstätte ist: immer werden Sie an der Front des Erfolges die Menschen antreffen, die keine Methode und keine Lösung annehmen, ohne daran zu zweifeln, ob es wirklich die beste Lösung, die beste Methode ist. Sie werden sich auch niemals mit dem Wort „unmöglich" zufriedengeben. Und wenn die Erfahrungen von gestern und die Erfahrungen von heute dagegen sprechen, so wissen Sie: heute ist nicht morgen. Was gestern unmöglich war, kann morgen sehr wohl möglich sein.

Die anderen, dichtgedrängt irgendwo im Hintergrund, sind gläubige Kopisten. Sie denken, sprechen und handeln so, wie „man" es tut.

Fassen Sie das Wort von Descartes: „Zweifle an allem" positiv auf. Erheben Sie dieses Wort zu Ihrem Leitwort. Lesen Sie nach, wie berühmte und nicht berühmte Menschen auf Gedanken stießen, die das, was als unmöglich galt, möglich machten.

Merksätze — Wegweiser

- *Gedanken-Verbindungen bringen Lösungen.*
- *Kritisch denken heißt positiv denken.*
- *Denken Sie an das Ei des Kolumbus.*
- *Die besten Gedanken lassen oft auf sich warten.*
- *Was gestern unmöglich war, kann heute möglich sein.*
- *Wer seine Arbeit versteht, ist nicht deswegen allein schon erfolgreich.*
- *Studieren Sie Situationen.*
- *Meiden Sie die Kopie und das Echo.*

VIII. Kapitel

Die schöpferische Arbeit

1. Die schöpferische Leistung

Im Abschnitt über die Geistesprodukte sprachen wir von den geistigen Leistungen des Alltags und des normalen beruflichen Lebens. Die eigentliche schöpferische Leistung muß jedoch ein Geistesprodukt sein, das e t w a s   n e u e s   A l l g e m e i n e s ist, nicht nur für den Augenblick und für den Einzelfall zugeschnitten.

Wollen Sie eine Erfindung machen, eine neue Theorie aufstellen, ein neues Wissen über irgendeine Sache erarbeiten, einen Entwurf für ein neues Unternehmen herausbringen, einen neuen, zugkräftigen Werbetext skizzieren, so müssen Sie etwas Neues schaffen, ein noch nicht dagewesenes Geistesprodukt erzeugen.

Allerdings dürfen Sie „etwas Neues" nicht wörtlich nehmen. Etwas Neues läßt sich nur in wenigen Ausnahmefällen schaffen. Fast jede schöpferische Leistung beruht auf Ideen, die schon verwirklicht worden sind. Sie müssen darauf aus sein, aus Altem Neues zu schaffen. Wer es sich zur Gewohnheit gemacht hat, schöpferisch zu denken, wird sich nie mit dem zufriedengeben, was ist. Eine Maschine mag noch so wertvolle Dienste leisten, ein Produkt mag sich noch so gut absetzen lassen, eine Arbeitsmethode mag sich noch so gut bewährt haben: Sie dürfen trotzdem nicht befriedigt die Hände in den Schoß legen. Ganz gleich, welche Tätigkeit Sie ausüben, eine schöpferische Leistung muß immer Ihr Ziel sein. Haben Sie dieses Ziel erreicht, dann gilt es, einem neuen zuzusteuern.

Vielleicht sollten wir an dieser Stelle mit einem Irrglauben aufräumen, der allzu verbreitet ist: mit der Ansicht, das Gebiet der schöpferischen Leistung sei ein Reservat für Künstler, Erfinder und andere Genies. Nähmen wir uns die Zeit, in der Geschichte der schöpferischen Leistungen Umschau zu halten, so würden wir über

die ungezählten Fälle erstaunt sein, in denen Menschen wie wir ungewöhnliche schöpferische Leistungen vollbracht haben.
Wahrhaft schöpferische Leistungen gelingen am besten, wenn bisher unkombinierte geistige Rohstoffe zusammengebracht werden.
Sie dürfen sich nicht von der Vorstellung beeinflussen lassen, daß fast alles vorhandene Wissen schon einmal kombiniert wurde, daß alle Möglichkeiten der Kombination ausgenutzt wurden. Sie müssen sich von dem Gedanken leiten lassen, daß wir, sofern wir darauf aus sind, ständig neue Beobachtungen und neue Erfahrungen machen, die uns sehr wohl auf neue Kombinations-Möglichkeiten bringen können. Sodann müssen Sie bedenken, daß manche schöpferische Leistung nur deshalb unterblieb, weil der Gedanke, dieses oder jenes zu kombinieren, zu absurd erschien.

Bringen Sie zwei oder mehr Teile zusammen, die, soweit Sie wissen, bisher nicht miteinander verbunden worden sind, so bieten sich Ihnen in mehr Fällen, als Sie wahrscheinlich ahnen, Möglichkeiten für Neuschöpfungen und Neu-Kombinationen. Sie kommen auf Gedanken, auf die Sie sonst nicht gestoßen wären. Die Ergebnisse können sein: neue Ideen oder Theorien, Erfindungen oder Pläne.

Vielleicht sind Sie gar nicht der erste, der einen solchen neuen Gedanken aufgreift. Schon vor Ihnen versuchte einer sein Heil. Doch der Erfolg blieb aus. Trotzdem kann Ihnen das Werk gelingen. Sie besitzen das, was der andere nicht besitzen konnte: Ihre Gedanken, Ihre Beobachtungen, Ihre Erfahrungen und — Ihr Vorstellungsvermögen.

Ein Ingenieur brachte nach dem Kriege eine ganze Reihe von Erfindungen heraus, und zwar zum Teil neuartige, zum anderen Teil verbesserte medizinische Instrumente und Apparaturen. Die Ursache für diese Erfindungen war, daß er im Kriege zufällig als Sanitätssoldat in ein Lazarett gekommen war und dort im Operationssaal Verwendung gefunden hatte. Für seine Erfindungen konnte er nun chirurgische Erfahrungen und dort gesehene technische Mängel mit seinem technischen Wissen kombinieren.

Viele andere Sanitäter, die gleich ihm über technisches Wissen verfügten, kamen in die gleiche Lage und werteten sie doch nicht aus. Sie nahmen das, was sie vorfanden, als gegeben hin, bemängelten vielleicht dieses oder jenes, ließen es aber bei der negativen Kritik.

Fruchtbar ist auch meist die Verwendung fremdländischen Wissens für Neukombinationen. In einem Land wird auf einem Gebiet so ziemlich alles zu Ende kombiniert, weil die Bausteine allen zur Verfügung stehen. Kommt aber fremdes Wissen durch das Studium fremdsprachiger Fachliteratur hinzu, so werden viele noch unbenutzte Bausteine gefunden.

Manchmal läßt sich um einen einzigen neuen Gedanken ein ganzes Gebäude von neuen Geistesprodukten errichten. Viele Philosophen haben mit einem einzigen neuen Gedanken eine ganze neue Lehre aufgebaut.

Der eine Gedanke, daß die Kraft des Dampfes Maschinen treiben kann, hat die moderne Industrie und den modernen Verkehr entstehen lassen, und zwar dadurch, daß dieser Gedanke immer wieder mit neuen, anderen nützlichen Gedanken kombiniert wurde.

Vor einem müssen wir uns wiederum hüten: fremdes Ideengut einfach aufzugreifen und so, wie wir es gefunden haben, zu verwenden. Das geht in den meisten Fällen schief. Dabei brauchen wir gar nicht gleich an das Ausland zu denken. Gedanken, die in einem Betrieb verwirklicht wurden und zu dem gewünschten Erfolg führten, können sich in einem anderen Betrieb negativ auswirken. Ein jeder Betrieb hat seine Menschen, und ihnen müssen Gedanken und Handlungen angepaßt werden. Suchen Sie, wenn immer Sie eine Gelegenheit haben, nach fremdem Ideengut. Versäumen Sie aber nie, es vor dem Gebrauch den Menschen und all den Umständen anzupassen, mit denen Sie es zu tun haben.

2. Der schöpferische Mensch

Wir wissen:

- die Fähigkeit, schöpferisch zu denken und schöpferisch zu sein, ist keine Gabe, die nur wenigen Menschen verliehen wird;
- das Vermögen, schöpferisch zu denken und schöpferisch zu sein, ist verschieden;
- den Grad der schöpferischen Leistung bestimmen der Wille und die Übung.

Es ist aber auch festgestellt worden, daß Alter, Geschlecht und Ausbildung nicht ausschlaggebend sind, daß es vielmehr immer in erster Linie auf die Willenskraft, die Ausdauer und die Übung ankommt.

Gewiß hat es Menschen gegeben, die sich in jungen Jahren durch ungewöhnliche Leistungen auszeichneten und später im Leben so gut wie nichts vollbrachten. Doch hier sprachen zumeist andere Gründe mit.

Auf keinen Fall ist es so — wie schon behauptet worden ist — daß ein Mensch, der es bis zu seinem vierzigsten Lebensjahr zu nichts gebracht hat, ein hoffnungsloser Fall sein muß. Lesen Sie über das Leben berühmter Persönlichkeiten nach.

Tatsache ist, daß ein Mensch mit 70 oder sogar mit 80 Jahren genauso schöpferisch sein kann wie mit 30. Tatsache ist es auch, daß viel zuviele Menschen den Kampf, voranzukommen und leistungsstärker zu werden, zu früh aufgeben und sich mit dem abfinden, was sie bisher geleistet haben.

Auch das stimmt: viele Menschen, die eine höhere Schule oder gar eine Universität besucht haben, bleiben Zeit ihres Lebens ideenarm. Dagegen stammen viele der besten Ideen von Menschen, die Laien waren oder keine besondere Ausbildung genossen hatten.

Somerset Maugham hat recht: Wir werden um so reicher an Ideen sein, je häufiger wir uns im Denken üben.

Seien Sie dankbar, wenn Sie in Ihrem Leben immer wieder vor schwierige Situationen gestellt werden. Es sind die Klippen, über die Sie hinweg müssen, um immer mehr leisten zu können.

3. Die schöpferische Kraft

Walt Disney soll die Kraft, die uns denken läßt, unsere „geistigen Muskeln" genannt haben. Diesen Vergleich sollten Sie sich merken. Auch bei unseren geistigen Kräften stellt sich Muskelschwund ein, wenn wir sie nicht ständig üben und stählen.

Sie wissen: um unsere geistigen Kräfte üben und entfalten zu können, brauchen wir neben einem festen Willen — Wissen und Erfahrung. Dabei sollten wir das Wort „Erfahrung" unterstreichen. Was wir selber erlebt haben, pflegt weit besser zu haften als das, was wir „nur" studiert haben.

Sie sammeln Ihre Erfahrungen überall dort, wo Sie beruflich tätig sind. Unterschätzen Sie aber nicht die anderen Erfahrungen, die Sie sich zulegen können und die mit Ihrer beruflichen Tätigkeit nichts zu tun haben. Auch diese Erfahrungen und Erlebnisse können Ihnen mehr Eindrücke vermitteln, als Sie vielleicht ahnen. Und diese Eindrücke können sich wiederum sehr positiv auf Ihre geistigen Kräfte, auf Ihre schöpferische Kraft auswirken.

Es heißt: Reisen bildet. Jede fremde Umgebung, in die Sie kommen, mag sie fern oder nahe gelegen sein, bietet Ihnen neue Eindrücke in Hülle und Fülle, wenn Sie aufnahmebereit sind. Sie werden angeregt, Vergleiche anzustellen mit dem, was Ihnen schon bekannt ist. Sind Sie aber erst einmal auf diesem Weg, dann pflegt es nicht lange zu dauern, bis Ihre geistigen Kräfte auch andere Gedanken erfassen, die Ihnen in der altgewohnten Umgebung vielleicht nie gekommen wären.

Wir brauchen von Zeit zu Zeit neue Tapeten, neue Anregungen. Wir brauchen Mußestunden, in denen wir träumen. Und wir brauchen — neue Menschen. Und gerade diesen Kontakt kann uns ein Abstecher in eine fremde Umgebung schneller und leichter vermitteln als der Alltag daheim.

Verfallen Sie aber auch im Alltag nicht in den Fehler, sich nur mit Menschen zu umgeben, die sich so wie Sie bewegen, gleiche Gedanken, gleiches Wissen und gleiche Interessen haben. Jene Mitmenschen, welche anders sind, ganz anders, stellen an Ihre schöpferische Kraft die höchsten Ansprüche. Ergründen Sie deren Verhalten. Versetzen Sie sich in ihre Lage und versuchen Sie, diese Menschen zu verstehen. Besser können Sie Ihre schöpferische Kraft nicht üben. Wählen Sie sich als Vorbild einen Ingenieur. Er ist etwa 40 Jahre alt und lebt in einer Großstadt. Wann immer er Zeit hat, durchwandert er einen Stadtteil oder einen Vorort. Dort nimmt er Kontakt mit Menschen auf, die er sonst nicht zu treffen pflegt. Er weiß, daß ihm diese Spaziergänge schon manchen guten Einfall eingebracht haben.

Sie können noch mehr tun: Da sind die Wartezeiten, die uns ärgern. Da ist eine Veranstaltung, an der wir teilnehmen müssen, obwohl sie uns nicht interessiert. Denken Sie aber auch an die Zeiten, die

Sie in einer Wirtschaft oder auf der Bahn zubringen. Nützen Sie diese Zeiten aus. Nehmen Sie sich aber keine besondere Arbeit vor. Lassen Sie Ihren Gedanken freien Lauf. Studieren Sie das Verhalten, die Mienen, Gesten und Worte der Menschen, die Sie — entdecken. Seien Sie neugierig. Versuchen Sie — wir wiederholen es — zu erkunden, warum sich die Menschen so verhalten, wie Sie es beobachten, und überlegen Sie, wer diese Menschen wohl sein mögen. Gebrauchen Sie Ihre Phantasie. Ziehen Sie Ihre Schlußfolgerungen, auch wenn Sie diese nicht überprüfen können. Sie üben Ihre schöpferische Kraft und stoßen außerdem wahrscheinlich auf Fragen und Erkenntnisse, die sich gut gebrauchen lassen.

Das Wort vom Alltag hat keinen guten Klang. Wir denken sofort an all das, was wir tun müssen und nicht gern tun — an etwas, das uns drängt und uns keine Zeit läßt für das, was wir tun möchten. Schließen Sie sich den wenigen Menschen an, die es gelernt haben, auch aus dem Alltag das Beste zu machen. Auch alltägliche Situationen haben etwas zu bieten. Gehen Sie diesem nach. Schulen Sie Ihre geistigen Kräfte an jeder Situation. Auch die Menschen, mit denen Sie tagtäglich zusammenkommen, sind meistens nicht so bekannt, daß sie Ihnen gar nichts mehr zu sagen hätten, daß Sie an ihnen nicht immer wieder etwas Neues entdecken könnten. Studieren Sie auch diese Menschen jeden Tag aufs neue — und wäre es nur, um Ihre geistigen Kräfte zu üben.

4. Spotten Sie nicht über die Phantasie

Wir haben von dem Vorstellungsvermögen und der Vorstellungskraft gesprochen und das Wort „Phantasie" nur hier und da auftauchen lassen. Wir wissen, daß dieses Wort oft mißverstanden und mißdeutet wird. Viele denken sofort an einen Menschen, der in Wolkenkuckucksheim zu Hause ist, voll von Phantasien, die sich niemals verwirklichen lassen.

Richtig ist, daß viele Menschen ein Opfer ihrer Phantasie geworden sind. Denken wir an Menschen, die sich verkannt fühlen, die glauben, Märtyrer des Schicksals zu sein, oder die es immer mit der Angst zu tun haben. Denken wir aber auch an alle jene, die in den Tag hineinträumen, nichts fertigbringen und Gedanken nachjagen, die mit der Wirklichkeit nichts mehr zu tun haben.

Das sind Menschen, die ein Opfer ihrer Phantasie werden, Willensschwache, unfähig, ihr Vorstellungsvermögen zu verwalten und ihre Gedanken zu meistern.

Bemitleiden Sie diese Menschen, helfen Sie ihnen, wenn Sie können, spotten Sie aber nicht über die Phantasie. Die positive Phantasie ist eine Gabe, die wir nicht hoch genug einschätzen können. Schöpferisches Denken ist das Reservat des Menschen.

Allzuviele wissen gar nicht, was alles ihr geistiges Auge vermag. Es vermag unendlich viel. Hier sind einige wenige Beispiele:

1. Wir malen uns eine Situation aus, in der wir nie waren. Wir führen uns Einzelheiten vor Augen. Wir fühlen uns vertraut mit dem, was wir uns ausgedacht haben. Wir haben einen Nutzen von dem, was wir uns veranschaulicht haben.

2. Wir denken zurück. Wir machen uns die Vergangenheit lebendig. Wir reproduzieren das, was wir einst erlebt haben, und machen uns das zunutze.

3. Wir studieren eine Landkarte oder Blaupause. Wir sehen vor unserem geistigen Auge das in Wirklichkeit, was skizziert ist.

4. Wir ruhen aus und entspannen uns, wir meditieren. Auf einmal spielt sich vor unserem geistigen Auge ein Vorgang ab, mit dem wir uns dann produktiv auseinandersetzen.

5. Wir erleben einen Menschen, ein Theaterstück, ein Buch oder eine Landschaft. Wir werden an etwas aus der Vergangenheit erinnert. Wir kommen auf Gedanken, die wir brauchen.

Benützen Sie Ihr geistiges Auge, und denken Sie sich mehr Beispiele aus.

Wollen Sie schöpferisch sein, müssen Sie von dem ausgehen, was Sie wissen, und nach dem fahnden, was Sie nicht wissen, nicht erlebt und nicht erprobt haben. Sie müssen darauf aus sein, möglichst viel zu entdecken, um aus möglichst vielen Quellen schöpfen zu können. Die wichtigste Quelle kann Ihre Phantasie sein.

Haben Sie schon einmal einem Meisterkoch — es kann Ihre Frau sein — bei der Arbeit zugeschaut? Das Material und die Zutaten, die er verwendet, sind bekannt und werden täglich unzählige Male gebraucht. Und doch sind die Gerichte, die der Meisterkoch zustande bringt, anders. Ihm glückt es immer wieder, aus Altbekanntem Neues herzustellen — dank seinem Vorstellungsvermögen, dank seiner Phantasie.

5. Zweckmäßiges Kombinieren

Wir sprachen davon, daß es bei der geistigen Produktion sowohl auf die Quantität (Menge) als auch auf die Qualität (Güte) der Geistesprodukte ankommt. Zur Qualität gehört nun vor allem die Zweckmäßigkeit.

Das Geistesprodukt muß praktisch brauchbar sein, es muß für den Erfolg von Wert sein. Wenn ein Chemiker tausend neue chemische Verbindungsmöglichkeiten folgert, so nützt das wenig, wenn er sich dabei nicht gleichzeitig die Frage stellt: Kann ich diese neuen Stoffe auch praktisch für irgendeinen Zweck gebrauchen?

Die Zweckmäßigkeit, und damit der praktische Wert von Geistesprodukten, wird also von einer richtigen, zweckmäßigen Fragestellung her mitbestimmt.

Sie können und dürfen nicht warten, bis Ihnen der Zufall zwei Gedanken (Prämissen) bringt, die Sie miteinander kombinieren können. Sie müssen a k t i v k o m b i n i e r e n. Dazu gibt es recht gute Leitgedanken, die Sie bei allen Beobachtungen, Erfahrungen, Gedanken mitwirken lassen sollten, damit eine dieser neu ins Bewußtsein gelangenden Vorstellungen sich mit der Leitvorstellung kombiniert.

Zweckmäßige Leitvorstellungen zum Finden von wirtschaftlich wertvollen Ideen sind:

- Warum wird das so und nicht anders gemacht?
- Was soll erreicht werden?
- Wie kann das anders, besser gemacht werden?
- Läßt sich das irgendwie verwerten?
- Ist eine Wertsteigerung möglich?
- Welche Voraussetzungen müssen gegeben sein?
- Was könnte das Ergebnis sein, wenn...?
- Welche Möglichkeiten stehen zur Verfügung?
- Was fehlt mir, was muß ich besorgen, welche Quellen kommen in Frage?

Tun Sie ein übriges und befehlen Sie Ihren unterbewußten Geistern, daß sie Ihnen die Leitgedanken, die Sie brauchen, stets dann ins Bewußtsein bringen, wenn verwertbare Vorstellungen auftauchen. Seien Sie sich aber auch darüber im klaren, daß diese unterbewußten Geister ein recht eigenwilliges Leben führen und keineswegs immer dann zur Verfügung stehen, wenn wir sie brauchen. Sie lassen oft auf sich warten und kommen nicht, wenn man es ihnen befiehlt. Sie werden sich oft gedulden müssen und warten, bis es diesen Herren paßt. Aber versuchen Sie es ruhig mit einem Befehl. Vielleicht bringen Sie es fertig, auch Ihre unterbewußten Geister mit der Zeit an Ordnung zu gewöhnen. Zugreifen müssen Sie, wann immer sie kommen.

Doch darüber hinaus sollten Sie sich nicht damit begnügen zu wissen, wie wichtig es ist für jede Leistung und für jeden Erfolg, von zweckmäßigen Fragen auszugehen. Schreiben Sie auf ein Blatt Papier mit großen Buchstaben die Worte „anders — besser — zweckmäßiger". Notieren Sie die Fragen und die Antworten, die Ihnen kommen. Tun Sie das fortlaufend. Bringen Sie dieses Blatt Papier dort unter, wo es Ihnen jeden Tag auffallen muß. Eine solche simple Gedächtnisstütze kann Wunder wirken, kann der beste Ansporn sein. Sie kann es zur Gewohnheit werden lassen, sich täglich die Fragen vorzulegen, auf die es ankommt.

Wie viele Menschen hat es doch gegeben, die sich jedesmal plagen mußten, galt es, ihr Fahrrad aufzupumpen! Sie mußten die Luft entgegen dem Widerstand des langen Ventilgummis durch diesen hindurchpressen. Sie wußten sehr wohl, wie das Ventil funktionierte und warum das Pumpen so schwerfiel. Doch kaum einer stellte Gedanken darüber an: Wie kann ich das Ventil zweckmäßiger machen? Einer tat es. Er verkürzte den Ventilgummi, setzte dadurch den Widerstand herab und erleichterte das Pumpen. Er verdiente mit seinem Patentventil („Blitzventil") viel Geld.

Der Ingenieur, von dessen Erfindungen wir vorhin gesprochen haben, hatte sich ein Büchlein angelegt, in das er Mängel an Gegenständen und Wünsche seiner Mitmenschen eintrug, sobald er solche wahrgenommen hatte. Von Zeit zu Zeit las er seine Aufzeichnungen durch, um die aufgeschriebenen Mängel und Wünsche als Vorstellungen bereit zu haben, falls er auf irgendetwas stoßen sollte, das sich kombinieren ließe und zu einer Lösung des Problems führen könnte.

Legen Sie sich, noch heute, ein solches Büchlein zu. Machen Sie es sich zur Gewohnheit, in dieses Büchlein mit Stichwörtern all die Bedürfnisse einzutragen, die Sie feststellen. Sammeln Sie dort alles, was Ihre Mitmenschen brauchen, haben möchten, besser und zweckmäßiger haben möchten.

Machen Sie sich aber nicht nur Notizen. Gewöhnen Sie sich daran, sich diese Notizen jedes Wochenende vorzunehmen und Ihre Gedanken wandern zu lassen. Gehen Sie einen Schritt weiter: jedem von uns passiert es, daß ihm irgendwo und irgendwann, oft zu ungeeigneter Zeit, unerwartet eine Idee kommt, die er weiterverfolgen will. Verlassen Sie sich in solchen Fällen nicht auf Ihr Gedächtnis, so gut Sie es auch trainiert haben mögen. Auch solche Ideen müssen sofort aufgeschrieben werden, ob Sie sich nun gerade auf der Straße, in einer Gesellschaft oder im Bett befinden. Halten Sie stets Papier und Bleistift in greifbarer Nähe. Wir werden niemals erfahren, wie viele gute Ideen schon aufgetaucht sind, die ebenso schnell für immer verschwanden, nur weil sie nicht sofort festgehalten wurden.

Ein Büchlein, wie es sich unser Ingenieur zulegte, kann entscheidend für Ihren Erfolg im Leben sein. Es tut noch mehr, als wir angedeutet haben: Richtig benutzt und richtig ausgewertet, wird es die Rolle eines Mentors übernehmen, der Sie immerfort zu denken ermuntert. Sie werden bald feststellen, daß Sie jetzt, nachdem Sie sich einen solchen ständigen Begleiter zugelegt haben, aufnahmebereiter und denkfreudiger geworden sind. Ihr Kombinationsvermögen wird sich unverkennbar vermehren.

6. Was ist Ihr Gedanke wert?

Gedanken sollen Geistesprodukte sein, die Werte schaffen. Je mehr Ihre Gedanken Werte zu schaffen vermögen, desto wertvoller sind Sie selbst.

Üben und lernen Sie, möglichst wertvolle Gedanken zu produzieren. Das können Sie, indem Sie sich bei jedem Gedanken, der Ihnen kommt, fragen: Was ist dieser Gedanke wert, was läßt sich mit ihm anfangen? Auch Ihre unterbewußten Geister werden mit der Zeit positiv reagieren.

Auch hier wird es sich bewähren, wenn Sie sich jeden neuen Gedanken sofort kurz notieren, um ihn später in einer ruhigen Stunde zu bewerten. Glauben Sie, mit einem Gedanken, den Sie notiert haben, nichts anfangen zu können, dann streichen Sie ihn aus. Halten Sie einen Gedanken für wertvoll, dann legen Sie sich die Frage vor: Wie kann ich ihn verwirklichen, wie in die Tat umsetzen? Messen Sie von Zeit zu Zeit den Fortschritt, den Sie im Denken gemacht haben, an der Summe der guten Gedanken.

Urteilen Sie niemals vorschnell. So mancher Gedanke, der zunächst als „absurd" oder „unmöglich" abgetan wurde, hat sich später bewährt. Scheuen Sie sich auch nicht, einen Gedanken, der Ihnen bei der ersten Überlegung lächerlich erscheint, vor anderen Menschen trotzdem auszusprechen. Riskieren Sie es ruhig, daß sie lächeln. Es ist tatsächlich vielfach so: Wer zuletzt lacht, lacht am besten.

Immer häufiger werden Arbeitsgespräche, bei denen es gilt, ein Problem gemeinsam zu lösen, so geführt: Zunächst äußert ein jeder Teilnehmer den Gedanken, der ihm im Augenblick einfällt. Erst dann wird kritisch vorgegangen. Es heißt, daß auf diese Weise manche Ideen gerettet und verwirklicht werden konnten, die sonst ein schnelles Ende fanden, weil sie so lächerlich erschienen.

Beginnen Sie, wann immer Sie ein Problem zu lösen haben, damit, all die Gedanken niederzuschreiben, die Ihnen kommen. Werden Sie erst kritisch, wenn Ihnen nichts mehr einfällt. Sie werden es so zu weit mehr Kombinations-Möglichkeiten bringen.

7. Kein wertvoller Gedanke darf verlorengehen

Gedanken und gute Ideen kommen oft schnell und unerwartet, sind aber oft auch sehr flüchtig. Keine Erinnerung bleibt zurück. Tauchen sie auf, dann glauben wir meist nicht, daß sie ganz verlorengehen könnten. Doch die Erfahrung zeigt, daß es anders ist. Darum müssen sie sofort festgehalten werden. Darum ist für jeden von uns das kleine Notizbuch so wichtig. Darum ist es fast unerläßlich, stets Papier und Bleistift bei sich zu haben.

Tun Sie ein übriges: Legen Sie sich zu Hause oder im Büro eine Gedanken-Kartei an. In diese übertragen Sie das, was Ihnen unterwegs eingefallen ist und was Sie vielleicht nur mit einem Stichwort in Ihrem Büchlein vermerkt haben.
Eine solche Kartei hat drei Vorteile:
1. Zu Hause oder im Büro können wir uns präziser ausdrücken als unterwegs.
2. Während wir unsere Notizen übertragen, fällt uns sicherlich mehr ein, was wir dann gleich hinzufügen können.
3. Wir können in einer Kartei unsere Gedanken so anordnen, daß sie uns unter einem Stichwort zur Verfügung stehen, wenn wir sie brauchen — wir laufen auch nicht Gefahr, einen Zettel zu verlieren — wir können ein Karteiblatt jederzeit mit dem ergänzen, was uns später einfällt.

Sie können aber auch eine Anzahl kleiner Karteikarten bei sich führen. Benützen Sie dann für jeden Gedanken eine besondere Karte, auf der Sie spätere Einfälle, die den gleichen Gegenstand betreffen, eintragen können. Diese kleinen Karteikarten ordnen Sie dann zu Hause oder im Büro unter einem Stichwort alphabetisch in Ihre Gedankenkartei ein. Sie ersparen sich in diesem Fall eine Übertragung, müssen sich aber trotzdem mit Ihren Notizen abgeben. Weitere Einfälle werden meist nicht ausbleiben.

Die Praxis hat gezeigt, daß ohne sofortige Aufzeichnung normalerweise etwa 50 % unserer Gedanken verlorengehen. Und dieser Prozentsatz ist eher zu niedrig als zu hoch gegriffen. Sie haben also 100 % mehr Erfolg mit guten Gedanken, wenn Sie sich der Hilfsmittel, Notizen und Gedankenkartei, bedienen. Der Zeitaufwand ist gering und rentiert sich. Gute Gedanken sind Werte, die nicht verlorengehen dürfen.

8. Die Realisierung der Gedanken

Der produktive Gedanke ist noch keine positive Leistung. Er muß wirksam werden. Wirksam wird er erst, wenn er in die Tat umgesetzt ist oder in Wort und Schrift anderen zugänglich gemacht wird. Auch bei der stillen, jahrelangen Arbeit eines Forschers oder Dichters ist der augenblickliche Gedanke allein von keinem Wert.

Er ist flüchtig und wird schnell vergessen, wenn er überhaupt bekannt wird. Nur die schriftlich niedergelegten Gedanken sind für die weitere Arbeit von Wert.

Sicherlich haben im Laufe der Geschichte ungezählte Menschen den gleichen Gedanken gehabt, oft sogar zur gleichen Zeit. Doch immer wird ein Gedanke nur dem gutgeschrieben, der ihn in die Tat umgesetzt hat. All die anderen, die auch Pioniere auf diesem oder jenem Gebiet hätten sein können, sind niemals bekanntgeworden. Vielleicht haben auch Sie mehr als einmal feststellen müssen: „Gerade das hatte ich mir auch ausgedacht!" Sie hatten aber aus irgendeinem Grund den Gedanken weder ausgesprochen noch in die Tat umgesetzt. Sie mußten jetzt erleben, wie ein anderer herausgestellt wurde und den Gewinn hatte.

Für die Verwirklichung einer Idee, für die Materialisierung eines Gedankens und für die Umwandlung einer rein geistigen in eine praktisch verwertbare Leistung ist noch eine Fähigkeit nötig, die wir das Realisierungs-Vermögen nennen können.

Die Realisierung eines Gedankens ist der letzte Akt der geistigen Leistung. Zu ihr gehören zwei Grund-Fähigkeiten:

1. die Fähigkeit der Darstellung der Idee oder des Gedankens,
2. die Tatkraft, die — das sagt schon das Wort — eine Kraft ist, welche die Zielvorstellung zur Tat werden läßt.

Darstellungsfähigkeiten gibt es viele. Dazu zählen wir das Redetalent dessen, der andere mit seinen Worten so zu beeinflussen vermag, daß sie sich selber überzeugen: Er hat recht! Wir zählen dazu den guten Stil eines Schriftstellers, eines Journalisten oder eines Menschen, der wirkungsvolle Briefe schreibt. Darstellungsfähigkeiten sind auch das Zeichentalent des Architekten und Ingenieurs, die Mimik und Gestik des Schauspielers, die Musikalität des Komponisten und die Grazie und der Charme einer Frau. All diese Fähigkeiten sind Talente, um wirkungsvoll und erfolgreich zu realisieren, was an geistigen oder seelischen Äußerungen zur Verwirklichung drängt.

Diese Faktoren sind teils angeboren, teils in den angeborenen Grenzen erlernbar. Was nützen dem Denker die besten Gedanken, wenn er sie nicht in Worte kleiden kann? Was nützt einem Schriftsteller seine Phantasie, wenn er stilistisch unbegabt ist? Was nützen einem Architekten seine Ideen, wenn er sie nicht aufzuzeichnen vermag?

Oder greifen wir das Beispiel eines Betriebsangehörigen auf, der kein Vorgesetzter ist. Bei seiner Arbeit ist ihm ein Gedanke gekommen, wie sich ein bestimmter Arbeitsvorgang vielleicht einfacher, billiger oder schneller bewältigen läßt. Er ist jung und nicht lange im Betrieb. Sein Arbeitsvorgesetzter ist im Betrieb ergraut und konservativ. Was nützt unserem jungen Betriebsangehörigen die beste Idee, wenn es ihm mit seinen Worten nicht gelingt, seinen Vorgesetzten für seine Idee zu gewinnen?

Vergegenwärtigen wir uns weiterhin eine politische Debatte. Zwei entgegengesetzte Ansichten werden vertreten. Die Sprecher beider Richtungen meinen im Recht zu sein. Welcher Sprecher wird wohl den Sieg davontragen? Was nützt alles Beweismaterial, das ein Sprecher hat, wenn er es nicht in geeigneter Form vorzubringen vermag?

Immer wird es der am leichtesten haben, seinen Gesprächspartner oder seinen Gegner für seine Idee zu gewinnen, der sich nicht darauf beschränkt, zu bekennen und zu predigen. Immer wird der im Vorteil sein, welcher es versteht, den anderen von vornherein am Gespräch zu beteiligen, und es den anderen fühlen läßt, daß er zusammen mit ihm die richtige Antwort suchen will.

Es ist wichtig, was wir sagen, entscheidend für uns aber kann sein, wie wir es darstellen.

Das Realisierungs-Vermögen ist ebenso wichtig wie die eigentliche geistige Leistung. Trotz bester geistiger Leistung wird uns bei falscher Darstellung fast immer der Erfolg versagt bleiben. Darauf, daß sich ein dritter einfindet, der uns hilft, können wir uns nicht verlassen. Das sind Ausnahmefälle. Wir müssen unser Realisierungs-Vermögen ständig pflegen und mehren. Auch die Darstellung — wir sagten es schon — ist eine Kunst, die ein jeder von uns in seinen angeborenen Grenzen erlernen kann. Und der Grad, den ein jeder erreichen kann, sichert einen Erfolg. Das Rüstzeug, das Sie wiederum brauchen, nennt sich — Übung.

Die zur Realisierung notwendige Tatkraft wurzelt in zwei Grundkräften der Seele und des Geistes. Eine dieser Kräfte ist innig an Leibliches gebunden: im Leistungswillen und in der Vitalität.

Die Vitalität können wir als Lebendigkeit bezeichnen oder als Temperament.
Was die Tatkraft für die eigentlichen Taten ist, das ist für die Darstellung der Geistesprodukte in Wort oder Schrift die sogenannte P s y c h o m o t o r i k , die Fähigkeit oder die Antriebskraft für die Übertragung der Vorstellungen in die zur Darstellung nötige Bewegung. Diese Übertragung kann leicht, spielend, ohne große Anstrengung erfolgen. Sie kann aber auch schwerfällig sein. In letzterem Falle fällt es dem Geistesarbeiter zum Beispiel schwer, seine ihm zufließenden Gedanken niederzuschreiben. Es kostet ihn jedesmal Überwindung und Anstrengung, die Gedanken zu Papier zu bringen. Dadurch ist die Endleistung gehemmt. Es sind wesentlich mehr Leistungswille und psychische Energie für eine bestimmte Leistung erforderlich. Trotz festen, bestimmten Leistungswillens wird also die Endleistung geringer.

Die psychomotorische Hemmung ist sehr häufig. Ein Werbefachmann schilderte sein Leiden folgendermaßen: „Ich sitze in meinem bequemen Sessel, in dem ich so schön denken und träumen kann, besonders wenn leise Radiomusik spielt, und habe die besten Einfälle. Vorschläge und Entwürfe für eine zugkräftige Werbung, witzige Verse, in die Augen fallende Bilder und ähnliches treten in mein Bewußtsein. Wenn ich mich aber erheben will, um mich an den Schreibtisch zu begeben, die Gedanken niederzuschreiben oder die Bilder zu zeichnen, so fühle ich eine Schwere in den Gliedern, ja geradezu eine Lähmung. Die Gedanken hören auf, mir zuzuströmen. Hatte ich vorher voller Lustempfinden schöpferisch geträumt, so ist jetzt die frohe Stimmung verschwunden. Ich kann mich nicht aufraffen, an den Schreibtisch zu gehen. Ich sage mir, das lieber ein anderes Mal aufzeichnen zu wollen, obwohl ich weiß, wie wichtig es wäre, es gleich zu tun. Ein anderes Mal fällt es mir auch nicht leichter. So verfliegen die schönsten Gedanken, und ich leiste nicht den zehnten Teil von dem, was ich leisten könnte, wenn diese Lähmung nicht wäre."

Wo lag die Ursache? Vor allem in einer zu schwachen Psychomotorik. Der gute Mann hatte ein phlegmatisches Temperament trotz geistiger Regsamkeit. Jede körperliche Anstrengung brauchte bei ihm einen großen Aufwand an Willenskraft. Die größte Anstrengung wäre nicht das Schreiben gewesen, sondern das Sich-Erheben aus dem bequemen Sessel. Dazu war nicht nur die Überwindung des körperlichen Phlegmas nötig, sondern auch die Überwindung des Behaglichkeitstriebes, der sich in dem bequemen Sessel bei Radiomusik am Ziel seiner Wünsche sah. Es war klar, daß sich dieser Mann gleich an den Schreibtisch setzen mußte. Das wußte er zwar selbst, doch da er so gern im Lehnstuhl träumte, tat er es nie. Erst eine Aussprache ließ ihn sich entschließen, in Zukunft am Schreibtisch mit dem gezückten Bleistift in der Hand seinen Gedanken nachzugehen. Dazu konnte ihm ein Medikament, das die Psychomotorik selbst anregt und auch von der körperlichen Seite her die psychomotorische Hemmung durchbricht, verschrieben werden.

Vor allem muß die psychomotorische Übertragung der Gedanken in Schrift, aber auch in Rede, trainiert werden. Wer geübt hat, seine Gedanken gleich niederzuschreiben oder auszusprechen, dem wird es, je länger er übt, immer leichter fallen. Wie viele haben nach einer Arbeitsbesprechung offen zugegeben, sie hätten etwas zu sagen gehabt, was vielleicht sogar entscheidend gewesen wäre. Sie hätten sich aber nicht dazu aufraffen können, das Wort zu ergreifen. Noch andere Teilnehmer dürften sich so verhalten haben, ohne es zu bekennen.

Auch unserem Werbefachmann fiel die Übertragung der Gedanken auf das Papier mit der Zeit immer leichter. Nachdem er die ersten Wochen, solange es ihm noch schwerfiel, mit Unterstützung durch das Medikament geübt hatte, das die Psychomotorik anregt, brauchte er bald kein Medikament mehr. Durch die Übung war die erschwerende Hemmung mehr und mehr beseitigt worden.

9. Der Einsatz der Gedanken

Sie haben eine Aufgabe, ein Problem zu lösen. Wie gehen Sie vor? Nehmen Sie das Beispiel: Sie wollen, daß Ihre Mitarbeiter mehr als die ihnen vorgeschriebene Pflicht tun, daß sie mit eigenen Vorschlägen kommen. Wie können Sie diese Aufgabe angreifen?

Lassen Sie uns drei Möglichkeiten skizzieren:

1. Sie denken nach über das, was Sie wissen und an Erfahrungen haben, machen sich Notizen und ordnen sie.

Sie vergegenwärtigen sich Ihre Mitarbeiter und die Situation, in der sie sich befinden.
Sie passen Ihre Gedanken den Menschen und der Situation an.
Sie sinnen nach neuen Einfällen, verwerfen, kombinieren und ergänzen.
Sie arbeiten Ihren Plan aus.

2. Sie denken nach über das, was Sie wissen und an Erfahrungen haben, Sie machen sich Ihre Notizen und ordnen sie.
Sie machen sich vertraut mit dem, was andere Betriebe auf diesem Gebiet getan haben, greifen das auf, was Sie für gut halten.
Sie kombinieren diese Tatsachen mit Ihren Erfahrungen und passen das Ergebnis Ihren Mitarbeitern und den Bedürfnissen Ihrer Firma an.
Sie berücksichtigen die Gedanken, die Ihnen während der Arbeit gekommen sind.
Sie arbeiten Ihren Plan aus und probieren ihn aus.

3. Sie denken nach über das, was Sie wissen und an Erfahrungen haben, machen sich Notizen und ordnen sie.
Sie studieren, was andere Betriebe auf diesem Gebiet getan haben, und greifen das auf, was Sie für gut halten.
Sie kombinieren diese Tatsachen mit Ihren Erfahrungen und passen das Ergebnis Ihren Mitarbeitern und den Bedürfnissen Ihrer Firma an.
Sie sprechen mit Ihren Mitarbeitern und fordern sie auf, ihre Gedanken beizutragen.
Sie durchdenken die eigenen und die anderen Erfahrungen und Gedanken, streichen, ergänzen und kombinieren.
Sie warten mit „unserem Plan" auf.

Denken Sie über diese drei Möglichkeiten nach. Vielleicht stoßen Sie auf eine andere Möglichkeit, die Sie noch besser auswerten können.

10. Ausgezeichnete Übungen sind: die Stegreif-Rede, das geschriebene Wort und das tägliche Gespräch

Eine der Möglichkeiten, mehrere aktive Intelligenz-Fähigkeiten gleichzeitig zu üben, bietet die Stegreif-Rede.
Üben Sie täglich, etwa fünfzehn Minuten, über ein Thema zu sprechen. Denken Sie sich ein Thema aus, zum Beispiel: Wie rationali-

siere ich meine Arbeit? Schreiben Sie sich einige Stichworte auf und halten Sie sich selber am nächsten Tag eine kleine Stegreif-Rede.

Am besten sind Themen über ein Gebiet, mit dem Sie sich gerade beschäftigen. Oder greifen Sie ein Thema auf, über das Sie eine Rede halten könnten, ein Thema, das andere zu irgendetwas bebewegen soll. Dieses Thema könnte lauten: „Die Verbesserungs-Vorschläge, die wir brauchen".

Gut ist es ebenfalls, einen Vortrag oder eine Ansprache zu wählen, die ein anderer gehalten hat, und sich zunächst Fragen vorzulegen, wie:

- Warum hat er dieses hervorgehoben und jenes nicht erwähnt?
- Wie hätte ich mich ausgedrückt, welche Beispiele hätte ich gewählt?
- Was hätte ich zu Beginn und am Ende gesagt?
- Hätte ich mehr oder weniger Material herangezogen?
- Hätte ich kürzer oder länger geredet?
- War die Rede den Zuhörern angepaßt, „kam sie an"?

Sie werden mit mancher Rede, die Sie hörten, nicht einverstanden gewesen sein. Beschränken Sie sich in Zukunft nicht auf eine negative Kritik. Benützen Sie eine solche Gelegenheit als eine willkommene Übung, selber über das Thema zu sprechen, wobei Sie allein Ihr Publikum sind. Nützen Sie die Erkenntnis aus, daß uns alles, was wir von anderen hören, sei es gut oder nicht, zu neuen, eigenen Ideen verhilft — wenn wir darauf aus sind.

Entschließen Sie sich aber stets am Vortag zu dem Thema, zu dem Sie am nächsten Tag sprechen wollen. Sie haben dann etwa 24 Stunden Zeit, Gedanken zu sammeln. Schreiben Sie einige Leitgedanken auf, die Ihnen bei der Wahl des Themas einfallen, und überlassen Sie es der Zeit, die Ihnen verbleibt, für Sie zu arbeiten. Die Leitgedanken, die Sie notiert haben, werden dafür sorgen, daß sich weitere Gedanken einstellen. Ohne viel bewußtes Zutun arbeitet Ihr Unterbewußtsein für Sie, selbst im Schlaf.

Wenn Sie die Zeit haben und glauben, es lohne sich bei einem Thema, mehr dazu beizutragen, dann können Sie Material sammeln und zurechtlegen. Allenfalls können Sie auch eine Disposition machen. Das alles ist jedoch nicht nötig.

Soll die Rede steigen, dann gehen Sie auf Ihr Zimmer, in den Wald oder sonst wohin, nehmen Sie sich vor, nicht länger als fünfzehn Minuten zu sprechen, und fangen Sie an.

Bemühen Sie sich, keinen Gedanken auszulassen. Hüten Sie sich vor Wiederholungen. Scheuen Sie sich aber nicht, einen guten Gedanken, der Ihnen während der Rede kommt, aufzugreifen. Achten Sie darauf, daß Sie die fünfzehn Minuten nicht überschreiten.

Sie werden sicher die ersten Male nicht restlos mit sich zufrieden sein. Sie werden aber bald spüren, daß es jedes Mal besser geht. Sie werden sich immer sicherer fühlen.

Mit unserer Methode üben Sie:

- das zusammenhängende Reden,
- den ungehemmten, schnellen Gedankenfluß,
- Ihre Kombinationsfähigkeit,
- Ihre Fähigkeit, sich zu konzentrieren.
- Vor allem lernen Sie dabei das produktive geistige Schaffen.

Darüber hinaus bietet unsere Methode eine günstige Gelegenheit, Ihre Stimme zu hören und zu schulen sowie auf etwaige Untugenden beim Sprechen aufmerksam zu werden und sich diese Untugenden abzugewöhnen. Halten Sie Ihre Übungen im Zimmer ab, so kann Ihnen ein Tonbandgerät als unbestechlicher Kritiker gute Hilfe leisten.

Zu zweien läßt sich unsere Methode noch vorteilhafter anwenden. Beteiligen Sie einen Kollegen oder Freund an der Übung. Übernehmen Sie abwechselnd die Rollen eines Sprechers und eines Kritikers. Wer spricht, gibt vor Beginn seiner Rede seine Notizen dem anderen zur Kontrolle. Den Abschluß bildet dann eine gemeinsame, kritische Aussprache.

Wollen Sie mehr tun, so stellen Sie sich von Zeit zu Zeit ein Thema und fertigen ein kurzes Exposé an. Setzen Sie für diese Übungsaufgabe eine Zeit fest, die Sie nicht überschreiten. Hier kommt es darauf an, mit dem Aufzeichnen Ihrer Gedanken nicht zu zögern. Warten Sie nicht auf die Antworten, die Sie suchen, die Sie sich als richtig vorstellen. Schreiben Sie zunächst alles auf, was Ihnen durch den Kopf geht. Zögern Sie nicht, mit den Aufzeichnungen zu beginnen, solange Sie sich noch nicht im klaren sind, was Sie zu dem Thema zu sagen haben. Werden Sie kritisch erst dann, wenn Sie sich genügend notiert haben. Ordnen und kombinieren Sie. Fertigen Sie jetzt die Reinschrift an.

Sie werden sich vielleicht nur zögernd und skeptisch an diesen zweiten Vorschlag heranwagen. Wählen Sie ruhig für die ersten Versuche leichtere Themen. Stellen Sie sich beispielsweise die Frage: Wer ist ein Optimist, wer ein Pessimist? Zu einem solchen Thema läßt sich vieles sagen. Steigern Sie von Mal zu Mal die Anforderungen, die Sie an sich stellen. Sie werden erstaunt sein, wie schnell Sie sich in diese Aufgabe hineinfinden werden. Es ist tatsächlich so: In jedem Menschen ruht vieles, was erst wach wird, wenn mit dem Aufzeichnen begonnen wird.

Sollten unsere Geistesprodukte bei diesen Übungen auch nicht so gut und brauchbar sein wie beim stillen Arbeiten mit bester Vorbereitung, so üben wir doch alle unsere Fähigkeiten in konzentrierter Weise, die wir zum produktiven Schaffen brauchen. Wir üben uns zusätzlich in den Künsten der freien Rede und der schriftlichen Darstellung. Beide sind für unseren Erfolg notwendig und wichtig. Schließlich werden Sie durch diese Übungsaufgaben auf manchen Gedanken gebracht werden, den Sie wirklich realisieren können. Ohne diese Übungen wären sie vielleicht nie aufgetaucht.

Und warum sollten wir nicht auch die vielen Gespräche, die wir täglich führen, als Übungen auswerten? Das würde uns nur zugute kommen. Wir sind es so gewohnt zu sprechen (und zu schreiben), daß wir meistens nur darauf achten, das zu sagen, was wir sagen wollen oder sollen, und nicht auf die Worte, die wir gebrauchen. Mißverständnis und Verärgerung bei unseren Gesprächspartnern sind die Folgen. Und wir selber erreichen nicht, was wir wollen, weil wir uns falsch ausgedrückt, unsere Partner falsch angesprochen haben. Selbst im persönlichen Gespräch sollten wir Wert auf die Darstellung legen, auf die Wahl unserer Worte, auf den Gedankenfluß. Wir sollten nicht reden, um die Zeit zu vertreiben, sondern um unser Leben zu bereichern.

Lassen Sie sich von dieser Forderung leiten. Überlegen Sie sich die Gedanken, die Sie aussprechen wollen, und formen Sie diese gleich so, daß sie Ihren Partner bewegen, positiv zu reagieren. Vor allem:

Beteiligen Sie Ihren Partner am Gespräch, beschränken Sie sich nicht darauf, all das loszuwerden, was Ihnen durch den Kopf geht. Sagen Sie zu dem, was der andere äußert, nicht gleich ja oder nein. Bemühen Sie sich vielmehr, das herauszuhören, was für eine positive Fortsetzung des Gesprächs wichtig ist. Und wenn sie beide verschiedener Ansicht sind, meinen Sie nicht, Sie müßten die Ihre jetzt verteidigen. Verbohren Sie sich nicht in Ihre Meinung. Sehen Sie es vielmehr als Ihre Aufgabe an, zusammen mit Ihrem Partner die objektive Wahrheit herauszufinden.

Gehen Sie den Weg, der schwieriger ist, sich aber lohnt. Reden Sie nicht, weil es sich gehört, weil „man" es tut. Reden Sie, weil Sie etwas zu sagen haben und lernen wollen. Benützen Sie jedes Gespräch als eine willkommene und wertvolle Übung, geistig mehr zu schaffen und mehr zu erreichen.

11. Glauben Sie nicht an den Zufall!

Wir sprachen von einem Ingenieur, der im Kriege als Sanitätssoldat eingesetzt war und später mit einer ganzen Reihe von Erfindungen hervortrat. Hatte dieser Ingenieur seine Erfindungen einem Zufall zu verdanken? Oder war der Faktor ausschlaggebend, daß er „aufnahmebereit" war?

„... Es war ein reiner Zufall, der mich auf den Gedanken brachte, es einmal anders zu versuchen — und siehe, es klappte." Manche Erfinder haben sich so oder ähnlich geäußert. Sie taten es nicht aus Bescheidenheit, sie glaubten an den Zufall und übersahen die Tatsache, daß es ihre Art war, nach anderem, Besserem und Neuerem zu fahnden.

Der Zufall spielt nur scheinbar eine Rolle. Wir erleben Menschen, die immer wieder auf Neues stoßen, und andere, auf der gleichen Wissensstufe, die vergeblich nach einer Idee fahnden. Wir fragen uns, warum das so ist, und erfinden als Erklärung den Zufall.

Der Zufall kann entscheidend sein. Das ist aber immer eine Ausnahme. In der Regel sind die geistigen Kräfte ausschlaggebend. Sie müssen trainiert und darauf eingestellt sein:
- stets aufnahmebereit zu sein,
- nichts als gegeben hinzunehmen,

- stets zu fragen: „Warum ist das so und nicht anders?",
- zu beobachten, Gedanken festzuhalten und sie auszuprobieren,
- ausdauernd zu sein und sich nicht entmutigen zu lassen,
- auf Kleinigkeiten zu achten und nicht auf etwas zu warten, das ungewöhnlich ist.

Der Wunsch, auf eine neue Idee zu stoßen, genügt ebensowenig wie der gelegentliche Eifer, etwas zu entdecken.

Beachten Sie fortlaufend jede Kleinigkeit, so natürlich sie Ihnen erscheinen mag. Eine Kleinigkeit hat oft den Ausschlag gegeben. Bewähren Sie sich auf dem Felde der Kleinigkeiten, um eines Tages Großes vollbringen zu können. Üben Sie dort, wo Sie zu Hause sind, wo Sie jeden Weg und Steg kennen. Scheuen Sie sich aber nicht, auf unbekanntes Gebiet überzuwechseln. Nehmen Sie das unter die Lupe, was andere als selbstverständlich empfinden und deswegen nicht beachten.

Erwarten Sie nicht, daß fremdes Glück an Ihre Türe klopft. Ihr Glück müssen Sie sich erwerben. Warten Sie auf den Glückszufall, so werden Sie bitter enttäuscht sein. Und sollten Sie eine Ausnahme von der Regel, sollten Sie ein Glückskind sein — das Glück würde Ihnen nichts nützen, wenn Sie nicht dafür gesorgt haben, daß Sie mit jeder Situation, auch mit einem Glücksfall, fertigwerden. Am Glück sind viele zerbrochen. Sie wußten nichts damit anzufangen und mißbrauchten es.

Freuen Sie sich über jede Leistung, die Sie vollbringen, mag sie noch so nichtig erscheinen. Bauen Sie auf diesen Leistungen auf. Der sicherste Weg führt noch immer von Sprosse zu Sprosse. Lassen Sie die Geduld Ihren ständigen Begleiter sein.

Sie ist verläßlich. Meinen Sie nicht, Geduld sei etwas, was man hat oder nicht hat. Geduld ist keine angeborene Tugend, sondern eine durch Selbsterziehung erworbene.

Schauen Sie sich auf jeder Stufe um und nehmen Sie mit, was Sie gebrauchen können. Befürchten Sie nicht, daß der Ballast zu groß wird. Vieles läßt sich auf dem Wege nach oben abstoßen oder zusammenlegen. Im Anfang werden Sie mehr aufgreifen, als nötig ist. Je höher Sie aber kommen, je besser die Übersicht ist, desto geübter wird Ihr Blick sein. Und je mehr Wissen Sie sich zugelegt haben, um so treffsicherer wird Ihr Spürsinn sein. Mit jeder Stufe lernen Sie, präziser zu unterscheiden zwischen dem, was für Sie wesentlich ist oder nicht.

Merksätze — Wegweiser

- *Schaffen Sie aus Altem Neues.*
- *Die Möglichkeiten zu kombinieren, sind unerschöpflich.*
- *Benützen Sie Ihr geistiges Auge.*
- *Ihre Losung sei: Anders! Besser! Zweckmäßiger!*
- *Erst schöpferisch denken, dann kritisch werden.*
- *Vieles von dem, was in uns ruht, wird beim Schreiben wach.*
- *Bewähren Sie sich auf dem Felde der Kleinigkeiten, um Großes vollbringen zu können.*

IX. Kapitel

Methoden zur Anregung der Leistung

1. Das Leistungstemperament

Ein Dichter sagte einmal: „Wenn ich immer so disponiert wäre wie nach dem Mittagessen, dann hätte ich keinen einzigen meiner Romane geschrieben. Ich verstehe die Menschen gut, die bei bester Intelligenz nie schöpferisch tätig sein können, wenn ich nur bedenke, daß sie vielleicht stets in einer solchen Verfassung sind wie ich nach dem Mittagessen."
Interessant ist die Antwort Strindbergs, die er auf die Frage gab: „Wie dichten Sie?" Sie zeigt deutlich, welchen Einfluß körperliche Disposition auf sein Schaffen hatte.
„Wie ich dichte? Ja, sage das, wer es sagen kann! Es beginnt mit einer Gärung oder einer Art von angenehmem Fieber, das in Ekstase oder Rausch übergeht. Bald ist es wie ein Same, der keimt, der zieht alles Interesse an sich, verbraucht alles Erlebte, wählt aber und verwirft jedoch. Bald glaube ich eine Art Medium zu sein, denn es geht so leicht, halb unbewußt, nur wenig berechnet! Aber es dauert höchstens drei Stunden, gewöhnlich von 9 bis 12 Uhr morgens. Und wenn es aus ist, ist es wieder ebenso langweilig, bis zum nächsten Mal. Aber es geht nicht auf Bestellung, und nicht, wenn ich will. Wenn e s will, so kommt e s. Aber am besten und stärksten nach großen Krisen!"
Von 9 bis 12 Uhr morgens stand die Kurve seines Könnens auf „Hoch". E s kam nicht, wann er wollte. Es wäre aber sicherlich auch gekommen, wenn er nicht nur auf das zufällig von seinem Stoffwechsel angeregte „Hoch" gewartet, sondern dieses „Hoch" auch einmal auf körperlichem Wege bewußt herbeigeführt hätte.
Auch von anderen Dichtern wissen wir, daß sie nur wenige Stunden am Tage oder gar nur wenige Stunden im Jahr kennen, in denen sie

sich in einem Zustand schöpferischen Arbeitenkönnens befinden. Wieder andere haben besondere Tricks, einen schöpferischen Zustand künstlich herbeizuführen: durch eine Tasse Bohnenkaffee, ein Glas Wein, einen Morgenritt über die Felder, eine lebhafte Diskussion mit einem Freund und ähnliches.

Entscheidend für die Leistung sind neben den bisher erwähnten geistigen Fähigkeiten und Funktionen auch die Arbeitskraft, der Arbeitswille, die Arbeitsstimmung, der Arbeitsschwung, die allgemeine Aktivität und vor allem das, was wir das Leistungstemperament nennen wollen.

Von diesen Faktoren her kann die Leistung, das wird meist übersehen oder zu wenig beachtet, ganz erheblich beeinflußt und gesteigert werden. Wir können sogar sagen: Das Leistungstemperament ist der bedeutendste Ansatzpunkt zur Hebung Ihrer geistigen Leistung, weil Sie hier ohne viel Umstände in kurzer Zeit eine wesentliche Steigerung Ihrer Leistung zu erzielen vermögen.

Sie können zu einer geistigen Arbeit körperlich disponiert oder nicht disponiert sein. Das Disponiertsein kann stündlich wechseln. Ist es lange Zeit vorhanden, so kann viel geleistet werden. Ist es nur kurze Zeit oder nur selten vorhanden, so wird sehr wenig geleistet. Und nur von einem gewissen Grad des Disponiertseins an kommen eigentliche schöpferische Leistungen zustande.

Was ist diese körperliche Disposition zur geistigen Arbeit? Welcher körperliche Zustand macht zur geistigen Arbeit disponiert? Wie können wir diesen Zustand erlangen und verbessern, um damit unsere Leistungen zu erhöhen?

Wir kommen hier auf ein interessantes medizinisch-psychologisches Grenzgebiet. Gerade auf diesem Gebiet kann man durch praktische Beratung viel helfen. In der körperlichen Leistungsdisposition ist uns ein Schlüsselpunkt zur Hebung der geistigen Leistung gegeben. Das Leistungstemperament können Sie durch verschiedene Maßnahmen beeinflussen.

Vom Leistungstemperament abhängig sind:

1. die Schnelligkeit des Gedankenzuflusses mit dem Reichtum an Ideen und der sogenannten Schlagfertigkeit,

2. die vielbenötigte Grundfunktion der aktiven Bewußtseinskonzentration,
3. die Tatkraft und Psychomotorik mit der Unternehmungslust,
4. der Leistungswille.

Von diesen vier Punkten ist wieder die schöpferische Leistung abhängig und mit ihr die geistige Produktivität.

Folgende Darstellung soll Ihnen die Funktionen zeigen, auf die das Leistungstemperament einwirkt, und die zahlreichen Ansatzpunkte, von denen aus es beeinflußbar ist. Die negativen Einflüsse vermindern die geistige Leistung, die positiven fördern sie. Stärken Sie die positiven Faktoren und vermeiden Sie die negativen!

Wechselwirkungen des Leistungs-Temperaments und der übrigen geistigen Funktionen

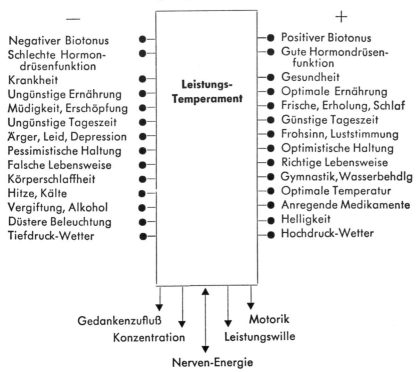

2. Die Nerven-Energie und der Gehirn-Akkumulator

Zur Arbeitsdisposition gehört als gewichtiger Faktor auch die sogenannte Nerven-Energie. Woher kommt die Energie, welche die geistige Leistung antreibt und die Geistesmaschine in Schwung hält? Wie kann diese Antriebsenergie vermehrt und wie kann mit ihr die Leistung erhöht werden?

Es gibt im Menschen zwei Energieformen: die M u s k e l k r a f t, die alle Bewegungen zustande bringt, mit denen wir tätig sind, und die N e r v e n - E n e r g i e, welche die geistigen Funktionen speist. Jede Muskelbewegung entsteht durch Kontraktionen (Zusammenziehungen) von Muskelfasern, durch einen chemischen Vorgang bewirkt, der mit einer Verbrennung (Oxydation) von Nahrungsstoffen in der Muskelzelle einhergeht.

Die Nerven-Energie ist dagegen eine Art elektrischen Stroms, der in den Zellen des Gehirns erzeugt wird und in diesen zu den Zellen fließt, die bei der geistigen Arbeit erregt werden sollen. Bei der Arbeit, besonders bei der anstrengenden aktiven Bewußtseinskonzentration, wird dieser Strom verbraucht. Er kann nur im Schlaf wieder aufgeladen werden.

Es ist hier wie bei einem elektrischen Akkumulator. Speist er ein Licht mit Strom oder treibt er einen Motor, so entlädt er sich. Zur Wiederaufladung muß er auf eine elektrische Leitung oder einen Dynamo umgeschaltet werden. Unser Gehirnakkumulator ist im Schlaf auf Wiederaufladung umgeschaltet. Zu diesem Zweck ist der Schlaf überhaupt da und notwendig.

Jeden Tag steht Ihnen ein gewisses Quantum an Nerven-Energie zur Verfügung. Ist es verbraucht, so können Sie keine konzentrierte geistige Leistung mehr zustandebringen. Wenn wir sagten, die Zeit der möglichen Buwußtseinskonzentration begrenze die Menge unserer geistigen Leistung, so können wir mit unserem Wissen von der Nerven-Energie jetzt festlegen:

Die geistige Leistung wird von der Menge der täglich zur Verfügung stehenden Nerven-Energie begrenzt. Je mehr von dieser Energie vorhanden ist, desto mehr kann geleistet werden. Aus dieser Erkenntnis gehen drei Forderungen zur Hebung der geistigen Leistung hervor:

1. Stellen Sie sich möglichst viel Nerven-Energie zur Verfügung.
2. Vermeiden Sie jede Vergeudung Ihrer Nerven-Energie.
3. Arbeiten Sie so rationell, daß mit der aufgewandten Energie möglichst viel Leistung erzielt wird.

Wie an der Benzin-Uhr eines Autos ein Zeiger den Stand des vorhandenen Vorrates an Benzin anzeigt, so hat auch die Werkstatt des Geistes einen Gradmesser für die vorhandene Nerven-Energie. Dieser Gradmesser ist das Gefühl der Müdigkeit. Je stärker das Gefühl der Müdigkeit, desto mehr ist die Nerven-Energie erschöpft. Fehlt die Müdigkeit, so ist das Gefühl der Frische vorhanden.

Bei einem gewissen Grad starker Müdigkeit kommt hinzu ein Drang, die Augen zu schließen und durch Schlaf die Nerven-Energie wieder aufzuladen. Sie müssen nur beachten, was dieser Gradmesser anzeigt, um richtig und in bezug auf die geistige Leistung rationell handeln zu können.

Vor allem hat es keinen Zweck, im Zustand der Ermüdung eine Leistung zu erzwingen, weil die Leistung zu gering wird. In diesem Zustand ist Schlaf besser. Dann folgt im Zustand der Frische dreifache Leistung.

Neben der allgemeinen psychischen Ermüdung gibt es noch eine kurzdauernde augenblickliche Erschöpfung eines Teilabschnittes der Werkstatt des Geistes. Beschäftigt man sich eine Zeitlang konzentriert mit einer bestimmten geistigen Arbeit, zum Beispiel dem Einpauken von Vokabeln, so wird nach einiger Zeit eine Erschöpfung eintreten. Trotzdem ist man für eine andere geistige Tätigkeit durchaus noch frisch. Und nach kurzer anderweitiger geistiger Tätigkeit wird auch die erste wieder möglich.

Diese Teil-Erschöpfung beruht auf einem zeitweisen Mangel an Nahrungsstoffen und Sauerstoff, auf einer Anhäufung von Stoffwechselschlacken und einer Erschöpfung der Nerven-Energie in einem Teilgebiet des Gehirns, was nach kurzer Ruhe dieses Teilgebietes wieder ausgeglichen wird.

3. Die richtige Zeiteinteilung

Die Kenntnis von diesen Ermüdungs- und Teilermüdungserscheinungen gibt Aufschlüsse für die richtige Praxis, Aufschlüsse über die zweckmäßigen Zeiten für einen Wechsel der Arbeit und die notwendig werdende Erholung. Manchem konnte schon dadurch geholfen werden, daß man ihn von seinem bisherigen System, vier bis fünf Stunden konzentriert an einer Arbeit sitzen zu wollen, abbrachte und ihm empfahl, eineinhalbstündige Arbeitszeiten einzuführen, nach je eineinhalb Stunden fünf Minuten Pause mit gymnastischen Übungen oder tiefen Atemzügen am offenen Fenster einzulegen und dann mit einer anderen Arbeit zu beginnen. Nach der anderen Arbeit kann die erste wieder aufgenommen werden.

Für Arbeiten, wie etwa Briefe diktieren, Verträge entwerfen, einen Werbetext zusammenstellen, einen Aufsatz schreiben, sowie für das Studieren von Fachschriften und Büchern erweist sich die Eineinhalbstundenzeit im Durchschnitt als das Beste. Zum Lernen eines Stoffes, der „auswendig" gekonnt werden muß, sowie für besonders schwierige Diktate sind eineinhalb Stunden zu lang. Hier bewährt sich die Dreiviertelstundenarbeitszeit am besten.

Steht eine Arbeit im Vordergrund, so daß sie besonders viel Zeitaufwand benötigt, so können Sie es auch folgendermaßen machen: $1^{1}/_{2}$ Stunden konzentrierte Arbeit, 5 Minuten Bewegung, $^{1}/_{4}$ Stunde leichte andere Arbeit, wie zum Beispiel Nachschlagen dessen, was für die konzentrierte Arbeit gebraucht wird, Lesen von in der Arbeit verwendetem Schrifttum, 5 Minuten Bewegung, dann wieder $1^{1}/_{2}$ Stunden konzentrierte Hauptarbeit. Die 25 Minuten Entspannung genügen fast stets zur Erholung.

Eine solche Abwechslung hat noch den Vorteil, die Hauptarbeit nicht langweilig werden zu lassen. Sie bewahrt Sie auch vor der Gefahr, der Hauptarbeit überdrüssig zu werden und dadurch gegen sie ein Gefühl der Abneigung zu erleben, das jeder Überdruß zu leicht hervorzurufen vermag.

4. Der richtige Schlaf

Der Schlaf ist zur Wiederaufladung der Nerven-Energie in unserem Gehirn-Akkumulator nötig. Kein Mensch kann den Schlaf ersetzen, kein Mensch kann ungestraft zu wenig schlafen, d. h. kürzer schlafen, als zur Wiederaufladung seiner Nerven-Energie nötig ist.
Bei den einzelnen Menschen sind nur verschieden und zu einem gewissen Grad beeinflußbar:

1. die Energiemenge, die er zu einer gewissen Tagesarbeit benötigt. Es gibt Menschen, die sehr viel Energie verbrauchen und vergeuden, sich dabei schnell erschöpfen, und solche, die ihren ganzen Energievorrat ohne Vergeudung in Leistung umwandeln;
2. die Energiemenge, die an sich zur Verfügung steht. Der eine hat einen kleinen Akkumulator, der andere einen großen. Dies ist größtenteils in der Konstitution eines Menschen begründet;
3. die zur Wiederaufladung benötigte Zeit. Es gibt Schnell-Wiederauflader und Langsam-Wiederauflader. Die einen kommen mit 4 Stunden Schlaf in 24 Stunden aus, die anderen brauchen 9 bis 10 Stunden. Jeder Mensch hat seine individuelle Wiederaufladungszeit. Diese ist jedoch beeinflußbar, und das ist für Sie besonders wichtig.

Ein Chemiker erzählte, daß er täglich 10 Stunden schlafen müsse, um frisch zu werden: Er erwachte täglich um 7 Uhr früh frisch, träumte dann aber weiter im Bett, weil sein Zimmer um diese Zeit für ihn noch zu kalt zum Aufstehen war. Bald wurde er dann wieder so müde, daß er nochmals einschlief und erst um 9 Uhr (und da meist mit benommenem Kopf) erwachte. Er glaubte wegen seines benommenen Kopfes noch nicht geschlafen zu haben. In Wirklichkeit hatte er um 7 Uhr ausgeschlafen, und der folgende Schlaf war nur eine schlechte Gewohnheit, die ihn mehr müde als frisch machte. Um 7 Uhr wollte der Körper auf Tagesstoffwechsel umschalten, das Liegenbleiben ließ ihn jedoch erneut erschlaffen. Der Rat war kurz und einfach: Heraus aus dem Bett um 7 Uhr und an die Arbeit! Ein paar Tage lang stellte sich nach dem Aufstehen eine neue Müdigkeit ein, die aber nach einer Woche verschwand. Der Körper hatte sich die zweite Umschaltung auf Nacht-Stoffwechsel abgewöhnt und blieb frisch.

Eine solche Schaltung tätigen die sogenannten vegetativen Nerven, insbesondere der Vagus und der Sympathicus. Auch diese lassen sich suggestiv beeinflussen. Erteilen Sie den vegetativen Heinzelmännchen nur Befehle: „Was, ihr wollt mich wieder schlafen lassen? Ihr schaltet jetzt um, und ich werde frisch! Habt ihr verstanden? Also schnell!"

Ein junger Kaufmann hatte das gleiche Anliegen wie der Chemiker. Auch er berichtete, zehn Stunden schlafen zu müssen. Er schlief zehn Stunden tief. Er ging um 10 Uhr abends todmüde zu Bett und schlief bis 8 Uhr. Immer wieder versuchte er, schon um 7 Uhr aufzustehen, mußte dies aber durch zu große Tagesmüdigkeit bezahlen und dann abends schon um 9 Uhr zu Bett gehen. Sein Stoffwechsel zeigte sich verlangsamt. Die Wiederaufladungszeit war deshalb sehr lang. Hier half etwas ganz anderes: er erhielt für die Nacht ein Medikament, das den Stoffwechsel beschleunigte und ihn seinen Akkumulator schneller wiederaufladen ließ. Und tatsächlich: statt zehn Stunden brauchte er von da ab nur acht. Er hatte täglich zwei Arbeitsstunden gewonnen.

Man kann also schneller und langsamer schlafen. Eine Beschleunigung des Schlafes durch Anregungsmittel, wie Tee und Kaffee, vor dem Schlafengehen kann der Arzt jedoch nur solchen Menschen empfehlen, die an sich tief und gut schlafen. Nervösen Menschen tut man damit keinen Gefallen, denn ihr Schlaf wird durch Anregungsmittel gestört.

Mangelhafte Arbeitsfrische kommt auch dadurch zustande, daß zu wenig geschlafen werden kann, und zwar wegen einer Schlafstörung, die man gewöhnlich Schlaflosigkeit nennt. Vorausgeschickt sei, daß viele Menschen glauben, an Schlaflosigkeit zu leiden, dabei aber nur glückliche Besitzer eines Gehirn-Akkumulators sind, der in vier bis fünf Stunden aufgeladen ist. Ihre spätere Müdigkeit ist nur scheinbar, nämlich eine, die unser Chemiker von 7 bis 9 Uhr zu haben glaubte.

Versuchen Sie Ihre kürzeste Schlafzeit festzustellen, bei der Sie frisch und leistungsfähig bleiben!

Ein gutes Mittel, das die Inder anwenden, ist, im Dunkeln mit geschlossenen Augen die Bilder zu betrachten, die auf der Leinwand der geschlossenen Augenlider erscheinen, kleine Wölkchen, Sternchen, ganze Himmelslandschaften oder kunstgewerbliche Muster. Wer eine lebhafte Vorstellungskraft (eine sogenannte eidetische Fähigkeit) besitzt, kann bald bewegte Szenen, ja ganze Theaterstücke sehen. Man träumt sich in die Bilder hinein. Ganz von selbst geht dieses bildersehende Wachträumen in das Schlafträumen über — und man schläft.

Bei einem gewissen Grad von Ermüdung, d. h. von Erschöpfung der Nerven-Energie, setzt plötzlich die aktive Bewußtseins-Lenkung aus. Jeder Geistesarbeiter kennt diese Augenblicke. Es ist so, als ob das Steuer eines Autos plötzlich nicht mehr in das Räderwerk griffe. Das Denken folgt nicht mehr dem Willen. Es hat sich unabhängig gemacht und ist nur mehr ein Träumen.

Dieses Versagen der Bewußtseinskonzentration muß Ihnen ein Zeichen sein, eine Pause zu machen oder aufzuhören für diesen Tag, zuerst mit der Arbeit zu wechseln und, falls die Konzentration auch bei einer neuen Arbeit nicht mehr funktioniert, ganz aufzuhören und die Arbeit erst fortzusetzen, wenn der Gehirn-Akkumulator wieder aufgeladen ist.

Den wirklich Schlafgestörten sei zur Besserung ihres Schlafes und zur Erhaltung ihrer Leistungsfähigkeit folgendes gesagt: Sehr oft ist die Schlaflosigkeit eine sogenannte Erwartungsneurose, eine nervöse Zwangsvorstellung des Nichteinschlafenkönnens. Dieses redet sich der Schlafende ein und wartet natürlich vergeblich auf den Schlaf. Eine solche fehlerhafte Selbstbeeinflussung hält jeden Schlaf auf. Die Angst vor der Krankheit erzeugt sie erst recht. Hier ist die Hilfe einfach: Sie dürfen nicht daran denken, daß Sie nicht einschlafen können. Legen Sie sich zu Bett mit dem Gedanken, daß es Ihnen gleichgültig ist, ob Sie einschlafen oder nicht! Im übrigen müssen Sie sich sagen, daß die Zeit, die Sie schlaflos im Bett verbringen, nicht qualvoll und verloren ist. Im Gegenteil: können Sie nicht einschlafen oder werden Sie nachts munter, so haben Sie die beste Gelegenheit zum Lesen, oder Sie können Gedanken nachhängen und sich Wunschträumen hingeben und Pläne ausmalen, wozu Sie am Tage keine Zeit hatten. Oder noch besser: Sie nehmen sich ein Buch oder eine Schrift zum Studieren vor. Die schlaflose Zeit ist dann nicht verloren, sondern ein Gewinn.

Das nächtliche Lesen oder Studieren erfüllt einen weiteren Zweck: es macht die Augen müde, und Augenmüdigkeit ist eines der besten Schlafmittel. Sind die Augen müde geworden, so schlafen Sie schnell ein. Wählen Sie zur nächtlichen Lektüre kein anregendes oder aufregendes Buch, sondern ein langweiliges. Es reizt Sie zum Schlaf. Und auch Ihr Unterbewußtsein flieht gern von der langweiligen Lektüre in den durch Träumen kurzweiligeren Schlaf. Viele schlafen nicht, weil sie abends kalte Füße haben. Sie wissen oft nicht, daß dies die Wurzel ihres Leidens ist. Hier ist der beste Rat, vor dem Schlafengehen die Füße heiß zu baden oder eine Wärmflasche ins Bett zu nehmen, bis die Füße warm durchblutet sind. „Füße warm und Nase kalt, schlafen wirst Du dann sehr bald", heißt es. Schlafen Sie daher auch stets im Kühlen.

5. Es gibt keine geistige Überarbeitung

Ist die Nerven-Energie verbraucht, so muß sie durch Schlaf wieder aufgeladen werden. Wird sie nur mangelhaft wieder aufgeladen, so kann es zu einem Erschöpfungszustand kommen, der als geistige Überarbeitung, als Nervenzusammenbruch oder nervöse Erschöpfung erscheint.

Die Nervenärzte haben festgestellt, daß es an sich keine geistige Überarbeitung gibt, d. h. daß die geistige Arbeit allein niemals einen Erschöpfungszustand mit krankhaften Störungen hervorrufen kann, sondern daß die Ursache solcher Erschöpfungen stets eine andere ist, vor allem mangelhafter Schlaf, d. h. mangelhafte Wiederaufladung der Nerven-Energie.

Krankheiten und Gifte, wie der Alkohol, können dazu führen, daß zuwenig Nerven-Energie zur Verfügung steht; denn sie beeinträchtigen die gesunde Wiederaufladung. Schlaflosigkeit, Mißbrauch von Anregungsmitteln, zuviel Nikotin können ebenfalls den gesunden Wechsel von Auflading und Entladung der Energie stören. Auf diese Weise kommt es zur Erschöpfung.

Bei der nervösen Erschöpfung ist der Energiehaushalt so gestört, daß eine gesunde Auflading nicht möglich wird. Nur längere, über mehrere Tage und Wochen sich erstreckende völlige Entspannung mit Bewegung in frischer Luft führt zur Erholung.

Wird ausreichend geschlafen und ist der Körper nicht durch Krankheit oder Gifte geschädigt, so kann keine noch so große geistige Arbeit schädlich sein. Daß eine Gehirnhautenzündung oder ähnliches durch zuviel geistige Arbeit entstehe, ist ein Märchen.

Etwas anderes ist es, wenn bestimmte Aufgaben nervös machen. Manche empfindliche und nervenschwache Menschen vertragen zum Beispiel die Aufbürdung von zuviel Verantwortung nicht. Andere versagen, wenn sie mit der Arbeit nicht „hinaussehen", wieder andere, wenn sie zuviele Aufgaben gleichzeitig zu bewältigen haben. Hier hilft bessere Arbeitsorganisation.

Ein Ingenieur klagte über erhebliche nervöse Störungen. Vor allem behauptete er, seine Arbeit nicht mehr bewältigen zu können. Er habe so viel vor und wisse überhaupt nicht mehr, womit er beginnen solle. Das letztere war der Kernpunkt seiner Störung: er wußte nicht, womit er beginnen sollte.

Die „Heilung" gelang schnell. Es wurde ihm folgender Rat gegeben: Machen Sie einen schriftlichen Arbeitsplan! Tragen Sie neue Aufträge in ein Buch ein mit dem Termin, wann Sie diese Aufgabe erledigen wollen. Dann vergessen Sie diese Aufgabe, bis sie an der Reihe ist. Nehmen Sie nur eine Sache vor. Machen Sie alles hintereinander, nicht nebeneinander.

Gerade das absichtliche Vergessen aller Aufgaben, bis sie an der Reihe waren, half und das Aufschreiben, damit sie nicht wirklich vergessen wurden. Die Angst, eine der vielen Aufgaben zu vergessen, hatte ihn vor allem nervös gemacht.

7. Temperament, Biotonus, Tageskurven

Ein wesentlicher Faktor der Arbeitsdisposition bzw. des Leistungstemperaments ist das, was man in der Medizin den Biotonus nennt, sonst auch mit Vitalität bezeichnet. Biotonus ist ein Stoffwechselzustand des Körpers.

Bei p o s i t i v e m Biotonus ist alles belebt, lebhaft, beschleunigt, frisch gespannt, straff — angefangen bei den Lebensäußerungen der einzelnen Zellen der Körpergewebe bis zum seelischen und geistigen Bereich, in dem sich dieser positive Zustand in einer Beschleunigung des Gedankenzuflusses und einer Stärkung der Aktivität äußert.

Bei n e g a t i v e m Biotonus ist alles verlangsamt und schlaff, sowohl im körperlichen als auch im seelisch-geistigen Bereich, der Gedankenzufluß ist verlangsamt, das Denken träge, jede Aktivität erloschen, die Stimmung depressiv.

Welcher Biotonus ist Ihnen eigen? Haben Sie sich einmal Gedanken darüber gemacht? Der Biotonus ist wichtig für Ihr Leistungstemperament. Er ist auch entscheidend für die Wiederaufladungszeit der Nerven-Energie. Menschen mit positivem Biotonus laden schneller auf und brauchen daher weniger Schlafzeit als Menschen mit negativem Biotonus.

Gesundheit und gesunde Lebensführung erhöhen den Biotonus, Krankheiten und ungesundes Leben setzen ihn herab.

Der Biotonus und mit ihm das Leistungstemperament sind periodischen Tagesschwankungen unterworfen. Diese sind individuell verschieden. Positiver Biotonus ist gleichzeitig Wachdisposition, negativer Biotonus Schlafdisposition. Wachdisposition ist meist vormittags, in den späten Nachmittags- und frühen Abendstunden vorhanden, Schlafdisposition nachts und nach dem Mittagessen.

Erkennen Sie die Zeiten Ihrer größten geistigen Leistungsfähigkeit! In welchen Stunden ist Ihr Biotonus mehr positiv, in welchen mehr negativ? Richten Sie Ihre Arbeit danach ein.

Nützen Sie die Zeit der guten Arbeitsdisposition. Wenn bei guter Disposition die geistige Leistung gegenüber einer solchen bei schlechter Disposition verdreifacht ist, ergibt eine einfache Überlegung, daß man dreimal soviel leisten kann, wenn man die geistige Arbeit in die Zeit bester Disposition legt, statt sie in einer Zeit schlechter Disposition auszuführen. Manche Leistungen sind überhaupt erst bei bester Disposition möglich, und manche Menschen wurden nur dadurch verhindert, geistige Hochleistungen zu vollbringen, weil sie während des Hochstandes ihrer Tageskurve keine Zeit hatten.

Werden geistige Arbeiten nebenberuflich ausgeführt, so fallen die Dienstzeiten des Hauptberufes oft so, daß sie alle Stunden guter Leistungsdispositionen ausfüllen und für die geplanten Privatarbeiten nur Stunden schlechter Disposition und des Tiefstandes der Leistungskurve übrigbleiben. In diesem Falle muß man jedoch nicht die Flinte ins Korn werfen und das ungünstige Schicksal für seine Leistungsunfähigkeit verantwortlich machen.

Im Jahr nach dem Kriege bat ein Universitätsprofessor, der zu dieser Zeit als Hilfsarbeiter tätig war, um Rat, was er machen könne, um am Abend, wenn er müde und abgeschlagen nach Hause komme, geistig arbeiten zu können. Ein Werk, an dem er seit Jahren gearbeitet habe, stehe kurz vor der Vollendung, und er wisse nicht, ob nicht eines Tages der Tod die spätere Vollendung verhindere. Er möchte es unbedingt jetzt fertigschreiben. Er bat um ein starkes Anregungsmittel.

Diesem Mann wurde kein Anregungsmittel verschrieben, sondern ein ganz anderes Rezept gegeben: Stehen Sie täglich zwei Stunden früher auf, und gehen Sie zwei Stunden früher zu Bett! Sie können dann jeden Morgen im Zustand geistiger und körperlicher Frische zwei Stunden geistig arbeiten. Ihr biologischer Rhythmus muß sich aber erst einige Tage daran gewöhnen. Dazu trinken Sie am besten vor dem Aufstehen eine Tasse Bohnenkaffee. Sie sind dann in einer halben Stunde, also gerade nachdem Sie sich angezogen und gefrühstückt haben, völlig munter. In einigen Tagen wird sich Ihr Körper an den neuen Rhythmus gewöhnt haben, und Sie können den Kaffee entbehren, wenn Sie wollen. Am Abend, wenn Sie sowieso müde von der Arbeit sind, ist es das Beste, zu schlafen.

Der Professor befolgte den Rat und kam mit seiner Arbeit schnell vorwärts und hatte sie vollendet, als er nach einem Jahr an die Universität zurückkehren konnte.

7. Ernährung und geistige Leistung

Eine unzweckmäßige Ernährung kann die Disposition zu geistiger Arbeit vermindern, eine zweckmäßige Ernährung erhöhen. Leichtverdauliche Kohlehydrate erhöhen sie, Eiweiß, besonders in größeren Mengen, vermindert sie. Jeder Geistesarbeiter hat erlebt, wie wenig leistungsfähig er nach reichlichem Fleischgenuß war. Führt man reichlich Eiweiß, besonders in der Form von Fleisch, zu, so ist eine lange Verdauungsarbeit nötig, welche die Disposition herabsetzt. Jeder kennt die Trägheit nach reichlichen Mahlzeiten. Diese kommt dadurch zustande, daß beim Verdauungsprozeß dem Gehirn Blut entzogen und in den Verdauungsorganen angesammelt wird, und daß die nervösen Impulse, die Nerven-Energien, in der Hauptsache in den Verdauungsorganen verbraucht werden. Außerdem hemmen die Eiweißprodukte im Blut, die zum Teil giftig sind und erst in der Leber entgiftet werden müssen, direkt die geistige Funktion.

Andererseits benötigt die gute Funktion der Gehirnzellen einen bestimmten Gehalt des Blutes an Zucker, den der Körper aus den Kohlehydraten der Nahrung gewinnt. Gerade bei der geistigen Arbeit wird viel Zucker verbraucht und in den Ganglienzellen zur Energiegewinnung verwandt. Der Zustand der Nüchternheit ist daher nicht sehr oder nur für kurze Zeit für geistige Leistungen geeignet. Am besten eignen sich leichte Kohlehydrate in Form von Brot, Zucker, Mehlspeisen, Milch. Sie liefern den nötigen Blutzucker und belasten nicht die Arbeit durch intensiven Verdauungsprozeß. Am schnellsten wirkt der direkt, also ohne Verdauungsprozeß, ins Blut übergehende Traubenzucker, der, in Form von Dextropur oder Dextroenergen zusätzlich und in nicht zu großen Mengen genommen, förderlich ist. Da Eiweißstoffe jedoch nötig sind zur Erhaltung der Gesundheit, kann der Geistesarbeiter keineswegs darauf verzichten. Er soll es auch nicht, nimmt sie jedoch günstigerweise zu solchen Zeiten zu sich, in denen sie seine geistige Leistung nicht stören, also wenn möglich dann, wenn er nach der Mahlzeit nicht zu arbeiten beabsichtigt. Besser sind auch zahlreiche kleine Mahlzeiten als wenige reichliche, weil dann weder Hunger noch Überfüllung die geistige Arbeit behindern.

Achten Sie auch auf ausreichende Vitaminzufuhr, da Vitaminmangel die Disposition wesentlich beeinträchtigen kann. Sodann muß eine gewisse Menge an Gehirnaufbaustoffen, wie Phosphorsäure und Lezithin, garantiert bleiben. Diese Stoffe sind besonders in Milch, Hirn, Fisch ausreichend vorhanden.

8. Welches Temperament brauchen Sie?

Es gibt Menschen, die ununterbrochen etwas anregen, die von Ideen übersprudeln, Vorschläge und Pläne machen, andere mit ihrer Unternehmungslust in Schwung setzen, immer neue Wege sehen und zeigen, auf jedem Gebiet, dem sie sich zuwenden, revolutionäre, umwälzende Gedanken haben. Man nennt sie Initiatoren. Sie ergreifen überall die Initiative.

„Initiator" heißt „Beginner". Initiatoren beginnen Neues. Diese Menschen können aber andererseits oft nichts vollenden, nichts exakt durchführen. Aus dem einfachen Grunde, weil sie dafür zu ungeduldig sind. Und ungeduldig sind sie wiederum, weil ihr Geist zu lebhaft ist, weil zu viele neue Gedanken kommen und ihr Interesse so fesseln, daß ihnen früher begonnene Arbeiten langweilig und uninteressant werden.

Initiatoren müssen am richtigen Platz stehen, damit ihr Gedankenreichtum sich produktiv auswirken kann. Solche Menschen haben, weil sie nichts vollenden können, nicht immer den großen Erfolg, den man ihnen zuschreiben möchte. Sie brauchen Mitarbeiter, die ihre Anregungen durchführen, und Kritiker, die ihre Ideen auf ihre Verwertbarkeit überprüfen. Sie selbst sind meist nicht dazu fähig, weil ihre eigene Begeisterung das Denken subjektiv färbt und das klare, logische Urteil leicht etwas trüben kann.

Initiatoren sind aber notwendig. Sie bringen Erfolg, wenn sie richtig eingesetzt werden und selbst genügend Fachwissen und Kritik besitzen. Die Initiatoren sind es, welche die Welt vorwärtstreiben, den Fortschritt bringen, die anderen nicht einschlafen lassen.

Wenn wir uns die Frage stellen: „Wie werde ich Initiator?", so müssen wir zuerst fragen: „Wodurch sind die Initiatoren Initiatoren?"

Die klare psychologische Analyse der Initiatoren zeigt:
1. eine allgemeine Lebhaftigkeit des Geistes,
2. einen schnellen Gedankenzufluß,
3. eine gute Kombinationsfähigkeit mit einem starken Kombinationsdrang,
4. eine gute motorische Aktivität.

Diese Eigenschaften, mit Ausnahme der Kombinationsfähigkeit, sind stoffwechselbedingt, sind eine Angelegenheit des Leistungstemperaments. Und es zeigt sich, daß der temperamentvolle Mensch mit schnellem Stoffwechsel fast stets Initiator ist. Er trägt alle Merkmale des Initiators in sich, auch seine Ungeduld und Unfähigkeit zu exakter Arbeit.

Wie können Sie Initiator werden? Sie können es auf zweierlei Weise:

1. indem Sie Neues suchen, neue Möglichkeiten, neue Wege, Verbesserungen, d. h. Ihre Kombinationsfähigkeit betätigen;
2. indem Sie lebhafter werden durch Anregung Ihres Stoffwechsels und Leistungstemperaments.

Sie müssen und dürfen nicht immer Initiator sein. Sie müssen begonnene Arbeiten vollenden. Sie sollen aber zeitweise Initiator sein. Sie finden dann neue Wege, bringen sich in Schwung, und dann geht alles wieder besser.

Zeitweise sich zum Initiator zu machen, wird durch Beschleunigungsmittel des Stoffwechsels möglich.

Wir unterscheiden v i e r Leistungstemperamente. Jeder Mensch hat eines dieser Temperamente als Norm, als Durchschnitt. Dementsprechend leistet er viel oder wenig, Exaktes oder Unexaktes. Welches Temperament brauchen Sie? Welches haben Sie für Ihre Aufgabe nötig?

D i e v i e r T e m p e r a m e n t e s i n d :

E r s t e s Temperament: p h l e g m a t i s c h - t r ä g e . Antrieb schwach, kein Unternehmungsgeist. Will nichts beginnen. Das Denken ist langsam, Gedanken und Ideen kommen spärlich. Bleibt lange an einer Vorstellung haften. Geistig nicht wendig. Motorik: bewegungsarm, schweigsam, lustlos zum Reden und Schreiben; sonst geduldig, stetig.

Z w e i t e s Temperament: d u r c h s c h n i t t l i c h , g l e i c h m ä ß i g . Antrieb mittelmäßig, schwierige Arbeiten werden ungern in Angriff genommen. Mittelschneller Gedankenzufluß, meist gute Konzentration. Normale Pflichterfüllung. Exaktes Arbeiten ist möglich. Sonst ruhig und geduldig.

D r i t t e s Temperament: r e g e , w e n d i g , schnell, bewegungsreich. Unternehmungslustig, viel Initiative, leichtes Beginnen auch schwieriger Arbeiten. Schneller und reicher Gedankenzufluß, schnelles Kombinieren, Ideenreichtum, meist gute Konzentration und erhöhte Aufnahmebereitschaft. Tätigkeitsdrang, lebhafte Motorik mit gutem Antrieb zum Reden und Schreiben. Sonst etwas unruhig und ungeduldig, keine Ausdauer für Arbeiten, die langsam vorangehen.

Viertes Temperament: sehr rege, lebhafter Bewegungsdrang, sehr viel Initiative. Will immer etwas Neues beginnen, kann jedoch nichts zu Ende führen. Sehr schneller Gedankenzufluß, übersprühend von Gedanken und Ideen, doch etwas ideenflüchtig. Verminderte Konzentrationsfähigkeit. Starker Tätigkeitsdrang. Sonst sehr unruhig, keine Ausdauer. Nichts wird zu Ende geführt, unfähig zu exaktem Arbeiten.

Jede Arbeit verlangt ein anderes Temperament. Der Initiator ist ein guter Unternehmer, wenn er zuverlässige Angestellte hat, die seine Pläne, welche er reichlich produziert, exakt und geduldig ausführen. Er wäre aber wegen seiner Unruhe und Ungeduld ein schlechter Angestellter und würde bald mit seinem Chef Schwierigkeiten bekommen.

9. Das Richtige zur rechten Zeit

Sie können sich zu verschiedenen Tageszeiten verschiedene Temperamente zulegen und dabei alle anfallenden Arbeiten bewältigen. Ein Beispiel für die Arbeit des Chefs:

Abends durchblättern Sie Ihre Fachzeitschriften, lesen einiges, streichen das Wichtigste rot an und legen es für den nächsten Morgen zurecht. Am folgenden Tag, möglichst früh, trinken Sie zwei Tassen Bohnenkaffee mit Zucker, ohne viel zu essen. Dabei, oder kurz darauf im Büro, studieren Sie schnell und konzentriert, was Sie sich am Abend angestrichen hatten. Das bringt Sie auf neue Ideen, macht Sie unternehmungslustig, hebt die Stimmung, lädt Sie auf mit neuem Mut. Produktive Gedanken schreiben Sie gleich nieder. Inzwischen wirkt der Kaffee, dazu die geistige Anregung. Sie erledigen jetzt, ohne die Morgenpost gelesen zu haben, die wichtigsten und schwierigsten Arbeiten, diktieren Abhandlungen und Briefe, lassen sich kurz und schnell von Ihren Abteilungsleitern berichten, machen diesen neue Vorschläge und nützen so ihre produktive Zeit. Geht diese nach etwa 3 Stunden zu Ende, dann lesen Sie die Post. Sie bringt neue Anregungen. Erledigen Sie gleich, was erledigt werden kann. Warum einen Brief zweimal lesen? Machen Sie auf alle Briefe, die Sie glauben „überschlafen" zu müssen, einige Notizen und legen Sie sie dann beiseite. Nach dem Mittagessen ist Ihr Temperament langsamer geworden. Nun erledigen Sie die Arbeiten, zu denen Sie vormittags bei Ihrer geistigen Hochkurve zu ungeduldig gewesen wären. Lesen Sie jetzt die Briefe, die Sie unterschreiben müssen. In der angeregten Zeit wäre das Zeitvergeudung gewesen. Führen Sie jetzt längere, weniger wichtige Verhandlungen, ordnen Sie Ihre Sachen und erledigen Sie, was Sie noch zu tun haben.

Vor allem befolgen Sie ein Gebot: **Tun Sie das Schwierigste in der Zeit, in der Sie es am besten ausführen können!**

Dieses Gebot ist wichtig. Das Leichtere können Sie zu einer anderen Zeit erledigen, das Schwierigere nur in einer Zeit bester Arbeitsdisposition. Ist diese Zeit da, erledigen Sie die Arbeiten, die am meisten Konzentration und Schöpferkraft erfordern.

10. Schaffen Sie sich die Zeit, die Sie brauchen

Der Sündenbock, der am häufigsten herhalten muß, ist die Zeit. Sie ist, so heißt es, schuld daran, daß wir etwas nicht getan haben, was wir hätten tun müssen. Und wir sind überzeugt oder reden uns ein, daß diese Entschuldigung vor uns und anderen zieht.

Muß das so sein? Oder gibt es vielleicht doch Mittel und Wege, die uns zu mehr Zeit verhelfen, uns die Zeit freimachen für das, was wichtig ist?

Verzichten wir auf theoretische Erörterungen und greifen wir statt dessen aus unserem Leben einige Gewohnheiten heraus, die wir uns vielleicht abgewöhnen sollten. Und wenn wir nur Minuten einsparen — addiert können sie eine Zeitspanne ausmachen, mit der wir etwas Positives anfangen können. Sollte es uns aber gelingen, dieses oder jenes abzustellen, für das wir Stunden gebraucht haben, dann sind wir fein heraus. Schließlich finden wir auch irgendwo „Zeit", die wir bisher nicht ausgenutzt haben.

Einige solcher weitverbreiteter Gewohnheiten sind:

1.

Wir vertrösten uns auf morgen. Dann soll eine Arbeit endlich getan werden. Aus diesem „Morgen" wird ein Übermorgen, ein immer späterer Tag. Wir werden unruhig und verbrauchen mehr Zeit, als sonst nötig wäre, für das, was wir tun.

2.
Wir reden zu uns und zu anderen nicht e i n mal, sondern viele Male über das, was wir tun wollen oder sollen. Wir tun das nicht etwa, um ein Problem durch ein Gespräch zu klären. Wir tun es, weil es uns so liegt. Über dem Erzählen vergessen wir das Handeln.

3.
Wir haben einen Fehler gemacht, wir haben uns nicht richtig benommen. Wir beginnen uns Vorwürfe zu machen, Sorgen. Wir betreiben das so lange, bis unsere Kräfte aufgebraucht und wir unfähig sind für produktive Arbeit, für produktive Gedanken.

4.
Wir erleben eine Enttäuschung, oder wir haben etwas nicht fertiggebracht. Wir konzentrieren uns darauf, nicht, um zu überwinden oder neu anzufangen. Wir werden mutlos und unfähig zu neuer Tat.

5.
Wir meinen, daß wir es uns schuldig sind, jede Zeitung und Zeitschrift, die wir uns halten, oder jedes Buch, das wir einmal aufgegriffen haben, von vorn bis hinten zu lesen. Wir haben es nicht gelernt, zwischem dem zu unterscheiden, was für uns wesentlich, und dem, was für uns belanglos oder minder wichtig ist.

6.
Wir leben in dem Irrglauben, nur wir seien befähigt, alles richtig zu machen, und hüten uns, eine Arbeit einem anderen zu übertragen.

7.
Wir können uns nicht entscheiden. Wir befassen uns immer wieder mit dem Problem oder dem Vorhaben, mit dem wir es zu tun haben. Wir wollen sichergehen und übersehen, daß sich niemals alle Möglichkeiten ausdenken lassen.

8.
Wir werden um etwas gebeten und haben es nicht gelernt, in ansprechender Form „nein" zu sagen, wenn es sich um eine Bitte handelt, die ein anderer genauso gut erfüllen kann. Doch wir fühlen uns geschmeichelt, daß man zu uns kommt.

9.

Wir halten es für wichtig, daß wir überall dabei sind, gesehen oder gar gehört werden. Wir können auch hier nicht unterscheiden, ob eine Versammlung oder Tagung für uns wichtig ist oder nicht.

10.

Wir alle müssen gelegentlich Konversation treiben, über nichtige Dinge reden. Wir tun das aber häufiger als notwendig. Wir haben es nicht gelernt, zu schweigen oder über belanglose Reden hinweg in ein wirkliches Gespräch zu kommen.

11.

Wir benützen gern die letzte Minute, um etwas zu tun, und erschöpfen uns in der Hetze, die wir uns selber zuzuschreiben haben.

12.

Wir schreiben persönliche Briefe, die etwas besagen, zu selten und andere zu oft. Wir erledigen Geschäftsbriefe und vergessen etwas, das wichtig ist. Wir bekommen Rückfragen, wir müssen wieder antworten. Wir müssen derselben Angelegenheit zweimal oder öfters unsere Aufmerksamkeit schenken.

13.

Wir haben zu viele Bekannte, die uns nichts zu sagen haben, und zu wenige, mit denen es sich lohnt, zusammenzusein. Wir bringen es nicht fertig, unseren Bekanntenkreis zu beschränken. Werden wir eingeladen, so laden wir wieder ein, auch wenn uns der andere nicht liegt. Wir tun das, was „man" tut, was sich gehört. Wir vernachlässigen so den Kontakt, den wir brauchen — wir haben keine Zeit.

Denken Sie über diese Beispiele nach. Vielleicht entdecken Sie unter den Gewohnheiten, die wir aufgegriffen haben, einen alten Bekannten. Werden Sie ihn los. Verschaffen Sie sich mehr Zeit. Denken Sie sich andere Beispiele aus, die Ihnen nicht fremd sind — verschaffen Sie sich noch mehr Zeit. Die meisten von uns gehen mit ihrer Zeit viel zu verschwenderisch um.

11. Weitere Mittel zur Anregung der Leistung

Biotonus, Leistungstemperament und Arbeitsdisposition sollen weniger mit Medikamenten, sondern vor allem mit natürlichen Mitteln gesteigert werden, zum Beispiel mit einer kalten Dusche oder mit einem kalten Bad mit anschließendem Frottieren der Haut, mit kurzen gymnastischen Übungen, mit einer Massage und ähnlichem. Kurze Kaltwasseranwendungen führen dazu, daß die Nebenniere und die Schilddrüse Hormone, und zwar das Adrenalin und das Thyroxin, in das Blut ausschütten, Hormone, die ihrerseits nun den Stoffwechsel, das Leistungstemperament und die Arbeit anregen. Machen Sie von diesen Mitteln, die im Gegensatz zu den Medikamenten unschädlich sind, häufigeren Gebrauch. Oft helfen schon ein Sichstrecken und einige tiefe Atemzüge in frischer Luft einen Zustand schlechter Disposition für einige Zeit zu überwinden, weil dies die Durchblutung des Gehirns und seiner Ganglienzellen fördert.

Auch für die Disposition spielt das Training eine Rolle. Man kann sich dazu trainieren, den größten Teil des Tages „in Schwung" zu bleiben, und man kann sich daran gewöhnen, träge und phlegmatisch zu werden.

Wichtig ist ferner die Lebensweise. Man kann für die Disposition günstig und ungünstig leben. Sowohl zuvieles Sitzen und körperliche Untätigkeit als auch zuviel körperliche Tätigkeit sind der geistigen Leistung abträglich. Notwendig ist ein gewisses Maß an Bewegung, frischer Luft, psychischer Erholung, psychischen Anreizen. Man darf weder von zu großer Einsamkeit geplagt noch durch Gesellschaft zuviel abgelenkt werden. Man muß Schönes sehen, hören, erleben, trotzdem aber ein solches seelisches Gleichgewicht behalten, daß die Ablenkung nicht zu groß wird.

Eine Rolle, die meist übersehen wird und die unter Umständen ausschlaggebend für eine gute Disposition sein kann, spielen die Gefühle der Freude und der Hoffnung. Diese Gefühle steigern den Biotonus und damit die Disposition, während Ärger und Hoffnungslosigkeit ihn herabsetzen. Machen Sie sich Freude und versagen Sie sich nicht die vielen möglichen kleinen Freuden des Alltags! Hoffnung erweckt jede Vorstellung, die uns eine Wahrscheinlichkeit der Erreichung unserer Ziele und Erfüllung anzeigt. Führen Sie

sich solche optimistischen Vorstellungen zu, wenn Sie Ihren Biotonus und Ihre Vitalität durch psychische Reize steigern wollen.
Die Disposition ist ferner von der Temperatur abhängig. Bei großer Hitze arbeitet es sich geistig schlecht. In den Tropen kommt selten eine geistige Hochleistung zustande, auch nicht bei Europäern, solange sie in den Tropen leben.
Eine andere Wirkung entwickelt die Kälte. Auch in der Kälte läßt sich schlecht geistig arbeiten. Doch hier trägt die Schuld nicht die schlechte Arbeitsdisposition, sondern die Ablenkung durch die unangenehmen Kälteempfindungen. Am besten ist eine Temperatur von etwa 18 Grad Celsius. Vorteilhafter ist es, warme Kleidung zu tragen und in einem kühlen Raum zu sitzen, als umgekehrt. Der Kopf soll kühl sein, die Füße warm.
Sogar die Farbe des Arbeitsraumes hat Einfluß auf die Leistung. Gelbbräunliche Tapete macht uns innerlich warm, rote Tapete regt an, blaue und grüne Tapeten bewirken gleichmäßiges Temperament und beruhigen.
Bei Helligkeit arbeitet es sich besser als im Düsteren. Nicht nur, weil man besser sieht, sondern weil helles, besonders der Sonne ähnliches, Licht die Stimmung hebt. Ein Sonnenstrahl im Arbeitszimmer kann die Arbeitslust steigern. Grelles Sonnenlicht auf dem Schreibtisch ist jedoch weniger günstig. Es blendet, lenkt ab, macht heiß und stört. Die Sonne kann auch ablenken, insofern sie Sehnsucht erzeugt, hinauszuziehen in die Natur und den Arbeitsplatz zu verlassen.
Im Winter hat sich Höhensonnenbestrahlung in Pausenzeiten bewährt. Sie wurde in manchen Großbetrieben durchgeführt und hatte eine Steigerung der Arbeitsleistung und der Arbeitslust zur Folge.
Der Alkohol wirkt zwar erst in größeren Mengen schädlich, ist aber nach dem Ergebnis genauer Untersuchungen kein Mittel zur Hebung der Leistung. Nur eine gewisse Enthemmung sowie die durch Alkohol erzielbare Luststimmung täuschen eine Leistungssteigerung vor. Zahlreiche Untersuchungen ergaben, daß nach Alkoholgenuß die Merkfähigkeit und die Konzentrationsfähigkeit herabgesetzt sind. Längerer Alkoholgenuß kann Schäden im Gehirn verursachen, die nicht wieder behoben werden können. Das Nikotin

ist für viele ein kurzdauerndes Anregungsmittel, jedoch giftiger und nicht so leistungssteigernd wie andere Anregungsmittel.

Sie müssen mit der Zeit Ihre eigene Methode der Steigerung Ihres Leistungstemperaments erproben. Je mehr Sie natürliche Mittel verwenden und je mehr Sie sich von innen heraus selbst anregen können, desto besser ist es.

12. Das inspirierte Denken

Man sagt von großen Denkern, sie seien inspiriert gewesen. Manche Dichter berichten von sich selbst, sie hätten geschrieben, als ob ein fremder Geist in ihnen gesprochen habe, als ob sie nur Werkzeuge gewesen seien, durch das ein anderer sich geäußert habe. Sie berichten, es sei wie ein Rausch über sie gekommen. Diesen Stunden der Inspiration verdanken viele die Werke, die sie berühmt gemacht hatten.

Was ist eine solche Inspiration? Spricht hier wirklich ein fremder Geist und benützt das Gehirn und die Feder eines begnadeten Menschen als Werkzeug für seine erhabene Stimme?

Nein, es ist der eigene Geist, der in der Stunde der Inspiration spricht. Es ist nur so, als ob ein fremder Geist die Gedanken inspiriere. Die eigenen unterbewußten Geister sprechen. Das Gefühl des Inspiriertseins von einem fremden Geist entsteht dadurch, daß die unterbewußten Geister, die Heinzelmännchen der Tiefenwerkstätte unseres Geistes, in reicher Fülle Gedanken selbst bringen und wir nicht bewußt die Gedanken suchen und nicht bewußt ihr Kommen vom Unterbewußtsein fordern.

Die Gedanken kommen hier von selbst, und sie lenken selbst das Bewußtsein. Der Wille und die aktive, anstrengende Bewußtseinskonzentration sind überflüssig geworden. Und da wir keine Anstrengung fühlen, da alles von selbst ohne unser bewußt-gewolltes Zutun geht, glauben wir in solchen Stunden, von fremden Geistern inspiriert zu sein.

Wer so arbeiten kann, ist wirklich begnadet. Er vermag seine Geistesmaschine auf Hochtouren laufen zu lassen, wobei die Fülle positiver Gedanken Lustgefühle erweckt, die selbst wieder anregend wirken. Während eines solchen inspirierten Denkens werden schöpferische Leistungen möglich, die sonst nicht möglich sind. Die Fülle der gleichzeitig in das Bewußtsein tretenden Vorstellungen wird größer, und so können mehr und umfassendere Vorstellungen miteinander kombiniert und zu größeren Gedankenkomplexen zusammengeschlossen werden.

Wird das Denken gefühlsmäßig gelenkt und treten weitere Vorstellungen, die sonst nur schwach geahnt werden können, da sie an der dunkleren Peripherie des Lichtkegels unseres Bewußtseins liegen, zu den Kombinationen unseres schöpferischen Geistes, so sprechen wir von intuitivem Denken. Bei diesem werden oft wesentlich größere Zusammenhänge erfaßt als bei dem gewöhnlichen Denken. Das intuitive Denken ist jedoch nicht so exakt, da das Bewußtsein gleichzeitig nur entweder vieles undeutlich oder nur weniges deutlich in allen Einzelheiten erfaßt.

Die Stunden inspirierten Denkens, diese großen, schöpferischen Stunden, bringen nicht nur an sich Hochleistungen des Geistes zustande, sondern sie sind auch zusätzlich gewonnen. Sie ermüden nicht. Sie brauchen keine anstrengende Konzentration. Sie verbrauchen weniger psychische Energie. Sie regen selbst an durch die von den positiven Gedanken ausgehende lustvolle Stimmung, durch die Begeisterung für das eigene Schaffen, durch das große Interesse an der Arbeit selbst, durch die beglückende Befriedigung am schnellen Fortschreiten der Leistung und durch die Zuversicht, welche die nicht mehr schwierig erscheinende Arbeit erweckt.

In solchen schöpferischen Stunden vergessen wir die Welt um uns, weil die positiven Gedanken das Bewußtsein gänzlich erfüllen. Wie intensiv es in Wahrheit in uns arbeitet, ohne daß wir eine Anstrengung fühlen, merken wir daran, daß es uns heiß wird.

Können wir solche Stunden intensivsten geistigen Schaffens willkürlich zustande bringen? Ja und nein. Es gehören viele Bedingungen dazu, damit die Geistesmaschine auf solchen Hochtouren läuft. Eine dieser Bedingungen ist das erregte Leistungstemperament, eine andere ein großes Interesse. Und dazu müssen noch alle die Rädchen reibungslos laufen, von denen wir gesprochen haben. Können Sie das fertigbringen, daß alles zusammenstimmt? Versuchen Sie es.

13. Positives Denken und Leerlauf des Geistes

Solange wir wach sind, läuft unsere Geistesmaschine. Solange wir wach sind, denken wir. Die Gedanken, die während dieser Zeit produziert werden, können wertvoll oder wertlos sein, positiv im Sinne des Fortschreitens auf dem Weg zum Erfolg oder ohne jeden Wert.

In letzterem Falle sprechen wir am besten von einem Leerlauf unserer Geistesmaschine. Die Zeit des Leerlaufes ist verloren. Die Stunden wertschaffenden Denkens sind im Leben gezählt. Sie begrenzen unseren Erfolg. Wenn wir unseren Geist leerlaufen lassen, haben wir wertvolle Stunden verloren, besonders dann, wenn es sich um Stunden bester Leistungsdisposition handelt.

Natürlich kann man nicht beständig produktiv denken und arbeiten. Der Mensch braucht Erholung und Entspannung und seinen Anteil am Lebensgenuß. Das ist selbstverständlich. Die Erholung zählen wir deshalb auch zur Leistung, weil sie eine sinnvolle Vorbereitung zur Leistung ist.

Leerlauf oder wertloser Lauf der Geistesmaschine ist dann vorhanden, wenn wir immer wieder über gleiche Probleme nachgrübeln, ohne neue Gesichtspunkte dafür zu haben und Neues finden zu können, wenn wir über Vergangenes nachgrübeln oder gar einen alten Ärger in Gedanken immer wieder aufwärmen, wenn wir an Belanglosigkeiten denken, wenn wir kitschige Romane lesen, wenn wir eine hohle, nichtssagende Unterhaltung führen.

Wir müssen uns zu positivem Denken erziehen! Auch das will gelernt sein und muß trainiert werden durch Selbstkontrolle. Fragen wir uns immer wieder, ob unser Denken auch positiv ist, ob wir etwas leisten oder ob wir uns wenigsten erholen und entspannen.

Vermeiden Sie jeden Leerlauf des Geistes! Sind Sie müde, dann schalten Sie sich auf Erholung um! Dann genießen Sie! Dann lesen Sie etwas Interessantes! Dann träumen Sie! Dann gehen Sie in eine erheiternde Gesellschaft! Wenn Sie nicht positiv tätig sind, dann nützen Sie die Zeit zu erholender Freude!

Einen Leerlauf oder ein Träumen während der Arbeitszeit dürfen wir uns nie gestatten. Eine Nachlässigkeit in der Selbstkontrolle hat hier die übelsten Folgen. Wenn der Wille nicht achtgibt, schaltet sich die Geistesmaschine zu gern von selbst auf Leerlauf um. Unser Bequemlichkeitstrieb versucht eine Anstrengung zu vermeiden, wo er kann. Da das positive Denken anstrengender als das Träumen ist, besteht immer die Gefahr, daß wir ins Träumen kommen. Sie wissen, was Sie zu tun haben.

Vielen geht es auch so, daß sie gerne positiv und produktiv arbeiten würden, es jedoch nicht vermögen, weil ihnen nichts einfällt, was sie geistig verarbeiten könnten. In diesem Falle hat der Geist zuwenig Rohstoff für eine interessante, positive Arbeit. Es muß ihm mehr geistiger Rohstoff zugeführt werden.

Es sind genug Aufgaben vorhanden, für jede Zeit guter und schlechter Arbeitsdisposition, auch für jede Stimmung. Doch es kommt vor, daß man zur gegebenen Zeit keine passende Arbeit findet.

Hier hilft die A u f g a b e n l i s t e. Schreiben Sie alle Arbeiten, die Sie sich vornehmen, auf eine Liste, auch das, was Sie lesen und lernen wollen, was Sie nochmals durchsehen oder ordnen wollen. Kommt die Zeit, in der ein Leerlauf droht, weil Sie zum Beispiel gerade für Ihre Hauptarbeit zu müde oder nicht in Stimmung sind, so sehen Sie auf Ihre Liste! Auf ihr finden Sie immer etwas, das Sie tun und womit Sie Ihre Zeit positiv ausfüllen können.

Der Produktive denkt und plant schon morgens beim Frühstück und hört den ganzen Tag nicht auf. Das ist das Schöne an der Denkarbeit. Sie kann weiterlaufen, auch wenn der Körper etwas anderes tut, zum Beispiel frühstückt oder den Weg zum Büro geht oder sich auf einem Spaziergang im Walde erholt.

14. Wille und Ziel

Der Wille ist das Befehlszentrum in uns. Er ist es, mit dem wir die vielen unterbewußten Kräfte und Produktionsstätten des Geistes leiten, lenken, anregen und beherrschen müssen.

Der Wille muß ankämpfen gegen das ablenkende Wollen aus den zahlreichen Trieben der Seele, wenn diese etwas anderes wollen als die Vernunft. Darum ist es wichtig, den Willen und das Wollen in Einklang zu bringen. Gelingt dies, so unterstützt und erleichtert das seelische Wollen die Anstrengungen des Willens. Dann fällt alles leichter, dann wird alles freudiger und schöner.

Organisieren Sie Ihre Strebungen und Triebe, Ihre Interessen und Stimmungen.
Sie wissen, Sie müssen sich klar darüber sein, auf welchem Gebiet Sie Leistungen erzielen wollen.
Je klarer und enger umgrenzt der Leistungswunsch ist, desto besser kann man Spezialfähigkeiten ausbilden, Spezialfähigkeiten, die überragende Hochleistungen garantieren.
Die Stärke des Leistungswunsches ist mitbestimmend für die Größe der Leistung selbst. Dies wurde beim Lernen experimentell untersucht. Je größer der Wunsch war, etwas Bestimmtes zu lernen, desto besser wurde es behalten.
Je mehr man eine gewisse Leistung will und wünscht, auch mit starken seelischen Kräften wünscht, desto mehr wird man alles tun, bewußt und unterbewußt, um sein Ziel zu erreichen und eine gute Leistung zu ermöglichen.
Jede Tätigkeit entspringt einem Streben. Das Streben ist die eigentliche antreibende seelische Kraft, der Motor allen Tuns. Je mehr man ein Ziel anstrebt, desto intensiver wird die Tätigkeit selbst sein. Das gilt nicht nur vom Lernen, sondern erst recht von jeder schöpferischen Arbeit.
Man braucht ein Ziel und einen klaren Leistungswunsch auch deshalb, weil man schon bei jedem Lernen das Wichtige und Zweckmäßige heraussuchen muß, wenn man sich mit dem Lernen rationell für seinen Erfolg vorbereiten will. Wichtig und zweckmäßig ist etwas nur in Beziehung zu einem Ziel, zu einer gestellten Aufgabe. Ohne Ziel ist man unfähig, das für einen Erfolg Wichtige und Zweckmäßige zu sammeln.
Man braucht ein Ziel, um Umwege zu vermeiden. Jeder Erfolg ist letztlich nichts anderes als ein Zielerreichen. Jeder Fortschritt ist ein Schritt fort auf dem Wege zum Ziel. Ohne Ziel kann es weder einen Erfolg noch einen Fortschritt geben. Das gilt besonders auf dem Gebiet der geistigen Leistung.
Das Ziel gibt den täglichen Anreiz. Ohne Ziel und ohne Wunsch würden wir zu keinerlei Leistung angeregt werden.
Nützen Sie die Vorteile einer klaren Zielsetzung aus. Es gibt dafür folgende Möglichkeiten:

1. Sie können sich ein großes Lebensziel geben und diesem alles, was Sie leisten wollen, untergliedern, damit jede Leistung einen Fortschritt bedeutet auf dem Wege zu Ihrem großen Lebensziel.
2. Sie können sich Teilziele stecken, bestimmte Teilaufgaben stellen und diese Teilziele mit ganzem Herzen erstreben.
3. Sie können sich eine bestimmte Tätigkeit, zum Beispiel das Lernen von Vokabeln oder das Durchstudieren eines Fachbuches, als Ziel setzen. In der Woche 100 Vokabeln — das ist ein Ziel, das als Anreiz zu dienen vermag. Am Vormittag 20 Briefe zu diktieren, ist auch ein Ziel.

Setzen Sie sich jedes Ziel klar und bestimmt. Fassen Sie den festen Entschluß, dieses Ziel auch zu erreichen. Die Zielsetzung ist so wichtig, daß man auf sie viel Zeit und Sorgfalt verwenden sollte. Wenn man Umwege macht, zum Beispiel eine Sprache lernt, die man später nicht braucht, oder sich in der Radiobranche orientiert, wenn man dann später doch in die Textilbranche geht, so bedeutet das einen großen Energie- und Zeitverlust. Man hat in dieser Zeit versäumt, sich für seine wirkliche Erfolgsaufgabe auszubilden.

Wählen Sie Ihr Ziel gut, damit Sie es später nicht zu ändern brauchen. Viele Berufe verlangen eine gewisse Vielseitigkeit, aber fast überall ist das für einen Erfolg nötige Fachwissen so groß, daß jedes unnötige Wissen auf Kosten des benötigten Fachwissens geht.

15. Setzen Sie sich unter Druck

Sie werden froh sein, wenn keine Termine drohen. Und trotzdem handeln Sie richtig, wenn Sie sich selber von Zeit zu Zeit einen Termin setzen. Da ist die Arbeit, die keine Freude macht und doch erledigt werden muß. Sie neigen dazu, diese Arbeit immer wieder aufzuschieben. Doch damit erweisen Sie sich keinen Dienst. Setzen Sie sich unter Druck. Bilden Sie sich ein, sie muß in zwei Tagen erledigt sein. Schreiben Sie sich diesen Termin auf. Lassen Sie keine Ausrede gelten.

Im Anfang wird es Ihnen nicht leichtfallen, so zu handeln. Sie werden immer wieder stolpern. Bald aber wird Ihnen diese Handlungsweise zur Gewohnheit.

Sie haben sich vorgenommen, sich über ein Thema zu unterrichten. Die Angelegenheit eilt aber nicht. Sie wissen noch nicht einmal, wann Sie das Material brauchen werden. Vielleicht erst im nächsten Herbst. Setzen Sie sich auch in einem solchen Fall unter Druck. Die Gefahr ist groß, daß Sie eines Tages die Unterlagen brauchen und dann nichts aufzuweisen haben. Denken Sie auch daran: Je früher Sie beginnen, desto mehr können Sie feststellen, ohne sich besonders anstrengen oder beeilen zu müssen. Und je mehr Sie in Ruhe zusammentragen, je besser wird die Qualität Ihrer Unterlagen sein.

Das Material, das Sie sich in letzter Stunde besorgen, wird immer lückenhaft sein. Je länger Sie sich einer solchen Arbeit widmen, je mehr Fragen werden auftauchen, für die Sie dann auch Zeit haben.

Wenden Sie die Methode „Mein Termin" auch dann an, wenn von anderer Seite bestimmt ist, wann eine Arbeit abzugeben ist. Setzen Sie sich, wenn es geht, einen Vortermin. Nur so werden Sie in kleinen und in großen Dingen zu Spitzenleistungen gelangen. Immer seltener werden Sie sich hinterher sagen müssen: „Hätte ich doch auch d a r a n gedacht. Hätte ich doch d a s noch festgestellt!"

Es heißt, die besten Gedanken stellten sich erst hinterher ein. Oft ist es so. Finden Sie sich damit nicht ab. Je mehr Zeit Sie sich lassen, um so sicherer können Sie sein, daß Sie all das erfassen, was ausschlaggebend ist.

16. Organisieren Sie Ihre geistige Arbeit

Die Werkstatt des Geistes wurde Ihnen so ausführlich und anschaulich in Bildern beschrieben, damit Sie Ihre Kräfte und Fähigkeiten zu organisieren und zu rationalisieren vermögen. Werden Sie der leitende Ingenieur Ihrer Werkstatt des Geistes! Bestimmen Sie, was Ihr Geist produziert, und überlassen Sie das nicht dem Zufall.

Wissen ist Macht. Das gilt auch hier. In unserem Falle bedeutet das Wissen um die Kräfte und Gesetze unseres Geistes Macht über diese. Es bedeutet weitgehende Möglichkeiten der bewußten Lenkung unserer geistigen Kräfte und damit Rationalisierung und Steigerung unserer geistigen Leistung.

Die Werkstatt des Geistes zeigte die inneren Faktoren. Wichtig für die Leistung und vor allem für den Erfolg sind aber auch die äußeren Faktoren, der Rohstoff, die Umwelt. Auch diese äußeren Faktoren gilt es zu organisieren. Der Geistesarbeiter muß an die Zufuhr des geistigen Stoffes, an das technische Gedächtnis, an die das Leistungstemperament verbessernden Mittel, an das Arbeitsmilieu und nicht zuletzt an ein optimales Heranziehen von Hilfskräften denken. Wer hohe geistige Leistungen vollbringen kann, muß danach trachten, für diese Leistungen frei zu werden. Alles, was andere tun können, soll er Hilfskräften übergeben. Die größtmögliche Gesamtleistung kommt immer dann zustande, wenn jeder möglichst viel an höchstwertigen Leistungen hervorbringen kann. Und es geht der Gesamtleistung etwas verloren, wenn eine hochwertige Leistungskraft wertvolle Zeit mit weniger hochwertigen Leistungen vergeudet.

Neben der Vorbereitung, Lenkung und Beeinflussung der eigenen geistigen Arbeit gehört zur Leistungsorganisation auch die bewußte Steigerung der Leistung der Mitarbeiter und Angestellten.

Versuchen Sie auch die geistige Leistung Ihrer Mitarbeiter zu heben! Es wird Ihr Vorteil sein.

Und halten Sie selbst den Leitgedanken fest: Wie kann ich meine Leistung weiter steigern? Sie vergessen und versäumen dann nichts, was Sie dafür unternehmen können.

Schließlich noch ein Rat: Machen Sie Ihre Arbeit zum Sport! Stellen Sie einen Rekord Ihrer geistigen Leistungen auf. Wie viele gute Briefe können Sie in einer Stunde diktieren? Wie viele Vokabeln können Sie in einer halben Stunde lernen? Wie viele Ideen können Sie an einem Tag produzieren?

Machen Sie einen Wettbewerb! Mit Ihren Arbeitskollegen. Mit sich selbst. Mit den Leistungen des Vortages. Mit Ihrer Konkurrenz. Schlagen Sie die Konkurrenz wie einen sportlichen Gegner.

Trainieren Sie Ihren Geist, wie der Sportler seinen Körper trainiert. Dieser betrachtet alles, was seine körperliche Disposition fördert oder schädigt. Er trinkt keinen Alkohol, er macht keine Diätfehler, er trainiert täglich.

Nehmen Sie Ihren Geist so wichtig wie der Sportler seinen Körper. Sie haben ihm voraus, daß das geistige Training gleichzeitig produktiv ist.

17. Fördern Sie die Leistungen Ihrer Mitarbeiter

Ein amerikanischer Unternehmer hat vor wenigen Jahren das ausgesprochen, was heute noch manche Arbeitgeber und Vorgesetzte glauben:

„Meine Leute werden anständig bezahlt und gut behandelt. Sie erhalten Vergünstigungen, die sich sehen lassen können. Und doch sind sie unzufrieden. Je mehr man ihnen gibt und je mehr man für sie tut, um so mehr wollen sie haben."

Was will der Arbeiter oder Angestellte eigentlich? Diese Frage ist oft gestellt und beantwortet worden. Lassen Sie uns die Frage aufwerfen: Was müssen wir tun, damit der Arbeiter oder Angestellte zum Mit-Arbeiter wird?

Mit gutem Lohn und allerlei Vergünstigungen ist es nicht getan. Das weiß oder sollte ein jeder wissen, der länger im Betriebsleben steht.

Wollen Sie erreichen, daß Ihre Mitarbeiter mehr leisten, dann müssen Sie sich von folgenden Grunderkenntnissen leiten lassen:

- Mitarbeiter wollen in jeder Situation als Mensch und als Arbeiter angesprochen und behandelt werden.

- Sie brauchen als Menschen und als Arbeiter Verständnis und Vertrauen.

- Sie wollen so gestellt sein, daß sie selbständig arbeiten können, Verantwortung haben und mitdenken können.

- Sie wollen, so unbedeutend ihre Arbeit auch erscheinen mag, wissen, daß sie gebraucht werden und daß es ohne sie nicht geht.

- Sie wollen unterrichtet sein über das, was sie betrifft; sie wollen gefragt und gehört werden.

- Sie wollen die Anerkennung haben, die sie brauchen, um mehr leisten zu können.

- Sie wollen das Gefühl haben, daß ihr Chef an sie als Menschen und als Arbeiter glaubt.

Mit Arbeitern oder Angestellten, die sich nur als Lohn- oder Gehaltsempfänger fühlen, kommen Sie nicht weiter.

Merksätze — Wegweiser

- *Seien Sie ein Initiator, der seine Gedanken verwirklichen kann.*
- *Überprüfen Sie Ihre Gewohnheiten.*
- *Verschwenden Sie keine Zeit.*
- *Trainieren Sie sich, in Schwung zu bleiben.*
- *Sie brauchen ein seelisches Gleichgewicht.*
- *Versagen Sie sich nicht die kleinen Freuden des Alltags.*
- *Geben Sie sich optimistischen Vorstellungen hin.*
- *Erkunden Sie die Möglichkeiten, Ihr Leistungstemperament zu steigern.*

X. Kapitel
Mehr Erfolg durch Elementar-Psychologie

1. Wissen + Begabung × Psychologie = Erfolg

Für fast jeden Erfolg muß man andere Menschen für etwas gewinnen, beeinflussen, überzeugen können, gleich ob man Politiker, Unternehmer, Erzieher, Inhaber einer Werbeagentur ist, als Journalist mit einem Artikel „ankommen will" oder ob man vor hat, beliebt oder gar geliebt zu werden. Wie man das am besten kann, das lehrt die Wissenschaft Psychologie; denn sie weiß, wie andere mit ihrer Psyche reagieren, mit ihrer Psyche, die alles Denken, Wünschen, Wollen und auch Handeln bewirkt.

Nun ist aber die Psychologie eine Wissenschaft, die man normalerweise drei Jahre studieren muß. Normalerweise sind die meisten heute nach einem solchen Studium mehr verwirrt als aufgeklärt, oft zu Chaoten und Nihilisten geworden, so sehr wurden sie von den vielen psychoanalytischen Lehren selbst frustriert, exhibitioniert, repressiert, in einen Ödipuskomplex oder sonstwohin getrieben. So sehr, daß man schon ernsthaft darüber diskutierte, ob es nicht sinnvoller sei, auf der Universität den gesamten Psychologie-Betrieb zu schließen.

Wer geistig mehr leisten und im Beruf Erfolg haben will, dem kann man nicht raten, die übliche Psychologie zu studieren. Ich habe für ihn eine andere Psychologie, die einfache, verständliche Elementar-Psychologie, die klar aussagt, worauf und wozu, z. B. auch auf welche Worte und Gesten die Psyche mit ihren Emotionen Liebe, Haß, Ekel, Angst, Stolz, Beschämung, bewundernde Anerkennung oder Ablehnung, Sympathie oder Antipathie usw. reagiert; und wie man das Denken und Wünschen manipulieren kann, auch natürlich, wie man sich selbst und seine Mitmenschen an ihren Äußerungen und ihrem Verhalten besser zu verstehen vermag.

Diese meine Elementar-Psychologie kann man in wenigen Stunden begreifen und in wenigen Tagen erlernen, um sie für seine Aufgaben einsatzfähig zu haben. Die psychischen Funktionsgesetze sind Naturgesetze. Diese sind exakt und lassen sich einfach beschreiben. Der Leser wird dies erkennen, selbst wenn ich im Telegramm-Stil schreibe.

In dieser überarbeiteten Neuauflage meines Buches „Geistig mehr leisten" habe ich nun versucht, diese Psychologie (Lehre von der Psyche und ihren Reaktionen) noch konzentrierter, eben im Telegramm-Stil darzustellen. Ich hoffe auch bei dieser Konzentration den oben erwähnten Effekt, das Verstehen des Wesens der Psyche zu erzielen und damit neue Erkenntnisse praktischer Menschenkenntnis zu vermitteln und die Möglichkeiten für eine berufliche Beeinflussung der Psyche zu zeigen.

2. Was ist und wie funktioniert unsere Psyche?

Die Psyche des Menschen ist ein Organ seines Körpers. Dieses liegt im Gehirn und ist angeboren, ererbt, bei allen Menschen und seit Jahrtausenden gleich wie unsere anderen Organe: das Herz, die Niere, die Leber. Es kann gar nicht anders sein. Was Menschen unterscheidet, ist ihr Geist. Psychen unterscheiden sich nur geringfügig wie andere Organe auch. Alle sind in der Evolution entstanden, funktionieren und reagieren nach exakten biologischen Naturgesetzen. Zu diesen gehören die psychologischen Gesetze auch, die der Reaktion der Psyche.

Das Großorgan Psyche hat Unterorgane, die die Elementar-Psychologie Funktionseinheiten der Psyche nennt, aber auch die elementaren Triebe des Menschen. Jede dieser Funktionseinheiten (FE) ist in der Evolution für eine bestimmte Aufgabe entstanden.

Die FE der Psyche arbeiten nach dem Lust-Unlust-Prinzip. Die meisten besitzen dazu zwei Emotionen, elementare Gefühle, die immer die gleichen und mit keinen anderen identisch sind. Die FE sind Mechanismen (biologische Regelsysteme), weil sie auf gleiche Ursachen (Reize, Signale, Empfindungen, Wahrnehmungen, Vorstellungen) stets in gleicher Weise reagieren. Sie sind zugleich zielstrebig, weil sie mit ihren Reaktionen eine biologisch-soziale, das Leben und die Art erhaltende Aufgabe erfüllen, für die sie durch die Evolution entwickelt wurden, genauso wie die Niere zur Wasser- und Gift-Ausscheidung, das Herz als Blutpumpe usw. sich entwikkelt haben.

Die exakt reagierende FE der Psyche lenken unser Denken, Fühlen, Wünschen, Wollen, Tun. Bei Tieren nennt man solche: Reflexe, Instinkte, auch schon Triebe. Im Menschen sind neben den primitiven, das Leben erhaltenden auch höhere Triebe (FE) für soziale und andere Aufgaben entstanden.

Die Psyche ist das Organ des Menschen, das mit dem Phänomen Bewußtsein arbeitet. Darin unterscheidet es sich von allen anderen Organen.

3. Zum Leben notwendige Triebe und Bedürfnisse des Menschen

Wohl der zuerst entstandene Trieb aller Lebewesen ist der Nahrungstrieb. Auch der Mensch braucht ihn. Seine zur Nahrungssuche und Nahrungsaufnahme drängende Unlust-Emotion ist der Hunger. Seine zum Essen verlockende und die das dem Trieb gehorchende Tun belohnende Lust ist der Appetit, den wir uns als Wohltat auch gegenseitig wünschen.

Das quälende Durstgefühl treibt uns zum Trinken. Das Trinken selbst, vor allem nach Durst, erleben wir lustvoll bewußt. Empfindungen und Gefühle des Wohlgeschmacks begleiten die Lust beim Essen und Trinken.

Das sind ganz einfache FE und Triebe. Ihre Wünsche gehören zu den Elementarbedürfnissen der Menschen. Milliarden Menschen und ganze Industrien arbeiten, um diese zu befriedigen. Zur Beseitigung der Unlust Hunger wurde Jahrtausende gearbeitet, geschuftet, wurden Menschen zur Arbeit gebracht und ausgebeutet. Die Verlockung mit den Lustgefühlen dieser elementaren Triebe spielt nicht nur in der Werbung, sondern auch im Verkehr unter den Menschen eine große Rolle. Die Liebe geht durch den Magen. So heißt ein Sprichwort, das oft zutrifft, bei Tanten, die sich bei Kindern mit Süßigkeiten beliebt machen wollten, bei Politikern, die ihr Volk satt zu machen versprachen, bei der Ehefrau, die gut kochen kann.

Eine weitere FE ist der Reinlichkeitstrieb. Seine elementare Unlust ist das Ekelgefühl, das von seinen spezifischen Signalen, nämlich Empfindungen, Wahrnehmungen und Vorstellungen von etwas Schleimigem, Schmierigem, Klebrigem, Krabbelndem, Kriechendem, von Schmutz, Eiter, Speichel, Kot u. ä. ausgelöst wird. Lange bevor wir mit dem Mikroskop die Bakterien als Krankheitserreger erkannten, dienten dieser Trieb und sein Gefühl der Hygiene, der Reinhaltung des Körpers vor Krankheitserregern sowie auch zur instinktiven Abwehr gegen Ungeziefer und Schlangen.

Auch Vorstellungen der Signale des Ekels, sogar im übertragenen Sinne, von Schmutz, unrein usw. wirken auf die Emotionen. In der Politik und Werbung kann man selbst diesen Trieb, auch ein elementares Bedürfnis der Menschen, benutzen. Der „weiße Riese", die saubere Wäsche u. ä. geben Zeugnis davon. Politiker erregen Ekel für ihren Gegner, wenn sie ihm irgend etwas Schmutziges anhängen können.

Ohne die Unlust Schmerz würden wir uns an Heißem verbrennen, nicht unsere Glieder zurückziehen, von dem, was uns verletzte, nicht ein gebrochenes oder entzündetes Glied schonen. Der Schmerz hat also, wie jede Emotion, eine Aufgabe, einen Zweck.

Mit der Unlust Schmerz konnte man Menschen schon immer zu etwas bringen, was man von ihnen erreichen wollte. Im Altertum und Mittelalter, ja noch vor kurzem und mancherorts noch heute standen und stehen Aufseher mit Peitschen hinter Galeerensklaven, Pyramidenbauern, Zuckerrübenpflanzern. Eltern und Lehrer erzogen mit Schmerzen bereitenden Schlägen. Man foltert, um Geständnisse oder Geld zu erhalten. Mit Schmerzfreiheit verlockt und wirbt man zum Kauf von Arzneien und auch anderen Dingen. Für die Schmerzbefreiung arbeiten die Ärzte und ihre Helfer.

Ein weiteres elementares Gefühl mit einer eigenen Aufgabe ist die Angst. Die Angst auslösenden Signale sind Empfindungen, Wahrnehmungen und Vorstellungen einer Gefahr und Bedrohung des Lebens, der Existenz, der Familie, des Besitzes.

Jeder Mensch mit einem gesunden Menschenverstand kann die biologische Aufgabe der FE unserer Psyche, die mit der Emotion Angst arbeitet, erkennen. Psychologen und Psychoanalytiker schrieben Bücher über die Angst und sahen diese Aufgabe nicht. Sie hielten und halten noch alle Gefühle (Emotionen) für zwecklos. Sie sehen nicht, daß in der Natur und Evolution nichts ohne eine Aufgabe entstanden sein kann.

Die FE mit dem Angstgefühl soll uns Gefahren fliehen, vermeiden, uns aus einer Umwelt und von Lebewesen, die Leben, Existenz, Familie, Eigentum bedrohen, entfernen lassen. Dies ist ein sehr zweckmäßiger biologischer Mechanismus. Auch bei vielen Tieren können wir einen solchen Gefahrenfluchttrieb erkennen.

Wer die auslösenden Signale weiß und die Aufgabe begriffen hat, kann jede Angst analysieren. Will er sie beseitigen, tut er am besten, was dieser Trieb ihm mit seiner Unlust befiehlt, und entfernt sich aus dem ihm gefährlichen Milieu oder erkennt und beseitigt die Bedrohung und Gefahr.

Nur Menschen, deren Hirnstoffwechsel gestört ist, erleben Angst ohne eine Wahrnehmung der spezifischen Signale. Da Gefühle im Blut und Gehirn auch chemisch gesteuert werden, kann eine fehlerhafte Produktion eines Angsthormones eine unbegründete Angst erzeugen. Ähnliches sehen wir bei Depressionen. Manche Angst entsteht auch durch Empfindungen, die das Herz bei Angina pectoris oder Rhythmusstörungen verursacht. Sie signalisieren Lebensbedrohung. Oft sind es nur unbestimmte, nur halb bewußt werdende Vorstellungen, die Angst erzeugen. Man muß sie sich klar bewußt machen. Dann wird das große Schattengespenst zum kleinen Gegenstand, der den großen Schatten warf, die Angst dabei geringer.

Mit Angst-Signalen kann man Massen und Einzelpersonen manipulieren, kann für Angstbefreier, z. B. eine Lebensversicherung oder Arzneien gegen Krebs, werben. Wer ängstlichen Frauen Sicherheit und Geborgenheit gibt, wird geliebt. Politiker und Massenmedien sollten versuchen, die Menschen von Angst zu befreien. Meist tun sie das Gegenteil. Angst macht krank, Angstbefreiung wieder gesünder.

4. Ärger und Aggression

Die meisten Menschen ärgern sich täglich über irgend etwas. Eine Studie fand durch Befragung, daß sich die Untersuchten durchschnittlich 12,7 mal am Tag geärgert hatten. Ärger ist häufiger als Schmerz, ist das häufigste Unlustgefühl. Wissen Sie, was der Ärger ist, den Sie so oft fühlen? Im Großen Duden-Lexikon ist das Wort Ärger merkwürdigerweise überhaupt nicht zu finden. Im Großen Fischer-Lexikon steht nur: Ärgernis, Ärger, Anstoß, insbesondere Verletzung des religiösen oder sittlichen Gefühls durch Gotteslästerung.

Im dreibändigen Lexikon der Psychologie (Herder, 1971) ist Ärger auch nicht zu finden. Gibt es also keinen Ärger? Ist er ein so vager Begriff, daß er nicht einmal in einem großen Psychologie-Lexikon erwähnt wird? Dabei hat unsere Psyche doch so viel unter der Emotion Ärger zu leiden.

Die Elementar-Psychologie definiert den Begriff Ärger exakt. Ärger ist eine Emotion (ein Gefühl). Natürlich hat diese Emotion auch eine Aufgabe, einen Zweck, und wir kennen die auslösenden Signale. Empfindungen, Wahrnehmungen und Vorstellungen eines Angriffes sowie einer Störung oder Behinderung unserer Person, unseres Lebens, Strebens, Besitzes und der Personen, mit denen wir uns identifizieren.

Ärger ist mit den Emotionen Wut, Zorn, Gereiztheit, Mißmut identisch. Behinderung ist gleich Frustration. Nur verschiedene Anlässe und Stärkegrade lassen uns verschiedene Worte für diese elementare Emotion wählen. Die Begriffe Wut und Zorn sind im Großen Psychologie-Lexikon ebenfalls nicht genannt.

Der Zweck der von den genannten Signalen ausgelösten Emotion ist ohne Zweifel die Abwehr oder Vernichtung der Gegner und Objekte, die uns angreifen oder unser Streben behindern. Diese Abwehr imponiert auch als Aggression. Deshalb kommt es zur berühmt gewordenen „Aggression durch Frustration". Diese drei Worte dienten der ganzen antiautoritären Revolution als Leitsatz und wissenschaftliche Begründung.

Für die Leser dieses Buches, die nun ihren täglichen Ärger besser erkennen und analysieren können, kann ich noch das folgende psychologische Naturgesetz verraten, das ihm zu helfen vermag, vielen Ärger zu vermeiden.

Die Stärke des Ärgers ist abhängig von der Stärke des gestörten und behinderten Strebens und dem Grad der Behinderung (Frustration). Der Ärger hat also zwei Ursachen. Den von außen kommenden Störungen und Behinderungen können wir nicht immer entgehen. Wir können aber die zweite Ursache unwirksam machen, das eigene Streben ändern, von dem wir wissen, daß es dauernd gestört wird. Gehen Sie nicht immer wieder den Weg, auf dem Sie sich immer wieder verletzen. Dann gibt es keinen Ärger mehr über ständig das gleiche.

5. Die Liebe

Unsere Psyche besitzt nicht nur egoistische, das Einzelleben erhaltende elementare Bedürfnisse, Triebe, Funktionseinheiten, Unterorgane der Psyche, sondern auch solche, die die Art erhalten und das Zusammenleben der Menschen zweckmäßig regulieren sollen. Der die Art erhaltende Sexualtrieb ist ein solcher Trieb. Er hat nur einen Zweck, kann allerdings auch zum allgemeinen Lustgewinn ausgenutzt werden.

Ein hochinteressantes Gefühl ist die Liebe, ist das, was wir „seelische Liebe" nennen. Diese Emotion ist mit Zuneigung und Sympathie identisch. Im Psychologie-Lexikon gibt es weder Liebe noch Zuneigung noch Sympathie. Psychologen schreiben, sie sei eine sinnlose Emotion, alle Gefühle seien ohne Sinn und Zweck.

Nun, das Gefühl Liebe gibt es. Seit Jahrtausenden haben es Dichter beschrieben. Jeder kennt es, jeder fühlt es von Zeit zu Zeit oder immer. Jeder wünscht, daß er selbst oder andere es fühlen. Viele meinen, daß es das Schönste ist, was es gibt auf der Welt. Ohne Zweck und Aufgabe wäre es von der Evolution nicht geschaffen worden. Es hat auch seine spezifischen Signale, ohne die keine Emotion ausgelöst und gefühlt werden kann.

Das Gefühl der Liebe (Sympathie) wird von Objekten und für Objekte ausgelöst, die uns signalisieren, d. h. von denen Empfindungen, Wahrnehmungen oder Vorstellungen kommen, die zeigen, daß sie in uns lustvolle Gefühle erzeugen, unser Streben fördern, unsere Wünsche erfüllen.

Das Gegengefühl zur Liebe ist die Antipathie, die sich bis zum Haß steigern kann. Diese Emotion entsteht von und für Objekte, die in uns negative, unlustvolle Gefühle erzeugen oder unserem Streben und der Erfüllung unserer Wünsche hinderlich sind.

Unsere kluge Sprache hat schon seit Jahrhunderten den Zweck dieser Emotion in den Worten Zuneigung und Abneigung ausgedrückt. Wir sollen uns den uns günstigen Objekten zuneigen, zu ihnen hinstreben, bei ihnen bleiben wollen und uns von den anderen abwenden, nicht bei ihnen bleiben. Ganz automatisch-instinktiv bewirken diese Gefühle das entsprechende Handeln. Wer Zuneigung, Sympathie, Liebe, erwecken will, zeige die entsprechenden Signale. Liebe gibt dem Geliebten viele Vorteile. Er selbst wird gefördert, beschenkt, als Politiker gewählt. Vom Gehaßten wendet man sich ab. Man wünscht und tut ihm nichts Gutes.

6. Der mächtige Geltungstrieb

Nicht der Sexualtrieb, von dem Sigmund Freud meinte, daß von ihm alles Begehren ausgehen würde, ist bei den meisten Menschen der stärkste und am meisten unser Verhalten beeinflussende Trieb, sondern der Geltungstrieb. Er ist nicht durch (falsche) Erziehung, einen Zeitgeist o. ä. erworben, wie vielfach geglaubt wird, sondern ebenfalls uns als ein Organ unserer Psyche, ein Regelmechanismus für ein soziales Verhalten in unserem Gehirn verankert, angeboren. Alle Völker zeigen ihn. Jedes Kleinkind schon will beachtet werden und reguliert sein Tun danach, wie es von Zuschauern gewertet wird.

Der jedem Menschen angeborene Geltungstrieb kann vielseitig genutzt werden, wie eine Naturkraft, die unendlich viel bewirkt, bewegt, gestaltet. Dazu muß man das Gesetz dieser Naturkraft kennen, vor allem die Signale, die seine Emotionen auslösen.

Das Lustgefühl des Geltungstriebes ist ein Gefühl des Stolzes. Jeder kennt diese angenehme Emotion, die manche geradezu körperlich, unsere Brust hebend, als innere Wallung fühlen, wenn sie gelobt oder irgendwie ausgezeichnet werden. Das Unlustgefühl dieses biologisch-psychologischen Regelmechanismus ist ein Scham- oder Blamage-Gefühl. Wir erleben es bei einer Blamage, einem Tadel, einer Kränkung usw.

Die Signale für das erhebende, angenehme Lustgefühl des Stolzes sind Wahrnehmungen und Vorstellungen, die uns bedeuten, daß unser Wert hoch eingeschätzt oder erhöht wurde oder wird. Signale für das quälende Unlustgefühl Scham sind Wahrnehmungen oder Vorstellungen, die uns anzeigen, daß unser Wert gering eingeschätzt oder herabgesetzt wurde oder wird.

Auszeichnungen, Orden, Titel, gute Noten, Komplimente, Zeichen der Liebe, einfache Beachtung schon durch die Nennung des Namens, machen uns stolz. Tadel, Beschimpfungen, Diskriminierung, Nichtbeachtung, Vergessen eines Grußes sowie auch ein eigener Minderwertigkeitskomplex verursachen das Unlustgefühl. Bei einer Blamage haben wir Angst, wegen unseres Fehlverhaltens abgewertet zu werden. Den Wert herabsetzende Kränkungen machen tatsächlich oft krank.

Was das Prestige, d. h. die Geltung und Wertschätzung heben kann, wird gewünscht, gesucht, gekauft, getan. Die Angst vor der Blamage und Scham verhindert mehr Verbrechen, asoziales und böses Verhalten als alles andere.

Nun sehen wir auch die Aufgabe des Geltungstriebes. Er soll uns so verhalten lassen, daß wir wertvoll sind und bleiben, was wir durch die Aussagen unserer Mitmenschen kontrollieren können.

Wer andere stolz macht, durch Komplimente, Lob, Anerkennung, macht sich selbst beliebt. Wer beschämt und kränkt, macht sich unsympathisch und verhaßt.

Für die Wertung der Menschen haben wir noch ein zweites Seelenorgan erhalten, das seit Urzeiten ebenfalls eine soziale Aufgabe hat, allerdings nicht die einer Gleichmacherei. Lesen Sie dazu nur vier Sätze, die mit der Nennung der Signale zugleich den exakten Mechanismus dieser FE Psyche zeigen:

Signale für das Gefühl der Achtung (Bewunderung) sind Wahrnehmungen und Vorstellungen, die uns Hochwertigkeit, Vollkommenheit, Größe, Erhabenheit oder eine besondere Leistung anzeigen. Das Gefühl der Achtung richtet sich auf das hochwertige Objekt.

Signale für das Gefühl der Verachtung (Geringschätzung) sind Wahrnehmungen und Vorstellungen von Objekten mit einer Minderwertigkeit, Unvollkommenheit, Niedrigkeit, Schlechtigkeit. Das Gefühl der Verachtung richtet sich auf das minderwertige Objekt.

Auch Schönheit und Häßlichkeit rühren uns primär gefühlsmäßig an, noch bevor der Verstand etwas dazu sagt. Lesen Sie die beiden Lehrsätze (über ein Naturgesetz) von unserem Seelen-Organ „ästhetischer Sinn" und Sie wissen, welche Aufgabe dieser in unserer Psyche hat. Die Signale für ein elementares, lustvolles, angenehmes, uns anziehendes Gefühl der Schönheit sind Wahrnehmungen vollendeter, gesunder Formen, Gestalten, Farben und von Wesen, die nach den Gesetzen der Harmonie gestaltet und geordnet sind.

Signale für ein unlustvolles, unangenehmes, uns quälendes, abstoßen und wegtreiben wollendes Gefühl der Häßlichkeit sind Wahrnehmungen von Häßlichem, Krankem, Zerstörtem, Unharmonischem, von Unordnung und Chaos.

7. Eine Urkraft des Bösen

In nur zwei Sätzen auch lassen sich Gesetz und Mechanismus und eigentlich schon alles Wissenswerte über die Emotion Neid und Schadenfreude darstellen, über Emotionen, die als mächtige, bewegende Kräfte sehr viel, vor allem in der Politik bewirken.

Das quälende, unser Wohlbefinden und Glücklichsein vergiftende Gefühl des Neides wird von Wahrnehmungen und Vorstellungen ausgelöst, die uns zeigen, daß andere mehr haben, können, gelten, erhalten, sind, schneller vorankommen als wir selbst. Ein lustvolles, uns oft sogar zum Lachen bringendes Gefühl der Schadenfreude wird von Wahrnehmungen und Vorstellungen ausgelöst, die uns signalisieren, daß andere weniger haben, können, gelten, erhalten, weiterkommen, sind als wir selbst.

Dieser Trieb im Menschen will andere von ihrer Höhe herunterziehen, enteignen, schädigen, ihrer Schönheit berauben, ohne eigenen Nutzen. Er ist deshalb eine Urkraft des Bösen und Ursache von Mißgunst und Eifersucht. Wir fragen nach der sinnvollen Aufgabe dieses Triebes und können uns nur denken, daß er in Urzeiten, als Nomadenherden sich von der Jagd ernährten und immer weiter durch gefährliche Feindgebiete zogen, ein Trieb mit Futterneid war, der den anderen das Gefundene abjagen ließ und zu teilen zwang, in einer Zeit, in der keiner alleine zurückgelassen werden und keiner sich mit Besitz belasten durfte. Das war eine sinnvolle Aufgabe für das Überleben, wahrscheinlich weit mehr als eine Million Jahre lang.

8. Leistungstriebe

Milliarden Menschen kennen eine quälende Unlust, die zu beseitigen sie Alkohol trinken, Drogen nehmen, tausenderlei Beschäftigungen und Spiele erfunden haben, ganze Industrien eingesetzt wurden, viele Jugendliche aggressiv werden, ja sogar Verbrechen begehen. Dieses so häufig uns Menschen quälende Gefühl nennen wir Langeweile. Trotz seiner großen Bedeutung als Leidgefühl und Veranlasser des eben Erwähnten, ist diese Emotion der Universitäts-Psychologie unbekannt. Es ist in keinem psychologischen Lexikon zu finden. Lesen Sie das Wirkgesetz! Sie werden dabei sogar selbst finden, was die Aufgabe dieses Triebes und Seelenorganes ist, das mit dieser Unlust sein Ziel verfolgt.

Die elementare Unlust Langeweile wird von Wahrnehmungen und Vorstellungen ausgelöst, die uns zeigen, daß wir untätig sind, nichts oder zu wenig erleben, daß sich zu wenig verändert, daß das Leben nicht so recht weitergeht, von Wahrnehmungen einer langsamen, monotonen, wenig abwechslungsreichen Arbeit und Umwelt.

Das zu dieser FE gehörige Lustgefühl können wir Kurzweilgefühl nennen. Ein Weiterschreiten nach einem zu langen Verweilen auf einem Rastplatz, das langweilig wird, ein nur kurzes Verweilen, viel

Veränderung, Tapetenwechsel, eine flott vorangehende Arbeit, das löst ein angenehmes Gefühl der Kurzweil aus.

Wer flott arbeitet, erlebt Kurzweil. Der Trödler straft sich selbst mit Langeweile. Wer mehr Arbeitslust schaffen will, macht die Arbeit abwechslungsreich und nicht monoton oder läßt sie mit Tätigkeiten abwechseln. Bei monotoner Arbeit, die keine besondere Aufgabe erfordert, hilft Musik. Daß die Langeweile uns quälen soll, damit wir tätig sind, können wir aus der Existenz dieser elementaren Unlust-Emotion logisch schließen. Der Mensch ist zur Arbeit geboren.

Neben den beschriebenen Tätigkeiten besitzen wir auch einen eigenen Leistungstrieb, der eine elementare Lust und Freude an der eigenen Leistung fühlen kann. Zu dieser kann noch Stolz auf seine Leistung treten. Wer die Leistungsfreude haben will, spendet (signalisiert) Wahrnehmungen und Vorstellungen einer großen Leistung. Jeder Arbeitgeber oder Käufer einer Leistung sollte die Leistung deutlich anerkennen und nicht aus eigener Geltungssucht und Angst, dann vielleicht mehr Lohn zahlen zu müssen, ihm diese Anerkennung verweigern. Wer die Leistung anderer anerkennt, macht sich beliebt, weil er dem anderen positive Gefühle schenkt.

9. Macht über die Psyche

Das Erkennen der Naturgesetze gab uns mit der Technik Macht über diese. Wir können die Naturkräfte nutzen. Die Kenntnis der exakten psychologischen Gesetze gibt uns Macht über die Psyche, über unsere eigene und über die unserer Mitmenschen.

Setzen Sie die Ursache, es folgt die Wirkung. Setzen Sie für einen elementaren Trieb seine Signale. Es folgt die Emotion und das dazugehörige Wünschen, Wollen, Handeln. Jeder Trieb treibt zu einer Tat oder zu einem bestimmten Verhalten.

Machen Sie sich klar, welche Wünsche, Taten, Einstellungen Sie von anderen erreichen wollen. Dann denken Sie darüber nach, welche elementaren Triebkräfte dafür einsetzbar sind. Ich zeigte schon, wie man Liebe, Achtung, Bewunderung erzeugt, geliebt und gewählt werden kann, die Leistungsfreude hebt, Langeweile beseitigt. Vieles andere können Sie selbst finden, wenn Sie immer wieder einmal die einfachen Gesetze der Psyche studieren. Dann geht Ihnen manches Licht auf. Welches Streben haben Sie bei Ihrem Sohn behindert oder gestört, daß er sich so aggressiv verhält? Sie können sich dies fragen und dann ihre Behinderung oder das Streben Ihres Sohnes, ihn auch aufklärend zu verändern suchen, um Ihrem Sohn und auch Ihnen selbst viel Ärger zu ersparen. Vielleicht ist ähnliches auch zwischen Ihnen und Ihren Mitarbeitern, Vorgesetzten, Angestellten möglich.

Das Wichtigste für den Erfolg Ihrer Psycho-Technik ist jedoch die Wenn-dann-Methode. Alle elementaren Lust-Emotionen und das, was sie erzeugt, wird erstrebt, alle Unlust-Emotionen will man vermeiden. Das ist die ganze psychische Kraft. Wollen Sie etwas bei anderen erreichen, z. B. daß er etwas kauft, tut, wählt, dann bieten Sie ihm eine Lust-Emotion oder gleich mehrere an und sagen: wenn — dann. Zum Kind: erst wenn du deine Hände gewaschen hast, bekommst du dein Butterbrot mit Honig.

Oder man droht Unlustgefühle an, wenn der andere nicht tut, was er will. Zuckerbrot und Peitsche. Heute wählen wir lieber die Zuckerbrot-Methode. Das Zuckerbrot ist meistens Geld.

Wer jedoch die elementaren Triebe und „Sinne" und deren elementaren Bedürfnisse kennt, kann mehr tun mit seiner Wenn-dann-Methode. Für das, wofür er Emotionen wecken will, setzt er alle verlockenden Signale ein, die das betreffende Objekt haben kann. Dieser Pelzmantel ist nicht nur warm. Er ist leicht, für seine Qualität billig. Er hebt ihr Prestige. Männer werden Sie bewundern und lieben. Sehen Sie sich nur im Spiegel an, wie schön Sie in diesem Mantel sind.

Kein Mensch läßt sich zu etwas zwingen. Er hat stets die Wahl und sucht stets, was ihm mehr positive Emotionen und weniger Unlust-Emotionen verspricht. Ein Esel läßt sich weder ziehen noch schieben. Doch er geht voran, sobald man vor ihn das hält, was er gerne frißt. Sie erreichen nur so etwas: Der andere muß wollen, was er soll. Manipulieren Sie sein Wollen.

Machen Sie sich einen Spaß und ein Spiel daraus zu beobachten und zu überlegen, was Ihre Mitmenschen jeweils zu dem treibt, was sie gerade tun, nachdem Sie ja jetzt wissen, was genau sie dazu treiben, verlocken, in die entsprechende Stimmung (Emotion), von etwas abhalten kann. Es wird ein lustiges und zugleich lehrreiches Spiel sein.

Und dann beweisen Sie sich, daß Sie selbst zunehmend Macht über die Psychen, d. h. das Fühlen, Wollen, Wünschen, Tun, Verhalten Ihrer Mitmenschen gewinnen.

10. Psyche und Geist

In dieser Kurzfassung der Elementar-Psychologie konnte ich nur die wichtigsten und nicht alle elementaren Unterorgane (FE) der Psyche kurz darstellen. Der Leser sah dabei, daß exakte Gesetze befolgt werden, die Naturgesetze sind wie z. B. die physikalischen. Danach wäre die Psyche eine Art psychische Maschine, die nur reagiert. Es ist so. Auch alle anderen Organe müssen exakt reagieren und funktionieren. Jedes Abweichen davon bedeutet bereits eine Krankheit.

Die Psyche reagiert. Der Geist jedoch lenkt unser Tun, weil er die Vorstellungen produziert, auf die unsere Psyche exakt reagiert. Über den Geist, das Bewußtsein und die geistigen Fähigkeiten klären andere Kapitel dieses Buches auf.

Ich hoffe, der Leser hat durch diese Kurzfassung der Elementar-Psychologie im wesentlichen verstanden, was die Psyche ist und wie sie funktioniert. Über diese Elementar-Psychologie gibt es Lehrgänge und Bücher, die man zur Erweiterung seines Wissens studieren kann (siehe Buchanzeigen am Schluß!). Ich bitte den Leser, diese einfache verständliche Elementar-Psychologie nur einmal mit einem Lexikon der Psychologie zu vergleichen, um zu sehen, wie verwirrend ein Studium der Psychologie auch sein kann.

Den vielen verschiedenen psychologisch-psychoanalytischen Lehren ist die Psyche ein nebelhaftes, mit dem Verstand nicht faßbares, unerforschlichen Gesetzen folgendes, bei jedem Menschen anderes Gebilde. Deshalb kann man über diese so viele verschiedene Aussagen machen, daß sie unendlich viele Bände füllen können. Der Elementar-Psychologie nach ist die Psyche ein exakt und bei allen Menschen gleich funktionierendes Organ, das man beschreiben und mit dessen Reaktionen man rechnen kann. Krankhafte Funktionen sind eine seltene Ausnahme. Den Psychoanalytikern ist die Psyche voller Abnormitäten und Komplexe. Keine funktioniert nach festen Gesetzen.

Die vielen psychoanalytischen Lehren bringen Unordnung, die Elementar-Psychologie bringt Ordnung in das Denken und einen Sinn in das Leben und das Denken, Fühlen, Wünschen, Handeln. Zur Steigerung der geistigen Leistung braucht man stets Darstellungen nach dem Motto: exakt, kurz, eindeutig, verständlich. Wer die einfachen, verständlichen Gesetze der psychischen Reaktionen gelesen hat, versteht nicht nur sich selbst besser, sondern weiß nun, mit welchen Worten und Gesten er auf die Psyche seiner Mitmenschen einwirken kann, um bei diesen den von ihm gewünschten Erfolg zu haben.

Merksätze — Wegweiser

- *Die Psyche reagiert nach exakten Gesetzen. Wer diese kennt, gewinnt Macht über die Psyche.*
- *Alle Angenehme oder Unangenehme, aller Wert oder Unwert der Dinge ist gegeben durch die Emotionen (Gefühle), die diese Dinge auslösen. Prägen Sie sich ein, welche Emotionen dies sind und wodurch sie ausgelöst werden!*
- *Jede psychische Reaktion hat eine Ursache. Wer diese Ursachen kennt, kann die gewünschte Reaktion, eine Emotion, ein Wünschen, Wollen, Handeln bewirken.*
- *Die Psyche reagiert. Der Geist lenkt. Von diesem Geist hängt Ihr Schicksal ab. Wie Sie am besten diesen Geist sinnvoll bilden und trainieren können, dazu will dieses Buch Ihnen Ratschläge geben.*

XI. Kapitel

Gewohnheit und Leistung

1. Von der Macht der Gewohnheit

Sie kennen die Gewohnheit und wissen von ihrer Macht. Überschätzen Sie aber diese Macht nicht. Machen Sie sich mit ihr vertraut, damit Sie ihre Stärke gewinnbringend einsetzen können. Werden Sie sich über Ihre Gewohnheiten so klar, daß Sie feststellen können, welche Ihnen nützen, welche Ihnen schaden und welche Ihnen fehlen, um Ihre Ziele zu erreichen.
Sie haben erkannt, daß Gewohnheiten etwas sind, für das wir verantwortlich sind. Wir können sie überwinden, aber auch übernehmen. Nur eines vermögen wir nicht: sie wie ein Gewand anzulegen oder abzulegen. Keine Gewohnheit läßt sich sofort erwerben oder abstreifen. Dafür braucht es Zeit, viel Zeit, Geduld und Ausdauer. Werden Sie wählerisch, auch hinsichtlich Ihrer Gewohnheiten. Befreien Sie sich von jeder Gepflogenheit, die Sie belastet, die Ihnen schadet, und lassen Sie alles zur Gewohnheit werden, was Sie voranbringt, Sie mehr leisten läßt. Verzagen Sie aber nicht, wenn das, was Sie wollen, nicht gleich erreicht wird. Machen Sie sich mit Selbstvorwürfen nicht aktionsunfähig, wenn Sie immer wieder in Ihre alte Gewohnheit verfallen, mit der Sie nichts mehr zu tun haben wollten. Und lassen Sie nicht locker, nach der Gewohnheit zu streben, die Sie sich erwerben wollen. Ihr Verbündeter ist die Zeit. Sie läßt Sie nicht im Stich, wenn Sie aktiv bleiben.

2. Meditieren Sie

Auf vielerlei Arten können wir unsere Freizeit verbringen. Viele lesen, manche hören Radio oder sitzen vor dem Fernsehapparat. Andere studieren, treffen sich mit ihren Bekannten, gehen ins Kino oder in das Theater, wandern, treiben Sport oder gehen ihrer Liebhaberei nach. Aber nur wenige sind es, die sich die Zeit nehmen zu meditieren, in sich zu gehen, sich zu besinnen und ins Reine zu kommen mit all dem, was ihr Leben bewegt und aufwärtstreibt.

„Meditieren" wird in unserer Zeit klein geschrieben. Der moderne Mensch bringt es anscheinend nicht fertig, auch nur kurze Zeit dazusitzen und nichts anderes zu tun, als in sich zu gehen. Er muß immer „beschäftigt" sein, und dabei übersieht er, daß Menschen, die es gelernt haben zu meditieren, sehr wohl beschäftigt sind, noch dazu in einer sehr positiven Weise. Sie sitzen nicht einfach da, dösen und vertrödeln kostbare Zeit. Sie hängen vielmehr ihren Gedanken nach und verstehen es, sie zielsicher so zu steuern, daß sich keine Wunsch- und Sorgenträume einschleichen.

Meditieren Sie regelmäßig. Sie brauchen diese Besinnung, jeden Tag, wenn Sie zufrieden und erfolgreich sein wollen, wenn Sie als Einzelperson und als Glied der Gesellschaft mit Ihrem Leben fertigwerden und den Weg vor sich so klar sehen wollen, daß Sie ihn wohlausgerüstet und aufnahmebereit gehen können.

Sie brauchen nicht daheim zu sitzen. Sie können sich auch in der Natur, überall, besinnen. Sie müssen es nur lernen, sich zu entspannen, sich abzuschalten von all dem, was Sie umgibt und bewegt. Es ist eine Kunst, die jeder erlernen und mit der Zeit meistern kann.

Lassen Sie Ihren Gedanken den freien Lauf, den sie brauchen. Stellen Sie ihnen nicht eine bestimmte Aufgabe. Lassen Sie sich überraschen. Ergreifen Sie das Steuer erst dann, wenn eine wesentliche Frage aufgetaucht ist.

Verzichten Sie keinesfalls auf diese Zeiten der Selbstbesinnung. Es sind die Zeiten, in denen die besten Gedanken reifen.

3. Suchen Sie nach Anregungen, auch im Alltag

Wir legen die Tageszeitung verärgert beiseite oder schalten das Radio aus. Wir meinen, es gehe ohne die Zeitung oder das Radio. Die Zeit sei doch nur vergeudet. Wir hätten Besseres zu tun.

Sie haben sich vielleicht vorgenommen, vieles in der Zeitung zu übergehen und nur noch das zu lesen, was für Sie wertvoll ist. Das sollten wir alle tun und so Zeit einsparen. Wir dürfen aber nicht vergessen, daß manches in einer Zeitung an verborgener Stelle steht, was uns vielleicht gute Dienste leisten kann. Wir denken an eine Anzeige, die auffällt, weil sie anders, ungewöhnlich ist, an eine Buchbesprechung, die wir uns merken sollten, oder an eine Abhandlung, die Fragen anschneidet, mit denen wir viel anfangen können. Es sind nicht immer die Schlagzeilen, die uns etwas zu bieten haben. Selbst die vielgelesene und vielgeschmähte Illustrierte enthält für den geschulten Leser manches, an dem er nicht vorübergehen sollte. Beschränken Sie Ihren täglichen Lesestoff, gewöhnen Sie sich aber auch daran, auf Entdeckungen auszugehen. Stellen Sie fest, an welchen Stellen in der Zeitung oder der Illustrierten etwas stehen könnte, was Sie aufnehmen sollten. Suchen Sie diese Stellen ab. Je häufiger Sie das getan haben, um so weniger Zeit werden Sie dafür brauchen, um so treffsicherer wird Ihr Blick werden.

Keiner von uns hat es nötig, darüber zu klagen, daß es im Alltagsleben an Anregungen fehle. Sie sind für jeden, der auf Entdeckungen aus ist, reichlich vorhanden.

Ein drittes Beispiel aus dem Alltag bietet uns die Unterhaltung, der wir oft gegen unseren Willen ausgesetzt sind. Es ist schon das Wort gefallen: „Um Konversation zu treiben, ist mir die Zeit zu schade, ich drücke mich, wann immer ich kann."

Haben Sie etwas Besseres vor, so tun Sie das. In allen anderen Fällen aber nützen Sie das unvermeidliche Alltagsgespräch, um mehr über Ihre Gesprächspartner zu erfahren, sie richtig anzusprechen und zu behandeln. Es kann nur gewinnbringend für Sie sein.

4. Nehmen Sie sich Zeit

Wir wollen nicht von den Ausnahmefällen sprechen, in denen sofort etwas getan werden muß. Die Regel ist: Sie können sich Zeit nehmen.

Sie brauchen nicht Ihr Frühstück in letzter Minute einzunehmen und sich dann eiligst auf den Weg zu machen. Sie erreichen damit lediglich, daß Sie sich weniger aktionsfähig an Ihrem Arbeitsplatz niederlassen. Auch kann es leicht so sein, daß Sie manchen guten Gedanken verpassen, der Ihnen vielleicht gekommen wäre, wenn sich alles in Ruhe abgespielt hätte.

Sie brauchen nicht jedes Problem sofort zu lösen. Wenn Sie sich Zeit lassen, werden Ihnen mehr Wege und Möglichkeiten einfallen.

Werden Sie nicht ungeduldig, wenn Sie warten müssen. Sie vergeuden nur Nervenkraft. Auch wenn Sie ärgerlich werden, weil Sie nicht gleich auf den Gedanken oder die Lösung stoßen, die Sie suchen, so nützt Ihnen das nichts, es schadet nur. Wer ungeduldig, nervös oder kribbelig ist, schwächt seine Aktionskraft.

Überfallen Sie Ihre Mitmenschen und Mitarbeiter nicht mit Ihren Ideen. Verlangen Sie nicht, daß sie das sofort begreifen, worüber Sie lange nachgedacht haben. Nehmen Sie sich die Zeit, Ihren Partner erst einmal in Ihre Gedankenwelt einzuführen.

Erwarten Sie nicht, daß Sie von heute auf morgen Herr Ihrer Gewohnheiten, ein Meister werden. Nehmen Sie sich nicht vor, Ihre Schwächen von heute auf morgen zu überwinden. Werden Sie sofort aktiv, und überlassen Sie das andere der Zeit, Ihrem Willen und Ihrer Ausdauer.

Nehmen Sie sich immer Zeit für die Menschen, die Ihnen nahestehen, für Ihre Mitmenschen überhaupt. Ihre Mitmenschen brauchen Sie, und Sie brauchen Ihre Mitmenschen.

Der größte Erfolg, den ein Mensch erringen kann, ist vielleicht der, anderen geholfen, andere glücklich gemacht zu haben.

5. Machen Sie sich fremde Ideen zu eigen

Sie wissen, daß Sie sich davor hüten müssen, sich fremdes Gedankengut einfach anzueignen. Sie handeln richtig, wenn Sie das tun, was Thomas Edison so ausgedrückt hat: „Mache es Dir zur Gewohnheit, nach Gedanken Umschau zu halten, welche andere nutzbringend verwirklicht haben. Fange mit diesen Gedanken etwas an und setze das Werk Deiner Mitmenschen fort."

Halten Sie Umschau in der Welt der Gedanken, es lohnt sich! Greifen wir aus einer Unzahl von Beispielen fünf auf, die für unsere Auffassung sprechen:

1. Der Kunst des Altertums verdanken unsere Modeschöpfer viele Anregungen. Auf dieser Erkenntnis fußend, schufen Kunstsachverständige in den Vereinigten Staaten einen Sonderdienst für Modeschöpfer.
2. Die Nähmaschine und die Schreibmaschine waren da. Dann kam

der Gedanke, auch für diese Maschinen die elektrische Kraft auszunützen.
3. Konferenzen und Arbeitsbesprechungen sind alte Institutionen. Einer überlegte sich: Wie lassen sich diese Gespräche wirksamer gestalten? Er stellte fest, daß sich mehr erreichen läßt, wenn zunächst schöpferisch und dann erst kritisch gedacht wird. Das war die Geburtsstunde einer neuen Gruppen-Gesprächsmethode. Sie ist bekannt unter dem Namen „Brainstorming".
4. Immer mehr Betriebe gehen dazu über, für Räume und Geräte Farben zu verwenden. Diese Entwicklung wurde durch die Erkenntnis ausgelöst, daß Farbe die Arbeit positiv beeinflussen kann.
5. Korkenzieher und Dosenöffner sind seit langem in jedem Haushalt unentbehrlich. Doch welche Wandlungen und Verbesserungen sind zu verzeichnen! Die Werkzeuge von heute dienen demselben Zweck, sie sind aber längst nicht mehr die alten. Und wie werden die Werkzeuge von morgen aussehen?

Hüten Sie sich vor dem Irrglauben, daß nur eigene Gedanken es wert seien, aufgegriffen und verfolgt zu werden. Wir sind auf jede Idee angewiesen, ganz gleich, ob sie von uns stammt oder nicht, ganz gleich, ob sie neu oder die Fortsetzung eines alten Gedankens ist.

Es dürfte schwerfallen, eine Erfindung oder einen neuen Gedanken herauszustellen, der kein Vorbild oder keinen Ansatzpunkt hat. Verrichten Sie jede Arbeit kritisch. Seien Sie kritisch, wenn Sie etwas wahrnehmen. Lassen Sie sich von Fragen leiten wie:

- Kann ich diese Ideen verwerten?
- Läßt sich diese Idee mit anderen Gedanken verbinden?
- Läßt sich dieser Gegenstand anders vorteilhafter herstellen?
- Läßt sich aus diesem Material anderes anfertigen?

Entscheidend sind nicht die Gedanken, die Ihnen kommen, sondern das, was Sie mit diesen Gedanken anfangen. Sie müssen sie sichten und miteinander in Wechselbeziehung bringen. Sie müssen den Weizen von der Spreu trennen.

Produktives Denken ist eine Tagesaufgabe, die immer vordringlich ist.

6. Lassen Sie in Gruppen denken

Der Mensch in Gemeinschaft denkt sich oft mehr aus, als wenn er allein ist. Machen Sie sich auch diese Erkenntnis zunutze.

Natürlich wird es immer Fälle geben, in denen wir allein nachsinnen müssen. Nützen Sie aber jede Möglichkeit, mit anderen über ein Problem zu sprechen. Mit anderen zusammen werden Sie leichter und schneller ans Ziel kommen. Sie vernehmen die Fragen und Antworten der anderen und werden selbst zu neuen und besseren Gedanken angeregt.

Regen Sie auch Ihre Mitarbeiter zu gemeinsamer Denkarbeit an. Begnügen Sie sich nicht damit, Ihre Mitarbeiter zu neuen Gedanken und Vorschlägen zu ermuntern. Setzen Sie sich dafür ein, daß Ihre Mitarbeiter gemeinsam über Probleme nachdenken. Weisen Sie auf das Problem hin, das vordringlich ist. Tun Sie das rechtzeitig, am besten zwei Tage vorher, ehe Ihre Mitarbeiter zusammenkommen. Dann können sie sich auf das Problem einstellen. Gliedern Sie das Thema auf, wenn es allgemein gehalten ist. Legen Sie Ihren Mitarbeitern nahe, mit der Kritik erst einzusetzen, nachdem sich ein jeder geäußert hat. Heben Sie hervor, daß sich die Gedanken am Anfang nur langsam, später schneller einzustellen pflegen.

Das Hauptziel derartiger Gruppengespräche ist die Lösung eines bestimmten Problems. Sie erreichen aber noch mehr:

- Sie stärken das Selbstvertrauen Ihrer Mitarbeiter.
- Sie helfen ihnen, die Scheu zu überwinden, offen und ungehemmt ihre Ansichten zu äußern.
- Sie fördern die Achtung vor der Meinung des anderen.
- Sie lassen die Erkenntnis reifen, daß viele Wege ans Ziel führen und der einfachste Weg oft der beste ist.
- Sie stählen die geistigen Kräfte Ihrer Mitarbeiter, die es lernen, schneller Schlüsse zu ziehen und schneller zu kombinieren.

7. Trennen Sie sich nicht voreilig von Ihren Gedanken

Sie haben häufiger als Ihre Mitmenschen gute Gedanken gehabt, die Sie verwirklichen konnten. Sie sind trotzdem nicht zufrieden. Sie wollen reicher an Gedanken werden, produktiver als bisher denken. Deshalb sollten Sie zurückdenken und sich vergegenwärtigen, wie Sie bisher mit Ihren Gedanken umgegangen sind, und daraus die nötigen Schlüsse ziehen.

Vielleicht war es oft so:
- Sie suchten nach einer Lösung, ohne sich vorher genügend über das Problem klargeworden zu sein.
- Sie bewegten sich auf Bahnen, auf denen Sie sich auskannten, und unterließen es, auf unbekanntes Gebiet hinüberzuwechseln.
- Sie ließen sich von Ihrem Verstand leiten und vergaßen, daß Sie ein Vorstellungsvermögen haben.
- Sie waren nur kritisch und nicht auch schöpferisch eingestellt.
- Sie verwarfen vorschnell Gedanken, die sich nicht sofort als kritikfest herausstellten.
- Sie waren zu ungeduldig, griffen den ersten besten Gedanken auf, statt sich von der Erkenntnis leiten zu lassen, daß der erstbeste Gedanke durchaus nicht immer der beste ist.
- Sie kapitulierten voreilig, wenn andere, deren Urteilsfähigkeit Sie anerkannten, Ihren Gedanken nicht sofort aufgriffen.
- Sie fanden nicht den Mut, einen Gedanken auszusprechen, wenn er nicht hieb- und stichfest war.
- Sie versuchten, andere zu überreden, statt diese anderen an Ihren Gedanken zu beteiligen und sie so für Ihre Ideen zu gewinnen.
- Sie hatten sich so an das, was Sie taten, gewöhnt und waren so zufrieden, Ihre Aufgabe zu meistern, daß Sie nicht auf den Gedanken kamen, auf neue Gedanken aus zu sein.

Das sind die Hauptgründe, weswegen es uns vielfach an guten Gedanken fehlt. Einige dieser Gründe haben vielleicht auch in Ihrem Leben eine wenig positive Rolle gespielt.

Gewöhnen Sie sich daran, Ihren Gedanken nicht den Wind aus den Segeln zu nehmen. Machen Sie es sich zur Gewohnheit, keinen Gedanken, der Ihnen kommt, vorschnell abzuweisen.

8. Vervollkommnen Sie Ihre Sprache

Stellen Sie sich eine Gruppe von Menschen vor, die wie Sie vorankommen wollen. Richten Sie an diese Menschen in Gedanken die Frage: Was haben Sie nach Ihrer Ausbildung getan, um wirksamer sprechen und schreiben zu können? Und jetzt denken Sie sich die Antworten aus, die Sie wahrscheinlich bekommen würden. Nehmen Sie an, daß die meisten mit Tatsachen aufwarten könnten?

Wenn Sie wollen, können Sie diese Frage auch an Bekannte richten. Sie werden erstaunt sein, wie wenige daran gedacht haben, im späteren Leben die Fähigkeiten „Sprechen und Schreiben" zu üben und zu entwickeln.

Wieviele junge Kaufleute und Ingenieure, meinen Sie, haben es in ihrem Leben nur deswegen zu nichts gebracht, weil sie das Wort nicht beherrschten? Nach Ansicht eines führenden Mannes der Wirtschaft sind es weit mehr, als wir ahnen. Sonst könnte es auch nicht so sein, daß mehr Menschen, auch im Betriebsleben, aneinander vorbeireden als miteinander sprechen und schon als kleine Vorgesetzte versagen.

Gehen Sie von den beiden Grunderkenntnissen aus:

- Nicht jedes Wort bedeutet für jeden Menschen dasselbe.
- Nicht jedes Wort wird in jeder Situation gleich empfunden.

Bedenken Sie, daß ein Mensch anders zu reagieren pflegt, je nachdem, ob er als ein Einzelwesen oder als Glied einer Gruppe angesprochen wird. Machen Sie sich mit diesen Erkenntnissen vertraut. Ziehen Sie Ihre Schlüsse aus Ihren eigenen Erfahrungen und Beobachtungen. Benützen Sie Beispiele aus Ihrer beruflichen Tätigkeit, die folgenden Fragen entsprechen:

1. Warum pflegt es so schwer zu sein, sich zu einigen, wenn es um das Problem „gerechter Lohn" geht?
2. Wie erklärt es sich, daß ein Wort wie „Anreizmethoden" von vielen scharf abgelehnt wird?
3. Woher kommt es, daß sich viele für die Politik der „human relations" einsetzen und andere den Standpunkt vertreten, daß sich diese Politik in einem Erwerbsunternehmen nicht verwirklichen läßt?

4. Wie ist es faßbar, daß eine Frage oder Bemerkung von demselben Menschen das eine Mal positiv und das andere Mal negativ aufgenommen wird?
5. Wie ist es zu verstehen, daß sich derselbe Mensch in einem persönlichen Gespräch entgegenkommend und aufgeschlossen verhält und sich später, wenn es um seine Gruppe geht, von einer ganz anderen Seite zeigt?
6. Warum ist es unerläßlich, nicht nur das richtige Wort, sondern auch den richtigen Ort und die richtige Zeit zu wählen?

Jetzt haben Sie sich zwei weitere Grund-Erkenntnisse zu eigen gemacht:

- Wir sind immer dieselben Menschen, aber niemals die gleichen. Schon unsere Stimmung läßt uns nicht die gleichen sein.

- Es ist tatsächlich ein großer Unterschied, ob ein Mensch als Einzelperson angesprochen wird oder sich als Glied seiner Gruppe fühlt.

Bauen Sie auf diesen Grunderkenntnissen auf und machen Sie es sich zur Gewohnheit:

1. keine abstrakte Frage zu erörtern, ohne zunächst klarzustellen, was die anderen und was Sie unter dem Begriff verstehen, um den es geht. Suchen Sie aus den Antworten, die gegeben werden, das heraus, dem ein jeder beipflichten kann. Beugen Sie der Möglichkeit vor, aneinander vorbeizureden.

2. Ihre Worte dem anderen und der Situation anzupassen. Hüten Sie sich, ein Wort zu gebrauchen, nur weil es Ihnen gerade auf der Zunge liegt. Behalten Sie den Ort und die Situation vor Augen und bemühen Sie sich, sich in die Lage Ihres Partners zu versetzen, in der er sich zu dieser Zeit befindet. Erkunden Sie seinen Standort.

Studieren Sie, bei jeder Gelegenheit, Menschen und Situationen. Ziehen Sie Ihre Schlüsse. Vervollkommnen Sie so Ihre Sprache. Je länger und intensiver Sie das tun, um so seltener wird Ihnen ein „unbedachtes Wort" entgleiten. Und das ist entscheidend. Wenn Sie ein übriges tun wollen: Gewöhnen Sie sich daran, natürlich zu sprechen und natürlich zu schreiben. Aus Ihrer Sprache ist herauszuhören oder herauszulesen, wie es um Sie bestellt ist.

Merksätze — Wegweiser

- *Befreien Sie sich von Ihren schädlichen Gewohnheiten und erwerben Sie solche, die Ihnen nützen.*
- *Meditieren Sie, um klarzusehen.*
- *Es sind nicht immer die Schlagzeilen, die uns etwas zu bieten haben.*
- *Überfallen Sie nicht Ihre Mitmenschen mit Ihren Ideen.*
- *Halten Sie Umschau in der Welt der Gedanken und Erfindungen.*
- *Sichten Sie Ihre Gedanken, bringen Sie sie miteinander in Wechselbeziehung, trennen Sie den Weizen von der Spreu.*
- *Hören Sie anderen zu. Diese anderen können Sie auf neue und bessere Gedanken bringen.*
- *Gruppengespräche fördern die Achtung vor der Meinung des anderen.*

XII. Kapitel

Meistern Sie Ihr ganzes Leben

1. Schätzen Sie das Leben richtig ein

Ob in Ihrem Leben das Licht oder der Schatten überwiegt, hängt weitgehend von Ihnen ab.

Es heißt, man solle leicht reisen und nicht zuviel Gepäck mitnehmen Beherzigen Sie dieses Wort auf Ihrem Lebensweg. Zeigen Sie sich als ein Meister in der Beschränkung. Werfen Sie das über Bord, was nur Wunschtraum ist. Achten Sie aber darauf, daß Sie alles haben, was Sie brauchen. Und wenn etwas davon fehlt, dann schaffen Sie es sich an.

Leben heißt, sich ständig von neuem anpassen. Sie werden in Ihrem Leben viele Menschen getroffen haben, die zu wissen meinten, was richtig ist, und es ablehnten, Gegenteiliges auch nur anzuhören. Sie werden aber auch Menschen kennengelernt haben, die für jede neue Idee begeistert waren, sie aber schnell wieder fallenließen. Schließen Sie sich den Menschen an, die wissen, daß keine Tatsache endgültig ist, und die sich ständig um neue Erkenntnisse, um neues Wissen bemühen. Werden Sie in Ihrem Denken genauso wendig, wie Sie es im täglichen Leben sind.

Sie haben eine gesunde Einstellung zum Leben. Sie ist Ihre Richtschnur. Bedenken Sie aber, daß auch sie, wie das Leben selbst, dem Werden unterliegt. Passen Sie Ihre Anschauungen Ihren Erkenntnissen und Erfahrungen an. Sie wissen, Sie bleiben immer derselbe, aber nicht der gleiche.

2. Lernen Sie sich besser kennen

Sie können Ihren Charakter, die Eigenschaften und Fähigkeiten, die Sie durch Geburt und Umwelt bekommen haben, nicht über Bord werfen. Sie können aber sehr wohl das, was Ihnen mitgegeben ist, positiv entfalten. Unerläßlich dafür ist, daß Sie sich selber gut kennen, so, wie Sie wirklich sind. Machen Sie sich nichts vor.

Benützen Sie eine ruhige Stunde der Besinnung, um sich Fragen vorzulegen, wie wir es tun werden. Schreiben Sie sich Ihre Fragen vorher auf. Kreuzen Sie später jene an, die Sie nicht mit einem Ja beantworten können. Das sind dann die Fragen oder Eigenschaften, an denen Sie arbeiten müssen. Nehmen Sie sich die Liste so häufig vor, bis Sie alle Kreuze ausstreichen konnten. Bewahren Sie aber die Liste auf, um von Zeit- zu Zeit Stichproben machen zu können, um — wenn es nötig werden sollte — nachzuhelfen.

Es ist schon so: die größten Schwierigkeiten bereiten wir uns selber, nicht die bösen Nachbarn. Und das, was als Glück oder Unglück zu uns kommt, pflegt nicht seinen Weg durch verborgene Löcher zu nehmen. Fast immer öffnen wir ihm selber die Tür.

Die Fragen als Beispiele:

- Führe ich mich so auf, daß sich jeder Mensch in meiner Gesellschaft wohlfühlen kann?
- Habe ich an jedem Menschen etwas auszusetzen, oder bin ich darauf aus, in jedem Menschen das Positive zu entdecken?
- Nehme ich jede Meinung eines anderen ernst, auch wenn ich ihr nicht zustimmen kann?
- Erwarte ich von meinen Mitmenschen, daß sie so sprechen und sich so verhalten, wie ich es tue?
- Fühle ich mich so selbstsicher, daß ich jedem gegenüber zugeben kann: „Hier irrte ich"?
- Handle ich nach dem Grundsatz: „Selbst ist der Mann", ohne dabei zu vergessen, daß auch ich auf meine Mitmenschen angewiesen bin?
- Neige ich dazu, sicherzugehen, oder scheue ich mich nicht, Verantwortung und Risiko zu übernehmen, wenn der Einsatz es lohnt?
- Fühle ich mich am besten, wenn ich nicht auffalle?
- Schätze ich das Alte so sehr, daß mich das Neue nicht reizt?
- Beherrsche ich die Kunst, taktvoll zu kritisieren?
- Lasse ich mich stets nur vom Verstand leiten, und scheue ich mich, das Herz sprechen zu lassen?

- Lebe ich in ständiger Sorge und Angst?
- Kann ich unterscheiden zwischen dem, was in meiner Macht steht, und dem, was ich nicht ändern kann?
- Mute ich mir mehr zu, als gut für mich ist?
- Überschätze oder unterschätze ich mich?

Vielleicht sollten wir uns über einige dieser Fragen, mit denen wir uns nicht oder nur wenig abgegeben haben, kurz unterhalten.

1.

Sich zu unterschätzen ist genauso schädlich wie sich zu überschätzen. Nehmen Sie sich so, wie Sie sind, und benehmen Sie sich so Ihren Mitmenschen gegenüber.

2.

Die Regel ist: wir muten uns zuwenig zu. Davor müssen Sie sich hüten. Die Anforderungen an unsere geistigen Kräfte sind niemals zu hoch, wenn wir sie in Einklang mit dem bringen, was wir leisten können.

3.

In manchen Situationen, in denen es in erster Linie um Menschen, um das Menschliche geht, sollten Sie Ihrem Herzen den Vorrang lassen.

4.

Oft müssen wir Fehler wahrnehmen, die unsere Mitmenschen gemacht haben. Wir müssen aber unsere Kritik so anbringen, daß sie dem anderen nicht wehtut, daß er sein Gesicht nicht verlieren muß. Wir müssen die Worte finden, die es dem anderen ermöglichen, sich davon zu überzeugen, daß er einen Fehler gemacht hat und daß er es bessermachen muß. Wir müssen den anderen fühlen lassen, daß er verstanden wird und daß wir ihm helfen wollen. Auf keinen Fall darf sich der andere „getroffen" fühlen.

3. Überwinden Sie Ihre Schwächen

Keiner von uns ist frei von Schwächen. Worauf es ankommt, ist:

- sich seiner Schwäche bewußt zu werden, den Grund herauszufinden,

- aktiv zu werden, gegen die Schwächen anzugehen, sie so zu gestalten, daß sie uns keinen dauernden Schaden zufügen können.

Sie dürfen Ihre Schwächen nicht als Sündenbock herausstellen.

Über die Sorge und den Ärger haben wir gesprochen. Genauso häufig sind anzutreffen:
- das Gefühl, minderwertig zu sein,
- das Verlangen, bemitleidet zu werden,
- der Irrglaube, Stiefkind oder Märtyrer des Schicksals zu sein,
- der Zug, sich gehenzulassen, auf andere keine Rücksicht zu nehmen, sich besser zu dünken,
- die Einbildung, den Aufgaben des Lebens nicht gewachsen zu sein.

Diese und andere Schwächen sind nicht angeboren, sondern anerzogen und erworben. Sie beruhen auf Erlebnissen und Erfahrungen. Sie sind Produkte der Erziehung und Umwelt. Sie können also mit Erfolg bekämpft werden.

Befassen Sie sich mit Ihren Schwächen mit der gleichen Energie und Ausdauer, die Sie Ihren positiven Eigenschaften und Fähigkeiten, der Stärkung Ihrer geistigen Kräfte, zukommen lassen.

Wenden Sie Ihre besondere Aufmerksamkeit der Frage zu: Wie kam es zu dieser Schwäche? Ihre Fähigkeit, das, was Sie erlebt haben, zu reproduzieren, wird Ihnen fast immer die richtige Antwort zuspielen. Und fast immer werden Sie sich sagen können: „Das ist kein Grund, so zu sein."

4. Hüten Sie sich vor „inneren" Feinden

Diese Feinde liegen stets auf der Lauer in uns und nehmen uns gefangen, wenn wir ihnen nicht entschlossen entgegentreten. Drei von ihnen, die den größten Schaden anstiften, wollen wir anprangern:
- das Mißtrauen,
- das Mißverständnis,
- das Vorurteil.

Auch Sie werden in Ihrem Leben schlechte Erfahrungen gemacht haben. Und wenn Sie in Ihrem Bekanntenkreis herumhören oder einen Blick in die Zeitung tun, dann erfahren Sie manches, was Sie sehr mißtrauisch machen könnte.

Wir schlagen vor: Stellen Sie sich einmal die vielen Menschen vor, mit denen Sie es bisher zu tun hatten. Überlegen Sie sich, wieviele von diesen Menschen es verdienten, mißtrauisch angesehen und behandelt zu werden. Es waren sicherlich nur wenige.

Die schlechten Erfahrungen, vor denen keiner gefeit ist, sind die Ausnahmen, niemals die Regel.

Bekämpfen Sie mit allen Mitteln, die Ihnen zur Verfügung stehen, Gedanken wie:

- „Ich weiß nicht warum, aber ich traue diesem Menschen nicht über den Weg" —
- „Was steckt da wohl wieder dahinter?" —

Sie wären entsetzt und für immer kuriert, wüßten Sie von den unzählbaren Fällen, in denen krankhaftes Mißtrauen Menschen unglücklich gemacht oder vernichtet hat.

Mißtrauen sät immer Mißtrauen.

Vertrauen schenkt Vertrauen.

Nicht weniger gefährlich kann das Mißverständnis sein. Urteilen Sie lediglich nach einem Wort oder einer Tat, werden Sie viele Feinde haben.

Das Wort und die Tat eines Mitmenschen gehören erst dann auf die Goldwaage, wenn wir den Beweggrund erkundet haben. Wer unüberlegt gesprochen oder sich „eigenartig" verhalten hat, braucht nicht unser Feind zu sein. Ein unterlassener Gruß heißt nicht ohne weiteres, daß der andere von uns nichts wissen will. Und das häßliche Wort, das wir zu hören bekommen, ist oft die Folge einer Mißstimmung, die wir nicht verursacht haben.

Unterliegen Sie auch nicht dem Vorurteil. Hüten Sie sich vor jedem Schnell-Urteil. Gefällt Ihnen an einem Mitmenschen etwas nicht, so stempeln Sie ihn nicht sofort ab als „arrogant" — „kleinlich" — „durchgedreht" — „spinnig". Unterlassen Sie es nicht, sich auch in solchen Fällen die Schlüsselfrage vorzulegen: Warum? Gehen Sie noch einen Schritt weiter und suchen Sie nach dem Guten, das auch in solchen Menschen zu finden ist.

Eine Brücke führt zu jedem Menschen. Kundschaften Sie diese Brücke aus und benutzen Sie sie. Die wenigen Ausnahmen, die es gibt, sind es nicht wert, überlegt zu werden.

5. Seien Sie selbstsicher

Ob wir selbstsicher sind oder nicht, hängt davon ab, wie wir dem Leben gegenüber eingestellt sind, wie wir unseren Verpflichtungen nachkommen und wie wir der Verantwortung genügen, die wir haben.

Selbstsicherheit ist eine Haltung, die wir kultivieren müssen. Beginnen Sie damit, Fragen wie diese zu klären:

- Wie habe ich mich bisher in außergewöhnlichen Zeiten verhalten?
- Wie benehme ich mich, wenn ich eine unangenehme Aufgabe vor mir habe: greife ich zu oder schaue ich mich nach einem anderen um, der mir diese Aufgabe abnehmen könnte?
- Wie führe ich mich auf, wenn ich mit einer Aufgabe nicht fertigwerde — rechne ich dann mit fremder Hilfe?
- Zaudere ich, ehe ich einen Entschluß fasse, in der stillen Hoffnung, ein anderer käme und nähme mir diese Entscheidung ab?
- Sage ich meine Meinung auch dann, wenn sie fremden Ansichten widerspricht?

Ihre Antworten müssen selbstverständlich der Wirklichkeit entsprechen. Sie dürfen nicht frisiert sein.

Jetzt wissen Sie, ob und in welchem Maße Sie selbstsicher sind. Für das, was Sie zu tun haben, kann dieser Kommentar eine Richtschnur sein:

1. Sie wissen, daß kein Mensch voraussagen kann, wie er sich in einer bestimmten, außergewöhnlichen Situation verhalten wird. Ein jeder kann nur hoffen, daß er auch dann seinen Mann stehen wird.

   Machen Sie sich diese Hoffnung zu eigen. Sagen Sie sich nicht einmal, sondern immer wieder: Mag die Situation sein, wie sie will — ich werde handeln, wenn ich kann, und das Beste aus dem machen, was ich nicht ändern kann.

Ein solcher Vorsatz, wenn er sich eingeprägt hat, kann, zusammen mit Ihren bisherigen Erfahrungen, dazu beitragen, daß Sie den richtigen Standort wählen, wenn es darauf ankommt.

2. Sie wissen, daß sich unangenehme Aufgaben positiv auswerten lassen. Sehen Sie in diesen Arbeiten den Test und die Übung, die Sie brauchen, um mehr leisten zu können. Lassen Sie sich keine Gelegenheit entgehen, selbstsicherer zu werden.
3. Sie wissen, daß wir alle auf fremde Hilfe angewiesen sind. Halten Sie fortlaufend nach Menschen und Material Ausschau, die Sie vorwärtsbringen können. Legen Sie aber nicht die Hände in den Schoß, und lassen Sie nicht andere Ihre Arbeit tun.
4. Sie wissen, daß niemand uns das Denken abnehmen und an unserer Stelle für uns entscheiden kann.

   Andere können uns Gedanken vermitteln und Wege aufzeigen, die wir gehen sollten. Aber immer müssen wir das, was wir erfahren, uns anpassen und uns zu eigen machen, ehe wir es verwerten können. Und immer können nur wir darüber entscheiden, wie wir handeln.
5. Sie wissen, daß es entscheidend ist, wie einer seine Meinung vertritt, ob rechthaberisch oder gewinnend, ob er die Meinung des anderen achtet und versucht, sie zu verstehen, ob ihm daran gelegen ist, gemeinsam mit dem anderen den richtigen Weg zu finden.

   Sie wissen, daß wir möglichst viele und verschiedene Meinungen hören sollten, um möglichst viel möglichst gut verwirklichen zu können.

6. Leben Sie mutig!

Wir brauchen unseren Mut jeden Tag. Wir sind immer exponiert.
Und auch diesen Mut können Sie sich erwerben.
Wenn das Wort „Mut" fällt, pflegen wir an eine Heldentat zu denken. Mutig ist aber auch, wer den Kopf oben behält, wenn ihm etwas schiefgeht, wer von vorn beginnt und den Mut nicht verliert. Mutig ist, wer seine Grenzen kennt und doch sein Leben meistert.

Mut gehört zu jeder Entscheidung, die wir treffen. Niemals können wir uns vorher alle Möglichkeiten ausdenken, die sich einstellen

könnten. Wir können nur das abwägen, was uns in den Sinn kommt. Und trotzdem müssen wir den Mut aufbringen, zu handeln.
Es kann Mut sein, zu schweigen oder zu reden. Und Mut gehört schließlich dazu, neue Wege zu gehen, Neues auszuprobieren.
Treten Sie mutig allen Schwierigkeiten des täglichen Lebens entgegen, dann sind Sie um so eher befähigt, mit großen Dingen fertigzuwerden.
Scheuen Sie kein Risiko, wenn Sie meinen, daß es sich lohnt. Seien Sie aber niemals leichtsinnig.

7. Seien Sie selbstbeherrscht

Sie werden Menschen getroffen haben, die Ihnen wegen ihres Wissens und Könnens auffielen, und die trotzdem keine Schlüsselstellung einnahmen. Wären Sie den Gründen nachgegangen, so hätten Sie vielleicht feststellen können: Diese Menschen konnten sich nicht beherrschen. Sie konnten mit sich selber und mit ihren Mitmenschen nicht fertigwerden. Sie fanden nicht die innere Ruhe, die der Mensch braucht, um Großes zu vollbringen.

Vergegenwärtigen Sie sich folgende Situationen:

1. Ein Teilnehmer an einem Arbeitsgespräch vertritt eine andere Meinung als die übrigen Anwesenden. Er dringt nicht durch. Er gibt aber auch nicht nach und geht nicht ein auf das, was die anderen sagen. Er wiederholt nur das, was er als richtig bezeichnet. Schließlich wird er ausfallend und persönlich.

2. Zwei Menschen, die sich nicht kennen, sind aus nichtigem Anlaß in einen Wortwechsel geraten. Vielleicht wollte sich der eine vordrängen. Vielleicht meint der andere, man habe seinen Wunsch mit Absicht überhört. Ein Wort ergibt das andere. Jetzt fühlen sich beide getroffen. Jetzt wollen beide die Beleidigung nicht auf sich sitzen lassen. Was wird das Ende vom Liede sein?

3. Das Problem ist: zu erreichen, daß sich zwei Gruppen mit gleichen Zielen, aber verschiedenen Methoden, zusammenfinden und am gleichen Strang ziehen. Vertreter beider Gruppen treffen sich. Jede Gruppe tastet die andere vorsichtig ab. Die Atmosphäre ist nicht ungünstig. Da fällt ein unbedachtes Wort. Wurde bis hierher das Gemeinsame betont, wird jetzt das Trennende

herausgestellt. Jede Gruppe beschuldigt die andere. Von einem Zusammengehen ist nicht länger die Rede. Jeder spürt: die Gegensätze vertiefen sich.

4. Ein Bewerber um einen verantwortungsvollen Posten wird vom Chef der Firma, bei der er sich vorgestellt hat, zum Abendessen eingeladen. Er empfindet diese Einladung als ungewöhnlich freundlich, ohne sich weitere Gedanken zu machen. Es wird Alkohol getrunken. Der Bewerber geht mehr und mehr aus sich heraus, denkt nicht daran, daß er nicht allzuviel vertragen kann und wird mit der Zeit immer unbeherrschter.

5. Ein wichtiger Auftrag geht ein, der nicht erwartet war. Die Lieferfrist ist kurz bemessen, die Abteilung bereits voll ausgelastet. Der Auftrag wird angenommen, und den Mitarbeitern wird gesagt, daß diese Arbeit vordringlich sei und der Termin unbedingt eingehalten werden müsse. Der zuständige Leiter der Abteilung will das tun, was möglich ist. Er will helfen und ist mal hier, mal dort. Er will seine Mitarbeiter anspornen. Statt dessen stört er den Ablauf der Arbeiten, drängelt, statt anzuspornen, wird aufgeregt, wenn sich ein Vorgang nicht so abwickelt, wie er es sich gedacht hatte, und macht alle anderen zappelig und nervös.

6. Ein Mitarbeiter wird in eine neue Arbeit eingeführt. Sein Vorgesetzter erklärt ihm, was er zu tun hat. Später stellt der Vorgesetzte Fehler fest. Der Mitarbeiter wird nochmals unterrichtet. Auch dieses Mal bleibt der Erfolg aus. Jetzt wird der Vorgesetzte ungeduldig und läßt Worte fallen wie: Sind Sie zu dumm, mich zu verstehen, oder wollen Sie mich nicht verstehen?

7. Der Inhaber eines mittleren Betriebes wird zufällig Zeuge eines Gespräches zweier seiner Mitarbeiter. Er hört, wie der eine sagt: Das hier ist eine Bruchbude, je schneller ich hier herauskomme, desto besser. Der Inhaber ist überrascht: Es sind zwei bewährte Mitarbeiter, die sich unterhalten. Er meint, das Richtige zu tun, und spricht den einen an, der sich so abfällig über die Firma geäußert hat. Er bittet ihn um Aufklärung. Das Ergebnis ist nicht nur gleich Null, der Mitarbeiter wird noch ausfälliger.

Wir haben uns sieben verschiedene Situationen ausgedacht, die eines gemeinsam haben: Mangel an Selbstbeherrschung. Lassen Sie

sich diese Fälle noch einmal durch den Kopf gehen, und überlegen Sie sich, unter anderen, folgende Fragen:
- Sind Sie gewillt, einem anderen recht zu geben, der in einem sachlichen Gespräch ausfallend und persönlich wird? Würden Sie sich jetzt nicht in eine Abwehrstellung begeben?
- Muß immer eine beleidigende Absicht dahinterstecken, wenn sich einer vordrängt oder unseren Wunsch überhört?
- Warum fällt so oft ein „unbedachtes Wort"? Ist der Hauptgrund vielleicht der, daß wir allzuoft unachtsam sind und es an dem nötigen Verständnis für andere fehlen lassen?
- Wie viele Menschen haben wohl in ihrem Leben nur deswegen versagt, weil sie es nicht gelernt hatten, Maß zu halten?
- Ist das alte Wort „Ruhe ist die erste Bürgerpflicht" überholt? Oder gilt es heute noch, auch in der Welt der Arbeit?
- Ist es stets so, daß der andere uns nicht verstehen kann oder will? Oder könnte es auch sein, daß wir uns nicht richtig ausdrücken können?
- Haben Sie schon wirksam mit einem anderen gesprochen, der „aus dem Häuschen" war? Ist es nicht vielleicht besser, ein Gespräch erst aufzunehmen, wenn sich der andere beruhigt hat?

Wir beherrschen uns selber nicht, wenn wir es nicht fertigbringen, Herr über unsere Schwächen zu werden und dem unbeirrbar nachzugehen, was wir als gut für uns erkannt haben. Sie haben einen Willen, Sie haben Energie, und es fehlt Ihnen nicht an der Einsicht, die Sie brauchen. Setzen Sie diese Fähigkeiten ein. Beherrschen Sie sich selber.

8. Pflegen Sie den Geist der Gemeinschaft

Wir leben in zwei Welten: in der Welt des Ich und in der Welt der Gemeinschaft. Wir sind Einzelwesen und Glieder der Gesellschaft.

Sie wissen, wie Sie sich als Einzelperson zu verhalten haben. Sie wissen aber auch, daß die Stellung, die Sie in der Gemeinschaft einnehmen, für Sie ausschlaggebend sein kann.

Es ist ein großer Unterschied, ob Sie geachtet sind, ob man auf Sie hört, ob andere gern das tun, was Sie von ihnen erwarten, oder:

ob man sich in Ihrer Gesellschaft nicht wohlfühlt, ob man gegen Sie eingestellt ist.

Pflegen Sie den Geist der Gemeinschaft. Sie sollten sich folgendes überlegen:

1. Wer in allen Lagen den Geist der Gemeinschaft pflegt und Verständnis für seine Mitmenschen hat, erspart sich manche störende und schädliche Auseinandersetzung.
2. Wer reichlich von der Gabe Gebrauch macht, die jeder zu verschenken hat: von dem Verständnis für andere, der hat das Lebensspiel halb gewonnen.
3. Wer sein Leben so führt, daß neben ihm die anderen, die zu seinem Lebenskreis gehören, Platz und Spielraum haben, um sich auszuleben, braucht nicht unnötigen Widerstand zu brechen und damit Energie zu vergeuden.
4. Wer eingesehen hat, wie vielfältig und kompliziert das Wesen eines jeden Menschen ist, wird nicht nur Bücher, sondern auch Menschen studieren.
5. Wer sich von dem Gedanken leiten läßt, daß jede Gemeinschaft ihre Ordnung haben muß, gibt deswegen nicht seinen freien Willen auf. Im Gegenteil: es ist sein freier Wille, sich in diese Ordnung zu fügen.
6. Wer sich angewöhnt, höflich zu sein, ganz gleich, wie der andere sich verhält, verzehrt sich nicht, macht sich frei für positive Gefühle, für positives Denken und erleichtert sich und anderen das Leben.

Höflich sein heißt Rücksicht nehmen auf die anderen. Höflich sein bedeutet mehr als gute Manieren haben. Höflich sein schließt ein: reif sein, taktvoll sein.

Wer es gelernt hat, höflich zu sein, ist auch unbewußt höflich.

Vergegenwärtigen Sie sich zwei Menschen in verantwortlicher Stellung, die durch ihre Arbeit aufs engste miteinander verbunden sind, die in demselben Raum eine Tätigkeit ausüben, bei welcher der eine auf den anderen angewiesen ist.

Genügt es in einem solchen Fall, daß beide ihre Arbeit meistern?

Vielleicht haben Sie sich schon für eine längere Zeit in einer ähnlichen Situation befunden. Dann wissen Sie, daß sich diese beiden

Mitarbeiter auch als Menschen gefunden haben müssen, um leistungsfähig zu sein.

9. Werten Sie Ihren Einfluß positiv aus

Sie wollen mehr leisten als Ihre Mitmenschen, Sie wollen sie übertreffen. Sie tun alles, um dieses Ziel zu erreichen. Und je näher Sie an das Ziel herankommen, um so größer wird Ihr Einfluß werden. Sie werden nicht länger einer von vielen sein. Sie werden etwas zu sagen haben. Je nach der Tätigkeit, die Sie ausüben, werden Sie auch andere zu führen haben.

Das kann für Sie Gewinn oder Verlust bedeuten. Die Autorität ist ein Werkzeug, das erfahrene Hände braucht.

Lernen Sie frühzeitig, mit der Autorität umzugehen. Von heute auf morgen läßt sich diese Kunst nicht meistern.

Stellen Sie zunächst fest, was Autorität ist und was sich mit ihr erreichen läßt. Begnügen Sie sich nicht mit der naheliegenden Antwort: Autorität ist eine Macht, die uns erreichen läßt, was wir uns vorgenommen haben.

Nehmen wir an, Sie seien Vorgesetzter. Genügt es dann, einfach anzuordnen und auf Ihre Position als Vorgesetzter, auf die Autorität, die Ihnen übertragen wurde, hinzuweisen? Und wenn Ihre Mitarbeiter Ihnen nicht gehorchen? Kommen Sie mit Befehlen auf die Dauer aus?

Es ist verlockend, Einfluß und Macht über andere auszuüben. Es ist aber auch gefährlich. Der andere will gleichfalls etwas zu sagen haben. Und allzuschnell kann der Tag kommen, da dieser andere mehr Einfluß, mehr Macht hat als Sie. Was dann?

Für Sie sollen Einfluß, Autorität und Macht Gewinn einbringen. Und dieser Gewinn soll sich mehren. Dann gibt es für Sie nur einen Weg:

Erhalten Sie sich Ihren Einfluß und stärken Sie ihn, indem Sie mit den anderen ein Bündnis eingehen, indem Sie die anderen beteiligen und mit ihnen aufs engste zusammenarbeiten.

Üben Sie Ihren Einfluß „mit" den anderen aus, nicht „über" die anderen. Um so erfolgreicher werden Sie sein.

10. Gebrauchen Sie Ihren freien Willen

Auch Sie können nicht immer das sagen und tun, was Sie möchten. Sie müssen auf andere Rücksicht nehmen und sich in die Gesellschaft einfügen. Sie haben es nicht immer in der Hand, Mißgeschick abzuwehren. Deutet das nicht darauf hin, daß der Mensch keinen freien Willen hat? Hören wir nicht immer wieder von Menschen, die ein Opfer der Umstände oder ihres Charakters geworden sind? Wenige Beispiele sagen mehr als viele Worte:

1. Sie sind berufstätig. Der Arbeitsbeginn ist 7.30 Uhr. An einem Montag haben Sie keine Lust, früh aufzustehen. Kann Sie jemand dazu zwingen?

    Nein, Sie müssen selber entscheiden, was Sie tun. Nur über die etwaigen Folgen Ihres Handelns müssen Sie sich klarwerden.

2. Ein Mitarbeiter fehlt. Sie werden von Ihrem Chef gebeten, einzuspringen. Sie meinen, daß diese Arbeit nicht Ihrer Stellung entspreche. Wieder lautet die Frage: Kann Ihr Chef Sie zwingen, die andere Arbeit zu verrichten?

    Nein. Auch in diesem Fall müssen Sie sich überlegen, ob es für Sie vorteilhafter ist, ja oder nein zu sagen, und sich dann selbst entscheiden.

3. In jeder Gesellschaft muß Ordnung herrschen. Es kann nicht zugelassen werden, daß ein Glied dieser Gemeinschaft etwas tut, was anderen schadet. Dafür gibt es Vorschriften, Gesetze. Nun meinen Sie, sich über eine dieser Bestimmungen hinwegsetzen zu können. Sie tun es und werden bestraft.

    Sie fragen: „Wo bleibt der freie Wille des Menschen?" Und doch sind auch in diesem Fall die freie Entscheidung, der freie Wille ausschlaggebend. Sie wußten, daß Sie bestraft werden würden, und entschieden sich dennoch zu der Tat, für die Sie bestraft wurden.

4. Der Fall kann anders liegen: Sie bekommen einen Befehl. Ihre innere Stimme, Ihr Gewissen, sagt Ihnen, dieser Befehl sei unmoralisch: „Führe ihn nicht aus!"

    Jetzt haben Sie den freien Willen, etwas zu tun, was Sie für unmoralisch halten, oder den Befehl nicht auszuführen und die Folgen, die schwerwiegend sein können, zu tragen. Schalten wir eine Frage ein: Könnten Verbrechen, von gesunden Menschen verübt, bestraft werden, wenn es keinen freien Willen gäbe?

5. Ein Mensch ist jähzornig, sieht immer gleich rot, kann sich nicht im Zaum halten. Aus nichtigem Anlaß geht er auf andere los. Er entschuldigt sich damit, daß er nun einmal jähzornig sei.

Heißt es jetzt: „Der Mann kann nichts dafür, er ist ein Opfer seines Charakters"? Nein: Wir alle sind für unseren Charakter mitverantwortlich.

6. Jemand begibt sich auf eine Reise und verunglückt, nicht aus eigener Schuld.

Das hat bestimmt nichts mit dem freien Willen eines Menschen zu tun.

Ein Opfer der Umstände können wir werden, nicht aber ein Opfer unseres Charakters. Der Charakter ist aufs engste mit unserem freien Willen verbunden.

Lassen Sie die Vernunft und das Gewissen sprechen und setzen Sie Ihren freien Willen ein, wann immer Sie es können. Sie können es fast immer.

11. Werden Sie reich an Gedanken

Sie wollen all die Mittel und Wege benutzen, die wir aufgezeigt haben. Dann wird es für Sie gut sein, sich eine Wegekarte zuzulegen, auf der Sie die für Sie wesentlichen Merkpunkte mit wenigen Worten notieren. Beginnen Sie Ihre Orientierung etwa so:

- Überall und jederzeit bereit sein wahrzunehmen.
- Nichts als selbstverständlich hinnehmen, allem auf den Grund gehen, alles mit Fragen bestürmen — gute Fragen sind die halben Antworten.
- Bücher und Menschen studieren, das eigene Ich nicht vergessen, das immer Ausgangspunkt ist.
- Kleinigkeiten nicht mißachten, nicht zurückscheuen vor dem, was absurd, selbstverständlich oder unmöglich erscheint.

- Täglich üben und lernen an Aufgaben, die das Leben stellt, und an Aufgaben, die ich mir ausdenke.
- Bedenken, daß Zeit immer vorhanden ist oder geschaffen werden kann, wenn ich will.

Vervollständigen Sie diese Wegekarte. Tragen Sie eigene Gedanken ein, die Ihnen unterwegs kommen.

Gewöhnen Sie sich daran, jeden Tag, am besten frühmorgens, einen Blick auf Ihre Wegekarte zu werfen. Bauen Sie vor, auf daß Sie Ihren Lebensweg einhalten.

Handeln und Denken sind aufs engste miteinander verbunden. Was wir denken, bestimmt unser Handeln. Und was Sie denken und tun, ist Ihr Vermögen.

12. Leben Sie so, daß Sie jung und leistungsfähig bleiben

Ob Sie der Zahl der Lebensjahre nach schon älter oder alt sind, braucht Sie nicht zu stören. Wesentlich ist, daß Sie sich jung fühlen. Und das können Sie erreichen. Sie brauchen das Alter nicht zu fürchten.

Vielleicht haben Sie schon diese Erfahrung gemacht: Sie trafen nach vielen Jahren einen Bekannten aus Ihrer Jugendzeit. Er war nicht älter, vielleicht sogar jünger als Sie. Und doch hatten Sie den Eindruck: Der ist aber alt geworden. Dabei fühlten Sie sich selber noch gar nicht alt. War das eine Selbsttäuschung?

Die Lebensjahre sind es nicht, die uns alt machen und alt fühlen lassen. Ausschlaggebend ist das Leben, das wir führen, ist der Geist, der uns beseelt. Menschen zwischen 30 und 40, selbst Kinder, können alt wirken. Und sie sind es oft auch.

Gewiß, körperliche Veränderungen stellen sich mit zunehmenden Lebensjahren ein. Wir müssen sie in Kauf nehmen, uns anpassen und trotzdem jung bleiben. Das heißt natürlich nicht, daß wir uns weiterhin wie junge Menschen gebärden sollen. Wer das tut, macht sich nur lächerlich und zeigt an, daß er es zu der Persönlichkeitsreife des Alters nicht gebracht hat.

Wir denken an das Alter und verbinden damit den Begriff: Lebensweisheit. Wir fragen uns aber gleichzeitig, woher es kommt, daß diese Eigenschaft so vielen alten Menschen abgeht.

Setzen wir den Fall, daß Sie „im besten Alter" stehen und sich viel vorgenommen haben, was Sie noch erreichen wollen. Nun machen Sie sich gelegentlich Gedanken darüber, ob Sie das noch alles schaffen werden. Sind diese Befürchtungen berechtigt?
Wir sagen nein, wenn Sie so leben, daß Sie geistig jung bleiben. Haben Sie es sich in jungen oder jüngeren Jahren zur Gewohnheit gemacht,

- stets aufnahmebereit zu sein,
- stets auf Neues aus zu sein,
- stets geistig aktiv zu sein,

dann können Sie, bei körperlicher Gesundheit, damit rechnen, bis in das hohe Lebensalter hinein voll leistungsfähig zu bleiben. Und die Erkenntnisse und Erfahrungen, die Ihnen jeder neue Tag beschert, werden es Ihnen leichtmachen, auch das Alter zu meistern. Dann haben Sie sich die Lebensweisheit des Alters erworben.

Merksätze — Wegweiser

- *Leben heißt sich ständig von neuem anpassen.*
- *Werden Sie wendig, auch in Ihrem Denken.*
- *Sich unterschätzen ist genauso schädlich wie sich überschätzen.*
- *Lernen Sie, produktiv zu kritisieren.*
- *Schwächen sind keine Sündenböcke.*
- *Mißtrauen sät Mißtrauen, Vertrauen schenkt Vertrauen.*
- *Wer vorschnell urteilt, hat viele Feinde.*
- *Kultivieren Sie Ihre Selbstsicherheit.*
- *Scheuen Sie das Risiko nicht, seien Sie aber nicht leichtsinnig.*
- *Autorität gehört in berufene Hände.*
- *Höflich sein bedeutet mehr, als gute Manieren haben.*
- *Üben Sie Ihren Einfluß mit anderen, nicht über andere aus.*
- *Was Sie denken und tun, ist Ihr Vermögen.*

XIII. Kapitel

Der Mensch und die Idee

Drei Stimmen — ohne Kommentar
Eine Anzeige

1. „Wenn wir mit anderen zusammentreffen"

Erste Stimme

Benütze jede Gelegenheit, dem anderen ein freundliches Wort zu sagen,
Unterlasse es nicht, anzuerkennen, was der andere gut getan hat.
Interessiere Dich für das, wofür sich der andere erwärmt.
Nimm teil an allem, was den anderen bewegt.
Sprich und handle so, daß der andere sein Gesicht nicht verliert.
Suche nach dem, was Dich mit dem anderen verbindet, und fahnde nicht nach dem, was Dich von dem anderen trennt.
Passe Dich dem anderen an, und der andere wird das gleiche tun.

Aus einer Werkzeitung

2. „Wenn wir andere zu führen haben"

Zweite Stimme

Wir müssen befähigt sein, uns in jeder Situation vorzustellen, was sein könnte.
Wir müssen mutig genug sein, jedes Problem, das auftaucht, aufzugreifen.
Wir müssen gewillt sein, auch dann zu handeln, wenn der Erfolg nur wahrscheinlich, aber nicht sicher ist.
Wir müssen geschickt sein, wenn es gilt, nachzudenken und Neues zu tun.

Wir müssen einfallsreich sein, um neue Wege aufzuzeigen und das anzubahnen, was zu tun ist.

Wir müssen imstande sein abzuwägen, wenn die Frage lautet: schöpferisch oder verstandesmäßig vorzugehen.

Wir müssen geschult sein, wenn es darum geht, andere zu inspirieren.

Wir müssen geduldig sein, wenn es gilt, nach Ursachen zu fahnden.

Wir müssen aufnahmebereit sein, wenn neue Ideen auftauchen.

Wir müssen reich an Ideen, aber auch in der Lage sein, das, was wir für gut halten, auch dann zu verwirklichen, wenn unerwartete Schwierigkeiten zu überwinden sind.

Wir müssen einen Ortssinn und einen Zeitsinn haben, um das, was richtig ist, am richtigen Ort zur richtigen Zeit zu tun.

Weder die Schule noch die Universität, weder ein Freund noch ein Vorgesetzter vermag es, einen Menschen von der Werkbank oder dem Schreibtisch wegzuholen und ihn an die Spitze zu stellen, wenn dieser Mensch nicht aus eigener Kraft gereift ist.

Aus dem Monatsbrief der
Royal Bank of Canada (Okt. 1957).

3. „Ausblick nach neuen Horizonten"

Dritte Stimme

Den Blick in die Ferne richten und nicht in den eigenen Kleinigkeiten steckenbleiben — das war zu allen Zeiten die Haltung der Menschen, die das Gesicht unserer Welt veränderten.

Was wir Fortschritt nennen, entstand aus der kühnen Tat einzelner, die auf der Suche nach neuen Horizonten zu Pionieren und Entdeckern wurden.

Überall, wo neue Ideen geboren werden, drängt sich die Frage auf: Gibt es eine besondere Gruppe der Erfolgreichen — Menschen, die das Glück haben, daß ihnen immer etwas Neues einfällt?

Die Geschichte der großen Leistungen ist nicht das Werk einer besonderen Klasse; Handwerker, Kaufleute, Wissenschaftler, Arbeiter und Angestellte aus allen beruflichen und sozialen Schichten gehören dazu. Der Franzose Etienne Gilson brachte das auf die

Sie sind ein Könner, bewährt und erfahren in Ihrem Beruf. Sie fordern mehr Verantwortung und möchten einen großen Schritt vorankommen.

Wir sind ein starkes und rasch wachsendes Unternehmen. Unsere Produkte sind in der modernen Wirtschaft unentbehrlich und führend. Verfügen Sie über gutes kaufmännisches Wissen, Organisationstalent und mehrjährige praktische Erfahrung, sind Sie ein wegen seiner Arbeitsfreude, Initiative und menschlicher Reife geschätzter Mitarbeiter, dann lesen Sie bitte weiter und kreuzen Sie an oder ergänzen Sie:

Ihre Arbeitsweise	beharrlich bei der Sache, ausdauernd	unternehmungsfreudig, liebe Abwechslung	großzügig und temperamentvoll	genau, überlegt, systematisch
Ihren Arbeitsstil	Sachbearbeitung, Verwaltung	Kundenkontakt, Außendienst	Planung, Organisation	Teamarbeit
Ihre besondere Stärke	Einfallsreichtum	Ideen durchsetzen	verhandeln und überzeugen	ausarbeiten, sachliche Probleme lösen
Ihre Berufserfahrung	Buchhaltung, Rechnungswesen	Verkauf im Außendienst	Organisation	oder?
Ihre Spezialkenntnisse	Lohn- und Gehaltsabrechnung	Fakturierung	Lochkartenwesen	oder?
Ihre Branchenerfahrung	Bank	Großhandel	Kommunalverwaltung	oder?
Ihre Schulbildung	Volksschule	mittlere Reife	Abitur	Hochschule
Ihr Alter	23 - 24	25 - 29	30 - 34	35 - 38
Ihren bevorzugten Einstellungstermin	1. 1. 1963	1. 4. 1963	1. 7. 1963	oder später?
Das gewünschte Einkommen nach 12-monatiger Ausbildung und Einarbeitung	1 100.-	1 400.-	1 700.-	2 000.-
Sonstiges	abgeschlossene kaufmännische Lehre	Führerschein	englisch	französisch
	eigener Wagen			

Ausschnitt aus der Anzeige eines großen Unternehmens

verblüffend einfache Formel: „Der Wert einer Idee hängt nicht davon ab, von wem die Idee stammt."

Politik, Öffentlichkeit und Wirtschaft verlangen heute nach neuen Ideen. Der Betrieb braucht Ideen, um Produkte und Absatzmethoden zu verbessern. Ideen helfen mit, die Produktivität zu steigern und den Lebensstandard zu erhöhen. Sie bekämpfen die Unproduktivität und schützen Unternehmen vor Verlusten. Sie bringen größere Aufgeschlossenheit und verwandeln das menschliche Klima eines Betriebes. Mit Ideen fängt alles an.

Aus: „Rheinelbe in Wort und Bild", Werkzeitung der Rheinelbe und Graf Moltke Bergbau AG, Oktober 1962.

4. „Wir suchen einen Mitarbeiter"

Nehmen wir an, Sie studieren gelegentlich die Anzeigen in Ihrer Tageszeitung, um aus ihnen zu lernen. Sie legen sich Fragen vor wie:

- Würde ich mich von dieser Anzeige angesprochen fühlen?
- Würde ich positiv reagieren, wenn diese Anzeige mich beträfe?
- Kann ich mich in diesem Fall anders, wirksamer ausdrücken?

Und nun hätten Sie eines Tages die Anzeige vorgefunden, die wir für Sie aussuchten (siehe vorhergehende Seite!). Sie wäre Ihnen bestimmt als ungewöhnlich aufgefallen. Ihr erster Gedanke wäre vielleicht gewesen: „Endlich einmal ein Mann, der eigene Ideen hat!"

Heute bedeutet diese Anzeige weit mehr für Sie:

Denken Sie zurück an die Gedanken, die wir miteinander aufgegriffen und entwickelt haben: Ist es nicht so, daß vieles von dem, was wir uns überlegt haben, in dieser Anzeige mit Stichwörtern aufgezeichnet ist?

Benützen Sie diese Anzeige als ein Memento.
Sie können die Persönlichkeit sein, die in dieser Anzeige gesucht wird!

XIV. Kapitel
Wie man gesund werden und gesund bleiben kann

Dieses Kapitel ist 1982 neu geschrieben. In den letzten Jahren wurde in den USA eine neue medizinische Methode gefunden, die jedem die Möglichkeit gibt, sich selbst zu behandeln, um gesünder und leistungsfähiger zu werden sowie Krankheiten zu vermeiden und länger gesund und leistungsfähig zu bleiben. In Deutschland wurde eine Regenerations-Therapie entwickelt, die manche bisher unheilbar gewesene Krankheit jetzt heilen kann, sowie ebenfalls die Möglichkeit gibt, länger gesund, vital, leistungsfähig und erfolgreich zu bleiben. Mit mehr Gesundheit und Vitalität kann man auch geistig mehr leisten. Deshalb gehört auch dieses Gesundheitskapitel in dieses Buch.

1. „Ich kann nicht mehr"

„Ich habe Ihr Buch 'Geistig mehr leisten' gelesen. Es hat mir manchen Rat gegeben und einigen Erfolg gebracht. Aber ... was nützt die beste Methodik des Schaffens, Lernens, Diktierens, wenn ich gegen Abend einfach zu müde bin! Ich weiß dann wohl, was und wie ich es beginnen müßte, noch zehn Erfolgsbriefe an Kunden zu diktieren. Doch es geht nicht mehr. Ich kann mich dazu nicht mehr aufraffen. Und es kommen auch keine Gedanken mehr. Mein Gehirn ist wie vernagelt."

Ein anderer Brief lautet: „Hätte ich Ihr Buch vor zehn Jahren gelesen, ich wäre bestimmt ein erfolgreicher Kaufmann geworden. Damals hatte ich noch den nötigen Schwung. Jetzt ärgere ich mich, so unsystematisch und unrationell gearbeitet zu haben. Nun wüßte ich, wie ich alles besser machen könnte. Doch mir fehlt der Auftrieb, der Schwung, die Lust. Ich bin immer müde..."

Solche und ähnliche Briefe sind nicht selten. Sie zeigen, daß alle guten Ratschläge und die besten Methoden der Leistungssteigerung umsonst sind, wenn der Körper nicht die nötige Energie und den nötigen Auftrieb zur Verfügung stellt. Es ist wie beim Autofahren: Erst muß Benzin im Tank sein und der Motor reibungslos laufen. Dann erst kann man gut oder schlecht, richtig oder falsch fahren.

„Ich will, aber ich kann nicht mehr ..." — diese Worte sind oft zu hören.

Die chronische Müdigkeit ist eine Krankheit, die heute sehr häufig ist, mehr und mehr jetzt auch bei jungen Menschen. Geht ein Müder zu einem Schulmediziner, so heißt es, das sei seine Kondition, da könne man nicht helfen. Oder es wird mehr Ruhe und weniger Arbeitsbelastung empfohlen, vor dem Streß gewarnt, der an allem die Schuld trage. Oder es wird, wenn die Arbeit getan werden muß, ein Anregungsmittel verschrieben. Doch das macht den meist schon Nervösen nur noch nervöser. Dann erhält er eines der Psychopharmaka als Beruhigungsmittel. Das macht ihn erst recht müde. Die meisten helfen sich selbst mit starkem Kaffee oder viel Tee. Damit machen sie sich mit der Zeit ganz kaputt.

Es gibt eine gesunde, normale Müdigkeit. Diese ist notwendig und eine natürliche, zweckmäßige Einrichtung, damit man für die Erhaltung seiner Gesundheit rechtzeitig ausruht und ausreichend schläft. Für kurze Zeiten und notwendige Sonderleistungen kann man sich schon mal mit Kaffee oder Tee aufputschen und auch regelmäßig in einigen müden Stunden, z. B. nach dem Mittagessen, sich dadurch leistungsfähiger machen. Das darf man jedoch nicht übertreiben. Ausreichender Schlaf in der Nacht muß gesichert bleiben.

Viele sind abnorm müde. Das ist dann eine Krankheit, die der Heilung bedarf. Es gibt dauernd Müde, die sich nur schwer und mit Unlust zu einer Arbeit aufraffen können. Sie sind zwar noch fähig, Routinearbeiten leidlich zu verrichten, jedoch zu geistig-schöpferischer Leistung wegen Mangel an Antrieb einfach zu müde. Dann gibt es die schnell Ermüdbaren. Sie sind zeitweise recht munter, und die Arbeit geht gut voran. Doch dann, oft schon nach zwei Stunden, ist es vorbei. Sie sind erschöpft und nicht mehr voll leistungsfähig. Die Konzentrationsfähigkeit ist geschwächt. Geistige Arbeit, sowohl Aufnehmen wie Lernen, einen schwierigen Text begreifen, als auch etwas produzieren, das geht nicht mehr. Sie sitzen am Schreibtisch, wollen etwas schreiben, doch sie starren nur noch auf das Papier. Die Hand schreibt nicht mehr, der Mund diktiert nicht mehr ins Mikrofon. Die Leistung ist Null. Jeder kennt dies, nur ist es bei dem einen häufig und frühzeitig am Tag, beim anderen selten und erst am Ende einer langen Arbeit der Fall. Beide Arten der krankhaften Müdigkeit kann man heilen oder doch wesentlich bessern durch eine Vitalstoff-Therapie und durch Regeneration.

2. Mehr Gesundheit durch richtige Ernährung

In Deutschland sind 20 Millionen Menschen krank, behindert, abhängig von Prothesen oder Medikamenten. Fünf Millionen sind psychisch krank. Davon sind zwei Millionen Depressive, eine Million Schizophrene. Der deutsche Arzt Dr. Bruker, bekannt durch seine Vorträge und Bücher für die gesunde Ernährung, meint, die Hälfte dieser Krankheiten und Gebrechen komme von einer falschen Ernährung. Wer als Kind schon Karies hatte, weil er zuviel Zucker und ausgemahlene Mehle und zu wenig B-Vitamine aß, wird später an seinen Knochen, Gelenken und seinem Stoffwechsel krank und geschwächt.

Amerikanische Forscher gehen noch weiter und sagen: siebzig Prozent. Der amerikanische Zahnarzt Price fand, daß Eskimos, die natürlich wie seit Urzeiten lebten, so gut wie keine Krankheiten kannten und gesunde Zähne hatten. Zogen sie jedoch in eine Hafenstand, wohin amerikanische Schiffe die in den USA üblichen Nahrungsmittel brachten und ernährten sich von diesen, so fielen auch ihnen wie den Amerikanern die Zähne aus, und sie wurden zunehmend krank. Heute haben fünfzig Prozent der US-Bürger keine eigenen Zähne mehr.

Das alles kommt, wie man jetzt weiß, von einem Mangel an Mineralstoffen und Vitaminen. Es klingt paradox, doch wir in den hochzivilisierten Industriestaaten leiden trotz Schlemmerei und Übergewicht an einer Mangelernährung, an einem Mangel an für die

Gesundheit wichtigen Stoffen, die ich hier Vitalstoffe nennen will. Dieser Mangel ist nicht nur an vielen Krankheiten und Gebrechen schuld, sondern auch daran, daß heute schon so viele in der Jugend müde sind. Fehlen Vitalstoffe, so fehlt dem ganzen Menschen und fehlt einzelnen Organen eine gesunde Vitalität. Vitalität heißt Lebendigkeit, heißt gesunde Normalfunktion. Durch Vitalstoff-Zufuhr und Regeneration gelingt es, diese gesunde Vitalität wieder herzustellen und so eine Besserung der Gesundheit und der Leistung zu erzielen.

Zwei amerikanische Schülerheime beteiligten sich an einem wissenschaftlichen Versuch. In einem wurde die übliche Kost gegeben, in dem anderen bekamen die Schüler Weizenkeime, Hefe, Milch, Frischkost zusätzlich zu ihrem Essen und nur wenig Zucker. Nun beobachtete man das Verhalten der Schüler, ohne ihnen zu sagen, daß man sie einem Test unterwarf. Die „normal" Ernährten zeigten das übliche, häufig aggressive Verhalten und waren schwer zu erziehen. Die meisten rauchten und tranken Alkohol, wenn sie ihn irgendwie bekommen konnten, waren mit vielem unzufrieden, fühlten sich nicht recht wohl, sahen die Zukunft schwarz.

In dem anderen Schülerheim ging es viel friedlicher zu, obwohl die Schüler, vor allem im Sport, eher lebhafter waren. Es gab kaum Aggressionen oder Differenzen mit den Lehrern, viel weniger Krankheitstage als bei den anderen. Die Schulleistungen und Sportleistungen waren besser. Sie rauchten nicht und lehnten Alkohol ab, selbst wenn er ihnen angeboten wurde. In einem psychologischen Test befragt, waren sie recht zufrieden, fühlten sich wohl und sahen eine gute Zukunft vor sich.

Unsere Politiker, Eltern, Lehrer, Ärzte sollten aus diesen Erkenntnissen Folgerungen ziehen. Eine richtige, gesunde, an Vitalstoffen reiche Ernährung vollbringt weit mehr als sonstige Bemühungen, vieles Schimpfen, Erziehen und viel Nachhilfestunden.

Wir in Deutschland glauben vitaminreich zu essen, wenn wir uns Salate, Gemüse und Obst bestellen. Das genügt jedoch nicht. Es fehlen immer noch die wichtigen B-Vitamine und das Vitamin E. Das ist nur im Vollkorn gegeben, auch in Nüssen. Fast niemand ißt so viel Vollkorn und Nüsse, daß diese Vitamine reichlich vorhanden sind. Ein einfaches Rezept jedoch kann Ihnen helfen, den Mangel auszugleichen. Kaufen Sie in einem Reformhaus oder in einer Apotheke Weizenkeime und geben Sie davon täglich zwei bis drei gehäufte Eßlöffel voll morgens in ein Müsli oder mittags in die Suppe. Sie haben ergänzt, was ihnen an Vollkorn-Vitalstoffen fehlte.

3. Die neue, revolutionäre Vitalstoff-Therapie

In den USA erfanden Forscher in den letzten Jahren die orthomolekulare Medizin. Sie geben die richtigen Stoffe (Moleküle) und der Kranke wird und bleibt gesund, der Gesunde wird nicht krank. Ein Beispiel dazu: Ein Augenarzt gab Kindern reichlich Vitamin E. Das Ergebnis war, daß nun 75% weniger als sonst für ihr ganzes Leben kurzsichtig wurden.

Die amerikanischen Forscher und orthomolekularen Mediziner, wie Professor Williams (Physician's Handbook on Orthomolecular Medicine, Pergamon Press, New York) nennen die Stoffe, die sie meinen, Nährstoffe, Nutrients. Sie meinen damit Vitamine, Mineralien und einige Proteine. Ich will sie, einer früheren deutschen Gepflogenheit folgend, Vitalstoffe nennen, weil sie nicht wie Kohlehydrate, Fette, Eiweißstoffe ernähren, aufbauen, Kalorien für die Energie geben, sondern im Gegensatz zu diesen in sehr kleinen, meist winzigen Mengen den verschiedensten Lebensfunktionen als Katalysatoren dienen oder Vorstufen solcher, vor allem für Hormone und Enzyme sind, die alle Lebensfunktionen steuern.

Die Orthomolekularmediziner geben für manche Zwecke riesige Mengen im Vergleich zu dem, was als normaler Tagesbedarf angegeben wird. So nehmen Professor Williams und der Nobelpreisträger und Biologe Pauling, wie sie 1982 nochmals bestätigten, täglich 10 Gramm Vitamin C. Das ist der Vitamin C-Gehalt von 200 Zitronen. Zehntausende von Amerikanern tun heute das gleiche und glauben, was diese Forscher erhoffen, daß sie weder an Krebs noch an Infektionskrankheiten und Erkältungen leiden werden.

Professor Pfeiffer z. B. fand, daß Schizophrenien und viele Psychosen Stoffwechselkrankheiten sind, verursacht durch einen Mangel an bestimmten Vitalstoffen im Körper. Er teilte die psychisch Kranken nicht mehr in Depressive, Halluzinierende, Autistische, Paranoide, mit Wahnideen Behaftete, Aggressive usw. ein, wie es in der Psychiatrie üblich war, sondern in solche Gruppen, die zu viel oder zu wenig Histamin, Kupfer, Zink und andere Stoffe im Blut hatten. Glich er das Fehlende aus, gab er diesen Kranken also die richtigen und für ihre Gesundheit notwendigen Moleküle, so wurden sie gesund oder erreichten eine wesentliche Besserung. Im üblichen Psychiatriebetrieb gibt man nur Psychopharmaka, die bei Schizophrenen meist nichts anderes als eine chemische Zwangsjacke sind und aus den Kranken nur steife Puppen machen, die keine Schwierigkeiten mehr bereiten. Aus den Anstalten, die mit einem Vitalstoffausgleich behandelten, konnten sehr viele Geistesgestörte als geheilt nach Hause und in ihren alten Beruf entlassen werden.

Wenn wir bedenken, daß es in Deutschland über zwei Millionen Schizophrene und schizoide psychisch Kranke gibt, dazu eine Million schwer und zwei Millionen leicht Depressive, kann man sich gut vorstellen, was die Einführung einer solchen Therapie Gutes bewirken könnte.

Furchen in den Lippen und Runzeln um den Mund vor dem Greisenalter oder schon in den mittleren Jahren vermeidet man durch reichlich B-Vitamine. Krampfadern vermeidet man oder läßt diese sogar wieder verschwinden mit Vitamin E und B 6, ebenso unschöne braune Flecken im Gesicht. Vitamin B 6 stärkt auch 'das Gedächtnis. Inositol (auch ein B-Vitamin) läßt zusammen mit Milch die Haare besser wachsen.

Nur Vitamin A und D darf man nicht zu viel geben. Bei den anderen Vitaminen können große Mengen, wie die amerikanischen Forscher sagen, keinen Schaden anrichten, im Gegensatz zu den meisten chemischen Arzneien.

4. Ein Rezept gegen Müdigkeit und Unlust

Die chronische, krankhafte Müdigkeit, ein Mangel an Auftrieb und eine Arbeitsunlust können Sie bei sich selbst oder auch bei Ihren Mitarbeitern und Angestellten durch folgendes beheben: Geben Sie täglich die schon erwähnten zwei gehäuften Eßlöffel Weizenkeime, dazu noch dreimal täglich nach dem Essen ein Dragee Vitamin E (150 mg).

Sind eine Depression, eine „Nervosität", Gereiztheit mit im Spiel, dann nehmen oder geben Sie noch dreimal ein Neuro-Vitamin Dragee.

5. Ein Rezept gegen Erkältungskrankheiten

Jede Erkältungskrankheit mit Schnupfen, Husten, Halsschmerzen, Kopfschmerzen ist lästig und unangenehm. Sie verursacht Leistungsminderung, kostet die Wirtschaft Millionen Arbeitsausfallstunden. Jeder Erkältete steckt andere an. Deshalb ist es wichtig, etwas dagegen zu tun.

Ist die Erkältungszeit da und können Sie von anderen angesteckt werden, dann nehmen Sie täglich 5 Gramm Vitamin C. Sie kaufen am besten und am billigsten in einer Apotheke eine 100 g-Packung Vitamin-C-Pulver und nehmen davon einen gestrichenen Teelöffel voll (5 g) in Wasser gelöst. Dazu zur Steigerung Ihrer Immunität noch täglich, am besten morgens nüchtern, drei Thymus-Dragees.

Beginnt schon eine Erkältung mit Halskratzen und Niesen, dann nehmen Sie die doppelte Menge! Die Erkältung kommt nicht oder geht schnell vorüber.

6. Ein einfaches Rezept für ein gesundes langes Leben

Nicht möglichst lange leben, sondern das Alter in Gesundheit, noch vital und leistungsfähig verbringen, das ist der Wunsch aller.

Die genannten amerikanischen Forscher empfehlen dazu reichlich Vitamin E und Vitamin C. Damit, so sagen sie, kann man sieben

Jahre länger leben. Ich empfehle Ihnen: täglich dreimal 150 mg Vitamin E und 3 g Vitamin C und dazu noch die später beschriebene Regeneration und etwas körperliches Training.

7. Die Nahrung muß noch etwas lebendig sein

Es gibt noch mehr Vitalstoffe als die bisher entdeckten Vitamine, Mineralien, Spurenelemente. Es gibt da zum Teil noch unbekannte Wuchsstoffe, Fermente, Enzyme, die für die Gesundheit wichtig sind. Füttert man Katzen ausschließlich gekochtes Fleisch, werden sie bald krank und bekommen mißgebildete Katzenkinder.

Essen Sie Rohkost! Kauen Sie diese und Salate gut, damit deren Enzyme frei werden und damit auch Ihre eigenen Speichelenzyme hinzutreten! Essen Sie ab und zu rohes Fleisch als Tatar oder nicht ganz durchgebratenes Steak oder halbrohe Leber. Dann bleiben Sie gesünder.

8. Ein neuer Mensch durch Regeneration

Da ich selbst Regenerations-Spezialist bin, einige Bücher darüber geschrieben und mehr als 100 000 Regenerierte selbst behandelt und beobachtet habe und seit 30 Jahren auf Ärztekongressen darüber spreche und diskutiere, kann ich über die Wirkung von Regenerationsmethoden einiges sagen.

Voraus will ich zwei Begriffe definieren. Revitalisieren heißt das Leben zurückholen und bedeutet in der Medizin: müde, krank, alt gewordene Funktionen wieder aufwecken, beleben, normalisieren. Regenerieren bedeutet: eine kranke, zerstörte, verschlackte, gealterte Struktur (Anatomie, Bau) der Zellen, Gewebe und Organe wieder aufbauen, damit diese ihre gesunde, normale, vitale Funktion aus eigener Kraft wieder ausüben können. Regeneration heißt die Selbstreparatur und Selbstheilung anregen.

Die Selbstreparatur und die Selbstheilung der Zellen sind ein natürlicher Vorgang, der in der Jugend stark, im Alter geschwächt ist. Regenerationsmethoden wie die Zelltherapie und die Serum-Therapie können diese Funktion stärken, auch diese Funktionen revitalisieren.

Die Zelltherapie begründet ihre revitalisierende und zellverjüngende Wirkung heute so: Wir Menschen, wie alle Tiere, besitzen in unserem Samen und durch Kopien später in jeder Zelle eine Informationsschrift in einer Molekularsprache, die etwa zwei Milliarden Buchstaben hat, einer Bibliothek von etwa 200 Bänden entspricht und in dem Raum eines Milliardstel eines Kubikmillimeters untergebracht ist. Dies ist kein Märchen, sondern seit etwa 1960 allgemeines Wissen der Biologie. In dieser Schrift sind alle Erbmerkmale, Architekturpläne, Arbeitsanweisungen, das ganze Programm für einen Staat von Billionen Zellen und Fabriken enthalten.

Diese Schrift wird mit der Zeit, auch durch Krankheiten und Gifte, brüchig, verwaschen, ist mit Druckfehlern behaftet. Und das Programm läuft ab. Nach diesem sollen wir mit etwa 90 Jahren sterben, soll bei der Frau der Eierstock im Alter von etwa 50 Jahren schon seine Funktion einstellen usw. Nach diesem Programm können sich die Zellen mancher Organe nur 50 mal teilen.

In wiederholten Versuchen hat man an Organgeweben, die durch Nährflüssigkeit am Leben blieben, beobachtet, wie sie nach etwa fünfzig Zellteilungen zu schrumpfen und abzusterben begannen. Dann brachte man in die Nährflüssigkeit Zellfraktionen von einem embryonalen Organ. Siehe da, das Wunder trat ein, die alten, schon fast toten Zellen konnten sich wieder teilen, das Organ sich wieder regenerieren; denn neue jugendliche Informationen mit dem Befehl, sich weiter zu teilen, waren von den alten Zellen aufgenommen worden. In einem mikroskopisch mit Zeitraffer aufgenommenen Film war dies deutlich zu sehen.

Bei der Zelltherapie injiziert man kranken, müden, alten Menschen mit einer fast abgelaufenen Lebensuhr wieder gesünder machende Informationen mit embryonalen Substanzen.

Es gibt verschiedene Arten der Zelltherapie: Frischzellen, Eiszellen, lyophilisierte (gefriergetrocknete) Zellen, Zellkern-Substanzen (DNS-RNS) und Zell-Dilutionen. Da ein ewiger Streit war, was nun die wirksamste und beste Methode ist, und dieser Streit unentschieden blieb, beschlossen die Mitglieder der Gesellschaft für Zelltherapie auf einer Mitgliederversammlung zu sagen, daß sie in etwa gleichwertig sind. Mit jeder gelingt eine gewisse Revitalisierung und Regeneration.

Manche Schwächen und Krankheiten werden durch eine Zelltherapie geheilt. Viele sagen nach einer solchen: Ich fühle mich verjüngt, wie neugeboren. Ich bin wieder ein ganz anderer Mensch. Sie sind eben wieder gesünder und vitaler geworden.

9. Die heilende Serum-Therapie

Die Schulmedizin hat Großartiges geleistet. Ohne sie wären in Deutschland mehr als eine Million Menschen schon Leichen. Mit Antidiabetika, Antihypertonika, Herzschrittmachern und nach einem Aufenthalt in Intensiv-Stationen überleben viele, die ohne all dies schon gestorben wären. Daß die Medizin die Lebenszeit von 40 auf 72 Jahre verlängert hat, das ist allerdings ein statistischer Betrug, errechnet nur aus der Halbierung der Kindersterblichkeit. Die alten Menschen werden nicht älter. Sie bleiben nicht länger gesund als früher. Es gibt zehnmal so viele Kranke wie früher.

Der Schulmedizin muß man vorwerfen, daß sie sich zwar um die Behandlung bedrohlicher Symptome gekümmert hat, doch mit dieser neue Krankheiten durch die Nebenwirkungen ihrer chemischen Medikamente hervorrief. Heute sterben in Deutschland alljährlich etwa 18 000 Menschen durch Medikamente, und 200 000 erkranken durch solche. So sagt eine Statistik. Die Schulmedizin hat sich in ihrem Denken und Forschen zu wenig um die Heilung von Krankheiten gekümmert. Deshalb gibt es so viele chronisch Kranke.

Außenseiter fanden eine Heilmethode, die Serum-Therapie. Sie kann über 20 bisher unheilbar gewesene Krankheiten heilen, wirklich ausheilen. Dazu stehen ihr 15 Heilsera zur Verfügung. Gleichzeitig kann diese Methode revitalisieren und regenerieren. Gerade die Stimulierung der Selbstreparatur, der Selbstheilung, der Repairfunktionen der Zellen und Organe ist es ja, was ganz ausheilt oder, wenn dies nicht voll gelingt, zumindest auf lange Zeit bessert, ohne daß weitere Medikamente nötig sind.

Je früher Schäden ausgeheilt werden, desto eher gelingt es. Eine schwere arthrotische Gelenkveränderung oder schon stark verkalkte

Adern lassen sich nicht mehr ganz reparieren. Deshalb soll man frühzeitig, möglichst bei den ersten Anzeichen einer Schwäche, Krankheit, einer Strukturveränderung, eines Nachlassens der Vitalität damit beginnen. Doch auch bei über 90jährigen sah ich sehr gute Erfolge. Die Serumkur ist nicht nur im Alter von Vorteil, sondern genauso bei Kindern, in jedem Alter, wenn eine der folgenden Heilanzeigen vorhanden ist, wobei es sich, wie schon gesagt, fast ausschließlich um bislang unheilbar gewesene Leiden handelt.

Asthma zum Beispiel konnte bisher nur symptomatisch behandelt werden, durch Sprays und Cortison erträglich gemacht werden. Selbst in Bad Reichenhall, dem deutschen Hauptasthmaheilort, wurden keine Heilungen erreicht. Auf den Asthma-Kongressen 1981 wurde das Wort Heilung nicht gebraucht, sondern wurden nur neue Euphyllinpräparate zur Milderung der äußerst unangenehmen schweren Anfälle vorgestellt. Die Serum-Therapie konnte diese Krankheit durch eine einzige Kur in 52% der Fälle auf Dauer voll ausheilen, weitere 20% erheblich bessern, so daß keine Sprays und kein Cortison mehr nötig waren, weitere 20% noch deutlich für längere Zeit bessern. Mit dieser Darstellung will ich nur den Unterschied zwischen Heilung und „Nur-symptomatischer-Behandlung" zeigen. Nun folgen kurz einige weitere Krankheiten, bei denen die Serum-Therapie heilen oder zumindest auf lange Zeit erheblich zur Besserung beitragen kann:

— Chronische Bronchitis (nicht Raucherbronchitis bei weiterem Rauchen)
— Migräne und häufige Kopfschmerzen
— Magen-Darmgeschwüre und Colitis
— Alle Unterfunktionen der Hormondrüsen; Regelstörungen bei der Frau; Potenzschwäche beim Mann; Trägheit, Wasserretention und Übergewicht bei Schilddrüsenunterfunktion
— Chronische Leberkrankheiten, schlechte Leberwerte, Fett- und Cholesterinstoffwechselstörung
— Krankheiten der Venen und Arterien
— Über- und Unterblutdruck
— Chronische Müdigkeit, Erschöpfung, Lernschwäche bei Erwachsenen und Kindern, Abfall der Leistung

— Immunschwäche, Neigung zu häufigen Infektionen, Abwehrschwäche gegen Krebs
— Vorzeitiges Altern, schwaches Bindegewebe, Welken der Haut

Die Serum-Therapie hilft zur Vorbeugung und Heilung.

10. Thymus gegen Infektionen und Krebs

In den Jahren 1981 und 1982 hat die Behandlung mit Thymus in der Presse Schlagzeilen gemacht, und es wurden Kongresse darüber abgehalten. Wozu kann diese Therapie helfen? Auch das kann den Leser dieses Buches interessieren, weil es ihm selbst, wenn er Unternehmer ist, seinem Betrieb sehr viele Arbeitsausfälle durch Infektionskrankheiten, Grippe und Erkältungen ersparen kann.

Die Thymusdrüse hat im Körper die Aufgabe, die Abwehrkräfte (Immunität) zu stärken.

Der Schwede Dr. Sandberg hat in den letzten 30 Jahren Krebsheilungen durch Injektionen von Kalbs-Thymusfrischextrakten bei Tieren und Menschen gesehen. Daraufhin haben sich auch viele deutsche Ärzte dafür interessiert. Unter der Leitung des Bad Harzburger Arztes Dr. Pesic wurde eine Gesellschaft für Thymustherapie gegründet. Es wurde gründlich geforscht und diskutiert, und Thymus wurde vielen Patienten injiziert. Diese Injektionen bewährten sich zur Steigerung der Abwehrkräfte gegen Infektionen und Krebs.

Heute nimmt man an, daß in jedem Menschen — oder fast jedem Menschen — Krebszellen entstehen. Es ist dann nur eine Frage der Immunität, ob diese vom Körper wieder vernichtet werden oder wuchern. Die Thymusdrüse stärkt die Abwehrkräfte. Wenn diese im Alter erlahmen, dann können Thymus-Injektionen diese wieder auffrischen. Manchmal können diese sogar einen vorhandenen, erkennbaren Krebs zurückdrängen oder sogar wieder heilen, leider nicht immer. Durch diese gesteigerte Immunität können auch chronische Infektionen, wie häufige Mandelentzündungen, Nebenhöhlenkatarrhe und Bronchitis ausgeheilt werden.

Thymus kann man sogar essen als Bries. Es soll bekannt sein, daß Volksstämme, die regelmäßig Bries essen, weder Infektionen noch Krebs bekommen. THX nennt man den Kalbsthymus-Frisch-Extrakt. Es gibt ihn auch als gleichwirksames Lyophilisat und als Extrakt in Ampullen. Als Vorbeugungsmittel und zur Fortsetzung einer Thymus-Injektionskur kann man Thymus-Dragees einnehmen. Zur Stärkung der eigenen Thymusdrüse dient das Thymus-Serum.

Zur Vorbeugung und Verhinderung von Erkältungskrankheiten, gleichzeitig zur Abwehrsteigerung gegen Krebs empfehle ich: im Winter und bei Ansteckungsgefahr täglich früh nüchtern drei Thymus-Dragees einnehmen. Beginnt eine Erkältung mit Niesen und Halskratzen, dann jedesmal fünf Dragees. Dazu noch das schon besprochene Vitamin C.

11. Sauerstoff und Training

Die Gesundheit ist unser größtes Kapital. Sie ist auch Voraussetzung für eine gute Leistung. Deshalb habe ich in diesem Kapitel beschrieben, wie man diese Gesundheit erhalten oder bei Verlust mit einfachen und biologischen Methoden in den meisten Fällen wieder herstellen kann. Wer mehr darüber wissen will, kann meine medizinischen Bücher (siehe Anzeigenseite) lesen. Auskunft über den Bezug von Präparaten, soweit sie nicht von der nächsten Apotheke oder einem Reformhaus lieferbar sind, sowie über Sanatorien und Ärzte, die Regenerations- und Serum-Kuren durchführen, gibt die Gesellschaft für Leistungssteigerung und Regeneration, 8193 Münsing.

Das erste Zentrum für die beschriebene Nährstoff-Therapie in Europa mit einer Möglichkeit der Diagnostik und Belieferung mit den notwendigen Stoffen ist in der Schweiz, und zwar die Antistress AG, CH-8640 Rapperswil. Vor allem für die Nährstoffbehandlung von psychisch Kranken und Alkoholikern ist diese zuständig.

Zur Gesundheit brauchen wir jedoch nur nur eine gesunde Ernährung, gutes Wasser und zusätzliche Vitalstoffe, sondern auch noch

Sauerstoff, kosmische Strahlungen und elektrische Impulse, Temperaturreize und Bewegung.

Sauerstoff ist überall da, wo nicht gerade eine große Menschenmenge in geschlossenen Räumen geatmet hat. Der Sauerstoffgehalt in den Geweben und Organen ist als ein Parameter des biologischen Alters erkannt worden. Man versucht heute diesen durch eine Sauerstoff-Mehr-Schritt-Therapie, wobei man einige Wochen lang täglich ein bis zwei Stunden Sauerstoff mit einer Nasensonde einatmen muß, zu erhöhen. Oder man spritzt den aktivierten Sauerstoff Ozon oder läßt Ozon in Jonozonbädern durch die Haut in den Körper eindringen.

Ist ein Mensch jedoch noch beweglich, so ist die allerbeste Methode, den Sauerstoff in den Geweben, Organen, Muskeln und im Herzen anzureichern: die Bewegung, Waldlauf, Jogging, lebhaftes Tanzen, Hüpfen, Gymnastik, Tennisspielen, Bergsteigen.

Notwendig, um die Adern und feinen Kapillargefäße zu öffnen und den Sauerstoff in alle Zellen zu bringen ist: sich zweimal in der Woche 20 Minuten so lebhaft zu bewegen, daß der Puls auf über 100 geht und man meist nach 10 Minuten zum Schwitzen kommt. Sie brauchen dazu weder eine Aschenbahn noch einen Wald noch großen Zeitaufwand. Machen Sie es im Zimmer! Lassen Sie dazu eine heiße Tanzmusik spielen! Das regt gut an. Im Zimmer kommen Sie im Winter besser zum Schwitzen. Sind Sie einmal besonders müde und träge, so hüpfen Sie fünf Minuten mit heißer Musik, eventuell auch ohne, und Sie sind munter!

Um den Kreislauf nicht erschlaffen zu lassen, sind Temperaturunterschiede nötig. Eine kalte Dusche, ein kurzes kaltes Bad, ein kalter Wind trainiert die Muskeln der Blutgefäße und härtet gegen Erkältungen ab.

Sauerstoff ist im Zimmer genug. Der Körper muß ihn jedoch durch Bewegung einsaugen wollen. Der Aufenthalt im Freien hat andere gute Aufgaben, die Temperaturanreize und die kosmische Strahlung, Sonne und elektrische Impulse. Das brauchen die seit Jahrmillionen darauf angewiesenen Kraftwerke in unseren Zellen. Wer dauernd in der Wohnung und im Büro von Eisenbeton davon abgeschirmt lebt und nicht ins Freie geht, wird müde und krank. Für ihn gibt es jedoch Apparate, die diese Stimulation auch im Zimmer erzeugen. In Schulen und Fabriken hat man durch diese Apparate deutliche Leistungsteigerungen gesehen.

Auch dieser Text des Gesundheitskapitels, der nach meinen Vorträgen der Jahre 1981/82 geschrieben wurde, kann der geistigen Leistung dienen. Gute Gesundheit und möglichst lange Zeiten der Vitalität sind eine Voraussetzung für diese.

Merksätze und Wegweiser

- *Ernähren Sie sich richtig! Die meisten Krankheiten kommen von einer falschen Ernährung.*
- *Nehmen Sie Vitalstoffe auf! Sie machen vitaler und heilen manche Krankheit oder Schwäche!*
- *Sorgen Sie für Bewegung und dafür, daß Sauerstoff in Ihre Zellen fließt! Das verjüngt Ihre Adern.*
- *Lassen Sie sich von Zeit zu Zeit regenerieren! Stets die ersten Schäden ausheilen und reparieren, läßt Sie gesund und vital bleiben.*
- *Gute Gesundheit ist eine der Voraussetzungen für eine gute Leistung und für Erfolg.*

Erwin Nieder

Zweckmäßiges Lernen und Arbeiten

120 Seiten, kart.   DM 19,80
ISBN 3-7719-6240-4

Ziel der Lern- und Arbeitshilfen im vorliegenden Buch ist es, die Fähigkeit zum Lernen zu verstärken, Anstöße zu geben für die Bereitschaft immer wieder neu zu lernen, und theoretische Erkenntnisse in die Praxis umzusetzen.

Dieses Buch wendet sich nicht nur an Schüler, Studenten, Lehrer und Berufstätige, die neues Wissen aufnehmen oder weitergeben wollen, sondern an alle Wißbegierigen und Lernenden, die sich um die Grundlagen und Verfahren rationeller geistiger Arbeit bemühen.

Forkel-Verlag GmbH   **Wiesbaden · Stuttgart**

Postfach 2120   Postfach 700 231
6200 Wiesbaden 1   7000 Stuttgart 70

Weitere Bücher und Schriften von Dr. Fritz Wiedemann:

Was ist und wie funktioniert unsere Psyche?

Studieren Sie die für jeden Erfolg nützliche Wissenschaft „Psychologie" in einer Woche statt in drei Jahren in unserem 75-Seiten-Kurzlehrgang

DM 14,—

Die Kunst, glücklich zu sein

Lehrgang für einen neuen Lebens-Stil.
Ideen für eine bessere Zukunft.

105 Seiten **DM 18,—**

Die Gefühle

Eine allgemeinverständliche Emotions-Psychologie. Durch 36 verschiedene (elementare) Gefühle können wir von der Liebeslust bis zum hohen ästhetischen Glück die verschiedenartigsten Freuden des Lebens genießen. Ein Buch, das den Reichtum des Lebens und des Erlebens erschließt.

Ein Urteil: „... liest sich wie ein Kriminalroman."

374 Seiten, Leinen **DM 24,—**

Wie man Aggression in Leistung und Frieden verwandelt

32 Friedensvorschläge für
Familien, Betriebe, Klassen, Rassen, Völker.

161 Seiten **DM 14,—**

Biologisch leben — biologisch heilen

Inhalt: 20 Millionen Deutsche sind chronisch krank. Welchen Weg gibt es aus dieser Katastrophe? 17 neue Sera heilen bisher unheilbar gewesene Krankheiten, wie Allergien, Asthma, Migräne, häufige Kopfschmerzen, Bluthochdruck, allgemeine Schwäche, chronische Müdigkeit, Lernschwäche bei Kindern. Die Wahrheit über „Außenseiter-Methoden": Zell-, Thymus-, Ozon-, H-3-Therapie, Akupunktur, Homöopathie. Was bewirken Vitamine? Die beste Schlankheitskur. Immunisieren gegen Krebs.

268 Seiten, Leinen **DM 36,—**

FORKEL-VERLAG GmbH · Wiesbaden
Postfach 2120   6200 Wiesbaden 1